シンジケート・ローンの
法的課題

森下哲朗・道垣内弘人　編著

商事法務

はしがき

　本書は、平成25年度から平成27年度にかけて科学研究費助成事業基盤研究（A）として採択された「グローバルなシンジケートローンの規律の相互作用・補完の研究——取引実態・契約書・法」の研究成果をまとめたものである。

　シンジケート・ローンは、わが国のみならず、世界各国で広く用いられている金融手法であり、企業等の大規模ファイナンスにおいて重要な役割を果たしている。ただし、各国におけるシンジケート・ローン取引の姿は、各国の金融市場の違いを反映して相当に異なっている。また、シンジケート・ローンは、私法上の問題から規制に関する問題まで、多様な法的問題の宝庫といっても過言ではない。法的な研究の対象としては、とても魅力的な題材である。

　本書の第1部では、まず、日本のシンジケート・ローン市場の姿について、アンケート調査の結果を分析するとともに、経済学の分野における実証分析の成果もふまえて、シンジケート・ローン取引の合理性や構造の分析を行う。第2部では、英国、米国、香港、中国、フランスを取り上げ、各国の市場の状況やそこでの代表的な法的問題を紹介する。第3部では、シンジケート・ローンに関する日米欧の標準的な契約書を比較しながら、利息・手数料、表明保証、貸主間の関係、当事者の交替という、シンジケート・ローンに特徴的な条項についての検討を行う。第4部では、シンジケート・ローンに関する代表的な法律問題として、情報提供義務、利益相反、担保、債権法改正を取り上げて、検討している。

　本書の特色は、グローバルな視点に立って、各国の市場、契約実務、法律問題等を比較しながら、シンジケート・ローンに関する様々な法律問題を、多角的に検討する点にある。冒頭に挙げた研究のため、幾度となく研究会が重ねられた。たしかに、本書は法律研究者によるものではあるが、しかし、アカデミックな観点からの検討だけではなく、実地調

査の成果もふまえた叙述がされていると自負しており、実務家の方々にも、有益な情報を多く含んでいるのではないかと思う。また、共同研究者の間でも見解が分かれている問題もある。本書の所々に垣間みられる見解の違いも楽しんでいただけると幸いである。

　本書が、わが国におけるシンジケート・ローン研究および実務の発展に些かでも寄与することを心より願っている。

　平成 30 年 11 月

執筆者を代表して
森 下 哲 朗
道垣内弘人

目　次

序章　シンジケート・ローンをめぐる問題状況　森下哲朗　1

  I　シンジケート・ローン　1

  II　シンジケート・ローンの取引実態　1

    1　市場規模　2

    2　セカンダリー市場　3

  III　標準契約書　4

    1　標準契約書　4

    2　日本の標準契約書にはみられない規定　6

    3　契約条項の有効性を巡る争い　7

  IV　シンジケート・ローンに関する法的論点についての各国法の態度　7

    1　アレンジャーやエージェントの情報提供義務（詳しくは第4部第1章を参照）　8

    2　担保取引　9

    3　個別の債権者による権利行使　10

    4　各種の規制　10

    5　サンクション、テロ資金対策、FATCA　11

    6　その他　12

第1部　シンジケート・ローンとローン市場

第1章　日本のシンジケート・ローン市場　藤澤尚江　14

  I　シンジケート・ローンとは？　14

    1　取引の流れ　14

    2　シンジケート・ローンの特徴　17

    3　シンジケート・ローンのメリット　20

    4　シンジケート・ローンの種類　21

        5　JSLA　22
    II　日本におけるシンジケート・ローンの実態　23
        1　シンジケート・ローンへの取組み　23
        2　アレンジャーとしての取組み　24
        3　参加行としての取組み　28
        4　シンジケート・ローンの流動性　31
        5　シンジケート・ローン契約書について　32

第2章　シンジケート・ローンとローン市場の分析枠組み
    小塚荘一郎　34
    I　問題の所在　34
    II　シンジケート・ローンの合理性　35
        1　シンジケート・ローンを組成する理由　35
        2　シンジケート・ローンに伴うコスト　38
        3　実証分析による理論の検証　39
    III　シンジケート・ローンの構造　41
        1　シンジケートの構造と情報非対称の解消　41
        2　シンジケートの構造に関する実証研究　43
        3　シンジケートの構造と取引条件に関する実証研究　47
        4　金融市場の環境とシンジケート・ローン　48
    IV　シンジケート・ローン実務に関するアンケート調査と理論枠組　49
    V　結語　52
        1　ファイナンス論による研究の小括　52
        2　法律論に対する含意　53

第2部　海外のシンジケート・ローン市場

第1章　英国　道垣内弘人　58
    I　シンジケート・ローンの市場規模　58
        1　第1次市場　58

            2　第2次市場　58
        Ⅱ　用いられる契約書　59
            1　LMAの設立　59
            2　2種の契約条項　59
            3　LMA標準契約書の役割　60
        Ⅲ　最近の問題　60
            1　問題の限定　60
            2　管轄条項をめぐって　60
            3　MAC(Material Adverse Change)条項をめぐって　62
            4　FATCAへの対応　63
            5　LIBOR改革との関係　65
            6　バーゼル3と費用増額条項　66

第2章　米国　　森下哲朗　67
        Ⅰ　米国市場の概要　67
        Ⅱ　米国市場における契約書　69
            1　LSTAの契約書　69
            2　契約条項を巡る動向　71
        Ⅲ　担保取引　73
        Ⅳ　規制　73

第3章　香港　　野村美明・黄軔霆　76
        Ⅰ　シンジケート・ローン市場の現状　76
        Ⅱ　契約書　77
            1　標準契約書の使用　77
            2　実務における修正点　78
        Ⅲ　中国本土関係の取引　79
            1　取引の実態　79
            2　裁判権免除　80
        Ⅳ　その他　83

第4章　中国　　黄軔霆　84
        Ⅰ　シンジケート・ローン市場の現状　84

v

1　第1次市場（プライマリー市場）の規模　84
         2　主な市場プレーヤー　84
         3　第2次市場（セカンダリー市場）　85
     II　契約書　86
         1　中国銀行業協会モデル契約書　86
         2　実務での使用　86
     III　監督規制　87
         1　中国銀行業監督管理委員会と業務ガイドライン　87
         2　業務ガイドラインの主な内容　88
         3　その他の規制　89
     IV　担保　90
     V　最近の問題　91
     VI　その他　91

第5章　フランス　　藤澤尚江　93
     I　契約書　93
         1　LMA　93
         2　Euro PP　94
     II　国際的なシンジケート・ローン　95
     III　Banking Monopoly　96
     IV　地位・債権の譲渡　97
     V　担保　98
     VI　その他　99

第3部　シンジケート・ローン契約書の比較

第1章　利息・手数料　　道垣内弘人　102
     I　はじめに　102
     II　利息・元本　102
         1　通常時の利息　102
         2　遅延利息（遅延損害金）　104

3　期限前弁済にあたっての清算金　106
　Ⅲ　借入人から支払われる手数料・清算金　107
　　　1　コミットメント・フィー　107
　　　2　アレンジメント・フィー　108
　　　3　エージェンシー・フィー　109
　Ⅳ　参加行からエージェントに支払われる手数料　110
　Ⅴ　その他の費用　110

第2章　表明保証──コベナンツとの関連において
小塚荘一郎　111
　Ⅰ　問題の所在　111
　Ⅱ　標準的な契約条項　113
　　　1　「表明保証」と題された条項　113
　　　2　表明保証違反の効果　115
　　　3　コベナンツ条項（借入人の確約）　117
　Ⅲ　表明保証条項の機能　118
　　　1　法律学の文献における説明　118
　　　2　金融論における情報非対称と表明保証　119
　　　3　コベナンツ（借入人の確約）の機能　122
　Ⅳ　条項の解釈と日本における適用　123
　　　1　表明保証される事項　123
　　　2　英米法起源の契約と日本法　127
　Ⅴ　結語　129

第3章　貸付人間の関係　**野村美明**　131
　Ⅰ　はじめに　131
　Ⅱ　信認義務と免責条項　132
　Ⅲ　モデル契約書・モデル条項と契約書例　134
　　　1　検討対象と方法　134
　　　2　LSTA モデル契約条項と実際の契約書例　135
　　　3　LMA 契約書と実際の契約例　145
　　　4　JSLA 契約書　162

Ⅳ　おわりに　169
第4章　当事者の交替　藤澤尚江　171
　　Ⅰ　はじめに　171
　　Ⅱ　要件と効果　172
　　　1　借入人の交替　172
　　　2　貸付人の交替　173
　　Ⅲ　比較　184
　　　1　借入人の承諾　185
　　　2　他の貸付人の承諾　188
　　Ⅳ　おわりに　191

第4部　シンジケート・ローンの法的問題点

第1章　シンジケート・ローン取引における情報提供義務
　　　森下哲朗　194
　　Ⅰ　はじめに　194
　　Ⅱ　シンジケート・ローンにおける情報提供義務を考える際の法的枠組み　195
　　Ⅲ　日本の裁判例　199
　　　1　最判平成24年11月27日集民242号1頁　199
　　　2　東京地判平成25年11月26日金判1433号51頁　205
　　Ⅳ　英国の裁判例　209
　　　1　IFE Fund SA v Goldman Sachs International, [2006] EWHC 2887 (Comm), [2007] EWCA Civ 811 (Court of Appeal)　209
　　　2　Torre Asset Funding Ltd & another v The Royal Bank of Scotland plc, [2013] EWHC 2670 (Ch)　215
　　Ⅴ　米国の裁判例　218
　　Ⅵ　アレンジャー・エージェントの情報提供義務についての検討　221

            1　アレンジャーの位置づけ　221
            2　現実に知っていたということと、知るべきであった、調査
              するべきであったということとの差　224
            3　当事者自治と契約書　225
            4　契約書では排除できないもの　226
            5　守秘義務と情報提供義務　227
         Ⅶ　セカンダリー市場と情報提供義務　231
            1　日本における議論　231
            2　米国における議論　232
第2章　利益相反　　森下哲朗　　235
         Ⅰ　はじめに　235
         Ⅱ　監督指針と利益相反管理方針　236
         Ⅲ　日本的「利益相反」論の不明確さ　237
         Ⅳ　アレンジャーと借入人　241
         Ⅴ　アレンジャーと参加金融機関　242
         Ⅵ　エージェントと参加金融機関　243
         Ⅶ　多数貸主と少数貸主　250
         Ⅷ　おわりに　251
第3章　担保　　道垣内弘人　　252
         Ⅰ　抵当権をめぐって　252
            1　参加各金融機関の権利の同質化　252
            2　担保権信託（セキュリティ・トラスト）　254
            3　パラレル・デット　256
第4章　債権法改正とシンジケート・ローン取引
       道垣内弘人　　258
         Ⅰ　論点の限定　258
         Ⅱ　貸付債権の譲渡と貸付人たる地位の譲渡　258
            1　債権譲渡制限特約の効力　258
            2　改正民法の下での第30条の効力　260
            3　譲受人に引き継がれる契約条項の範囲　262

        4　若干の補足　264
    Ⅲ　連帯債務における相対的効力事由の拡大　266
        1　マルチボロワーと連帯債務　266
        2　貸し手への影響　267

文献等略称

大垣	大垣尚司『金融と法——企業ファイナンス入門』（有斐閣、2010年）
神田ほか	神田秀樹ほか編著『金融法講義〔新版〕』（岩波書店、2017年）
ファイナンス法大全(上)	西村あさひ法律事務所編『ファイナンス法大全(上)〔全訂版〕』（商事法務、2017年）
小谷	小谷範人『シンジケートローン市場構造と市場型間接金融』（溪水社、2009年）
坂井	坂井豊監修・渥美坂井法律事務所・外国法共同事業編『最新シンジケート・ローン契約書作成マニュアル——国内・海外協調融資の実務〔第3版〕』（中央経済社、2018年）
佐藤＝丸茂	佐藤正謙＝丸茂彰監修・青山大樹編著『詳解 シンジケートローンの法務』（金融財政事情研究会、2015年）
佐藤	佐藤正謙監修・菅原雅晴ほか『シンジケートローンの実務〔改訂版〕』（金融財政事情研究会、2007年）
平野	平野英則『よくわかるシンジケートローン——組成と参加のプロセスと実務』（金融財政事情研究会、2007年）
新しいファイナンス	西村あさひ法律事務所編『新しいファイナンス手法——プロジェクトファイナンス／シンジケートローン／知的財産ファイナンスの仕組みと法務〔第2版〕』（金融財政事情研究会、2015年）
Bellucci & McCluskey	Michael Bellucci and Jerome McCluskey, The LSTA's Complete Credit Agreement Guide（2nd ed. 2017）
Campbell & Weaver	Mark Campbell and Christoph Weaver, Syndicated Lending: Practice and Documentation（6th ed. 2013）
JSLAローン契約書	日本ローン債権市場協会「シンジケートローン・コミットメントライン契約書」（平成25年版）

執筆者一覧
＊は編著者

黄　靭霆（こう　じんてい）　　　　　帝塚山大学教授

小塚　荘一郎（こづか　そういちろう）　学習院大学教授

道垣内　弘人＊（どうがうち　ひろと）　東京大学教授

野村　美明（のむら　よしあき）　　　大阪大学特任教授

藤澤　尚江（ふじさわ　なおえ）　　　筑波大学准教授

森下　哲朗＊（もりした　てつお）　　上智大学教授

序章　シンジケート・ローンをめぐる問題状況

I　シンジケート・ローン

　シンジケート・ローンは、複数の貸し手が同一の貸出条件で1つの契約書によって融資を行うシンジケート団を組成して融資を行う融資形態であり、世界各国で広く用いられている取引手法である。

　米国、欧州、アジア太平洋、日本には、シンジケート・ローンに携わる金融機関等の団体として、それぞれ、米国：LSTA（Loan Syndications and Trading Association）、欧州：LMA（Loan Market Association）、アジア太平洋：APLMA（Asia Pacific Loan Market Association）、日本：JSLA（日本ローン債権市場協会：Japan Syndication and Loan-trading Association）が存在する。たとえば、JSLAは、①市場の健全な拡大、②標準的契約書の整備、③標準的取引方法の整備、④広報活動を目的として掲げる業界関係者の組織である[1]。

　この序章では、取引実態、標準契約書、法的論点という3つの観点から、主要な市場の状況を簡単に比較し、シンジケート・ローンをめぐる法的な問題状況を概観することとしたい。

II　シンジケート・ローンの取引実態

　一口にシンジケート・ローンとはいっても、その取引実態は、国によってかなり異なる。

---

1) JSLAのホームページ（https://www.jsla.org/ud0101.php）を参照。

取引実態を比較検討する際の視点としては様々なものが考えられるが、まず、市場の規模やセカンダリー市場において活発にローンが取引されているかどうかという点について見ることとしたい。なお、シンジケート・ローンの1つの特徴としては、伝統的な融資取引とは異なり、ローンをセカンダリー市場で転々流通させやすくすることが、リスクの分散、安定した資金供給基盤、プライシングの客観化等の観点から重要であるとの見方があるが、セカンダリー市場の状況は国により大きく異なる[2]。

1　市場規模

まず、代表的な国々の市場規模についてみておくこととしたい。Thomson Reutersの調査によると、2017年1年を通じての取組額と件数は以下の通りである[3]。

	取組額（百万米ドル）	件数	1件あたり平均（百万米ドル）
米国	2,657,740.7	4,345	611.7
英国	175,908.8	201	695.3
ドイツ	122,984.0	184	538.0
フランス	117,724.7	264	616.2
中国	101,423.3	362	321.9
香港	115,766.3	217	475.2
シンガポール	40,424.8	75	414.9
日本	228,520.6	2,005	109.9

これによれば、米国市場の存在感の大きさが良くわかる。また、際立っているのは、取組額に比した場合の日本の取組件数の多さであり、1件あたり平均取組額を比較した場合に、日本の数値が他に比して著し

---

[2] 森下哲朗「シンジケート・ローンにおけるアレンジャー、エージェントの責任」上智法学論集51巻2号16頁（2007年）。

[3] Thomson Reuters, Global Syndicated Loans Review: Managing Underwriters, Full Year 2017（https://www.thomsonreuters.co.jp/content/dam/openweb/documents/pdf/japan/market-review/2017/loan-4q-2017-e.pdf）。

く小さい。このことは、日本ではシンジケート・ローンという手法が、他国に比べて、小規模の融資案件にも用いられていることを示している。

2　セカンダリー市場

特にセカンダリー市場での取引が活発に行われているのは、米国であり、米国におけるシンジケート・ローンに関する業界団体であるLSTAによれば、2018年4月から6月におけるセカンダリー市場の取引額は1829.4億米ドルとされている[4]。これに対して、全国銀行協会によれば、日本における2018年4月から6月の貸出債権の流動化実績は4257億円である。米国において、セカンダリー市場における取引の主体となるのは、investment grade（信用度の高い借手向けのローン）ではなく、leveraged grade（investment gradeではない借手向けのローン）である。そして、後者について活発なセカンダリー市場の中心となっているのは、ローンを使ってCLOを組成し、それを投資家に販売するというビジネス・モデルであり、そうしたCLOに投資するファンドが存在感をみせている。このようなCLOを介した活発なローン・トレーディングは米国市場の特徴である（詳しくは第2部第2章を参照）。

欧州、たとえば、英国やドイツでは、米国ほどではないものの、セカンダリー市場での取引が活発に行われている。また、米国の影響は欧州市場にも影響が及び、CLO取引が行われるようになっている[5]。

対照的に、セカンダリー市場での取引が活発でない国は、日本や中国である。比較的優良な貸出案件が多いシンジケート・ローンに係るローン債権を他に譲渡するというよりは、自分達で保持し続けたいというのが、大きな理由の1つである。また、シンガポールについても、セカンダリー市場はさほど活発ではないという実務家の声に接した。

---

4) LSTAのウェブサイト（http://www.lsta.org/）による。
5) Nigel Houghton, Loan Market Association - An overview, in The International Comparative Legal Guide to Lending & Secured Finance 2017, 5th Edition (Global Legal Group, 2017) at 10.

III 標準契約書

1 標準契約書

　日本では日本ローン債権市場協会（JSLA）が、市場参加者のための標準的な契約書として、コミットメントライン契約書、タームローン契約書、貸付債権の売買に関する契約書を公表している。

　ローン債権が容易に売買されるためには、ローン債権や取引の標準化、すなわち、債権を基礎付けるローン契約や譲渡契約の標準化が重要となる。JSLAではこれまで、タームローン契約書（2003年）、リボルビング・クレジット・ファシリティ契約書（2001年）、貸付債権譲渡に関する基本契約書（2001年）等を発表しており、個々の案件に応じて修正されながら、広く活用されているようである。このうち、2001年のリボルビング・クレジット・ファシリティ契約書の公表文では、「JSLAローン・シンジケーション委員会では、本年1月の協会発足以降、最初の活動として、シンジケート・ローン組成の標準化及び簡易化を図るために、リボルビング・クレジット・ファシリティ（平時において利用されることを前提とする貸出枠）の標準的と思われる契約書の検討を進めて参りました」と述べられている。

　その後、2003年には、シンジケート・ローン取引が円滑かつ安定的に行われるために市場参加者が共通に理解すべき事項として、「ローン・シンジケーション取引における行為規範」が公表された。この行為規範では、組成段階でアレンジャーによって開示されるべき情報の範囲、アレンジャーやエージェントの責任等についてのJSLAとしての基本的な考え方が示されている。さらに、2007年10月には、行為規範を前提に、取引参加者に望まれる行動と役割についてのベスト・プラクティスを示すことを試みるものとして、「ローン・シンジケーション取引に係る取引参加者の実務指針について」を公表している。2013年2月には、標準契約書の改訂が行われ、タームローン契約書、コミットメントライン契

約書（リボルビング・クレジット・ファシリティ契約書から名前が変更された）、貸付債権譲渡に関する基本契約書、貸付債権等譲渡契約書の改訂版が公表されている。

　欧州のLMAやアジア太平洋のAPLMAも、同様に標準契約書を公表しており、契約交渉の出発点となる書式として広く活用されている。LMAやAPLMAが公表している契約書の種類は、取引の広がりや実務のニーズを反映して、より多様である。また、頻繁に契約書の改訂が行われている（現地調査のために英国を訪問した際には、LMAの契約書改訂が頻繁すぎるのではないか、との声に接することもあった）。最近でも、たとえば、LIBOR改革を踏まえた金利に関する条項の見直し[6]、後述の個別貸付人による権利行使に関する条項の見直し等がなされている。これは、標準契約書の改訂が今まで1度しか行われていない日本の状況と対照的である。

　また、LMAでは、英国法版のほか、フランス法版、ドイツ法版も作成され、また、APLMAでは、Asian DocumentsとAustralian Documentsが作成されている。

　また、中国でも、中国銀行協会がシンジケート・ローン・モデル契約書を作成しており、利用されている。このモデル契約書は、APLMAの標準契約書を参考にしているようである（詳しくは第2部第4章を参照）。

　これに対して、米国ではセカンダリー市場の契約書については、LSTAが作成している標準契約書がほぼ100％利用されているのに対して、プライマリー市場については、長らく、LSTAは標準契約書を作成しておらず、モデル契約条項（様々な契約条項のモデルを集めたもの）を公表しているのみであった。これは、プライマリー市場については各銀行がそれぞれ独自のフォームを利用してきており、プライマリー市場の標準契約書に対するニーズがあまり強くなかったことによる。ただし、2017年10月、LSTAはinvestment gradeの借入人向けのrevolving facility

---

[6] LMAにおけるLIBOR関連の取組みについては、Clare Dawson & Kam Mahil, The potential discontinuation of LIBOR and the impact on the syndicated loan market, 10 LMA News H1 2018, 10を参照。

契約書を公表した[7]。これは、LSTA が公表した最初のプライマリー市場の標準契約書である。

いずれの国でも、こうした標準契約書は個々の案件における契約書交渉の基準、出発点として用いられ、個別の案件での交渉の結果を反映して、必要な修正がなされる（特に、covenants など、個々の取引の内容によって異なる規定が必要な条項などについては、修正されることが多い）。

2　日本の標準契約書にはみられない規定

シンジケート・ローンの標準契約書は、各国の取引態様や法制を反映し、現在の日本の標準契約書にはないような規定が置かれることもある。

たとえば、米国では、2007 年から 2008 年にかけてローンのセカンダリー市場での価格が低下したのを機に、借手や借手の関連会社が市場でローンを買い戻すといった Borrowers-Buy Back といった現象が生じたのを機に、借手や借手の関連会社によるローンの買戻しについて制限を設ける、あるいは、議決権を制限するといった契約条項が盛り込まれることとなった[8]。

また、米国では、金融危機後の最近の傾向として、財務制限条項などの covenants を設けない Covenant-Lite と呼ばれる融資が増加している。そして、こうした傾向は欧州の市場にも伝播してきているようである[9]。

フランスでは、TEG（Taux Effectif Global：費用・手数料・利息を全て合算した総コストを年利に換算した数字）を記載しなければならないといった消費者保護法制に由来した規制がシンジケート・ローン契約書についても適用されており、契約書中に TEG の記載がなされている（第 2 部

---

7) LSAT のウェブサイト (https://www.lsta.org/news-and-resources/news/lsta-publishes-the-new-lstas-form-of-credit-agreement) を参照。

8) 米国における Borrowers-Buy Back に関する契約条項や背景については、Bellucci and McCluskey, 637 ff. を参照。欧州については、John D Markland, Borrower debt buy-backs: the case becomes ever-more compelling, [2008] Butterworth Journal of International Banking and Financial Law, December, 589ff. を参照。

第 5 章を参照）。

3 契約条項の有効性を巡る争い

シンジケート・ローン契約書中の条項の有効性を巡って争われるケースもある。

たとえば、国際的なシンジケート・ローン契約書では、顧客側は金融機関の本拠地の裁判所に訴訟を提起しなければならないが、金融機関側は自己の本拠地以外でも訴訟提起できるという管轄条項（顧客については専属的合意管轄、金融機関については非専属的合意管轄の定めを置く条項）が用いられることがあるが、こうした条項の有効性を否定したフランスの裁判例がある一方で（Ms X v Banque PrivéeEdmond de Rothschild, Cass. 1re civ., 26 sept. 2012、Société ICH et a.v Société générale et a., Cass. 1re Civ., 25 mars 2015）、英国の裁判所は有効とする（Mauritius Commercial Bank Ltd. v Hestia Holdings Ltd & Sujana Universal Industries, [2013] EWHC 1328 (Comm)）といった状態になっている[10]。

IV シンジケート・ローンに関する法的論点についての各国法の態度

シンジケート・ローンに関連する法的な問題には、私法上の問題、規制法上の問題のそれぞれについて、様々なものがある。

---

9) Karl Clowry, European credit documentation trends: covenant-lite or covenant empty?, [2014] Butterworth Journal of International Banking and Financial Law, May, 296ff.; James Chesterman and Jane Summers, The Growth of European Covenant Lite, in The International Comparative Legal Guide to Lending & Secured Finance 2017, 5th Edition (Global Legal Group, 2017) 65ff. ただし、米国と欧州の契約書にはさまざまな違いがある。こうした差異について、Sarah M. Ward & Mark L. Darley, A Comparison of Key Provisions in U.S. and European Leveraged Loan Agreements, in The International Comparative Legal Guide to Lending & Secured Finance 2017, 5th Edition (Global Legal Group, 2017), 46 ff, Covenants については、48 ff を参照。

10) 野村美明＝黄軔霆「ローン契約における「一方的管轄条項」の有効性」阪大法学 64 巻 1 号 1 頁（2014 年）。

1 アレンジャーやエージェントの情報提供義務（詳しくは第4部第1章を参照）

　私法上の問題としては、アレンジャーやエージェントは参加金融機関に対して情報提供義務を負うかどうか、という問題がある。この点について、日本では、最判平成24年11月27日（最高裁判所判例集民事242号1頁）が、アレンジャーの情報提供義務違反を認め、参加金融機関に対する損害賠償を命じた。

　英米においても、同様の問題を取り扱った裁判例が存在する。たとえば、英国では、IFE Fund SA v. Goldman Sachs International, [2006] EWHC 2887 (Comm), [2007] EWCA Civ 811 (Court of Appeal) において、プロフェッショナルな金融機関同士の取引である以上は、アレンジャーが参加金融機関に渡したインフォメーション・メモランダムに記載されていた免責条項を最大限尊重すべきであって、アレンジャーが新しい情報を入手した場合であっても、アレンジャーは自ら情報の正確さを検証する必要はないし、参加金融機関に提供する義務はないとされた。ただし、アレンジャーが、すでに提供した情報がミスリーディングなものであることを現実に知っていた場合には、good faith であるという黙示の表示に反することとなり、その旨を参加金融機関に通知しなかった場合には不実表示の問題を生じ得るとされている。また、Torre Asset Funding Limited & anr v The Royal Bank of Scotland plc, [2013] EWHC 2670 (Ch) では、参加金融機関がエージェントの情報提供義務違反を主張したが、判決は、融資契約に含まれていたエージェントの義務を限定する条項を根拠として、エージェントには参加金融機関が主張するような情報を提供する義務はなかったとした。

　米国の Harbinger Capital Partners Master Fund I v. Wachovia Capital Markets et. al, 910 N.Y.S.2d 762 (Supreme Court of New York, 2010) は、借り手が粉飾していることを知りながらアレンジャーがシンジケート・ローンを組成したとして、ニューヨーク州法上の詐欺や不実表示があったと貸し手が主張した事案である。判決は、ニューヨーク州法上、詐欺の主張が認められるためには、原告が被告を信頼したという事情が存在

する必要があるが、契約書の中には、貸し手はアレンジャーに依存せず自ら必要な調査等を行う旨の規定（Big-Boy Letters と呼ばれる）が存在しているので、特に被告のみが知っていた事情である場合を除き（そうした場合を例外的に扱うことを peculiar knowledge exception という）、貸し手は原則として被告の表示に依拠することはできないとした。

こうした英米の裁判例には、プロフェッショナルな当事者間の取引について、契約書等に示された当事者の合意・意思を最大限尊重しようとする傾向がみてとれる。ただし、英米でも、当事者の合意の尊重には一定の限界（英国では bad faith ではないとの黙示の義務、米国では peculiar knowledge exception）がある点は重要である。なお、現地調査で訪問した国々において、前記の日本の最高裁判決の内容について複数の弁護士の意見を聞く機会があったが、借入人による粉飾についてメインバンクが指摘したという事情を現実にアレンジャーが知っていたという本件事情のもとでは、アレンジャーの責任を認めた本判決の結論自体は首肯できるという意見の方が多かった。

2　担保取引

日本では、複数の債権者のために有効に担保を取得するため、セキュリティ・トラストやパラレル・デットといった手法を用いることができるかどうかが議論されてきた[11]。

この点について、英国では信託の考え方を用いることによって問題なく処理されており、米国でも、UCC（Uniform Commercial Code）第9編において、複数の担保権者のために agent が担保の設定をすること（その際には各担保権者を登録する必要はない）が認められており（UCC 9-102 (a)(72), 9-502 (a)(2), 9-503 (d)）、Collateral agent による担保取得が問題なく行われている。他方、フランスでは、セキュリティ・トラストやパラレル・デットをシンジケート・ローン取引に用いることには日本と同様の法的な問題点があると考えられており、一般的に、これらの手法は用い

---

11) シンジケート・ローンとの関係でのセキュリティ・トラストやパラレル・デットに関する日本法上の法的問題については、佐藤＝丸茂 315 頁以下を参照。

られていない。

3　個別の債権者による権利行使

シンジケート・ローンにおける個別の債権者が借入人に対して訴訟等により貸付金の返還を請求できるか、という問題がある。この点について、米国や香港には、集団での意思決定に関する契約書の規定を根拠に、多数債権者の意思に反した個別貸付人による権利行使を認めない裁判例がある（Beal Savings Bank v Sommer, et. al, 8 N.Y.3d, 318（Court of Appeals of New York, 2007）, Charmway Hong Kong Investment Ltd & ors v Fortunesea (Cayman) Ltd & ors ［2015］ HKCFI 1308）。実務家はこうした裁判例の立場に反対しており、LMA や APLMA は、個々の貸付人による権利行使が認められるべきことをより明確にするよう標準契約書の改訂を行っている[12]。

4　各種の規制

各国の取引実態や法制度等を反映して、わが国には存在しないようなシンジケート・ローンに関係する規制が存在する国もある。

たとえば、米国では、CLO に転売するという形で leveraged grade のシンジケート・ローンの取組みが増加する状況に対応して、質の悪いローンが増加することを避けるため、2013年に、当局が「Leveraged Lending Guideline」を公表している。また、CLO というビジネス・モデルとの関係では、Dodd-Frank 法に基づく Volker Rule や Risk Retention Rule の影響も問題となる（詳しくは第2部第2章を参照）。

フランスでは、銀行業務は銀行のみができるという Banking Monopoly というルールが重要である。これにより、銀行以外の者が融資の実行を行うことができないのは勿論、銀行以外が貸付債権を譲り受けることも許されず、ファンドが銀行の貸付債権を譲り受けることは違法であ

---

12) Linklaters, Individual lenders' rights under a syndicated facility agreement (2015)（https://ipscdn.linklaters.com/-/media/files/limklaters/pdf/mkt/london/gc5794_banking_app_bafs_finalpages.ashx?rev=76ced7e8-d472-4122-a737-d2464e668204）

る。ただし、証券化取引の場合等、一定の場合に例外が認められている（詳しくは第2部第5章を参照）。

中国では、中国銀行業監督管理委員会（国務院に直属し、銀行等の監督を行う政府機関）が、「シンジケート・ローン業務ガイドライン」を制定している。このガイドラインでは、シンジケート・ローンを複数の貸し手が同じ条件で貸し付けるものと定義するが、この規定との関係で、シンジケート・ローンにトランシェを設けることの可否が議論されている。また、このガイドラインでは、アレンジャーによる貸付額は融資額の20％〜50％とする旨が規定されているが、これはアレンジャーが融資を抱えすぎることを防止し、リスクの分散を図るのが目的である（詳しくは第2部第4章を参照）。

また、シンジケート・ローン取引における独占禁止法上の問題についても議論されている。シンジケート・ローン取引が独禁法上の問題を生じないようなコンプライアンス手続等について、LMAは2014年にガイドラインを公表しており、また、香港では2015年に施行された新たな独禁法との関係での問題が議論されている。欧州では、2017年に欧州委員会が欧州のローン市場における競争法上の問題の検討を開始している[13]。

5 サンクション、テロ資金対策、FATCA

国際的な案件との関係では、特定国に対する経済制裁措置、マネー・ロンダリングやテロ資金対策規制、米国のFATCAなどの影響も大きい。これらの措置や規制の中心となっているのは米国であるが、米国の規制は米国外にも域外適用されており、欧州の金融機関でも難しい対応が求められる問題となっている。特に、欧州では、上記のような米国発の措置・規制が、欧州における情報保護や差別・ボイコットの禁止に関する規制との関係で緊張関係を生む場合もあるようである。

---

13) European Commission Management plan 2017 DG Competition 2017, P11.

6 その他

　以上のほか、バーゼルⅢによる融資取引に関するコストの増加により、借入人に対して負担を求めることができるかどうかといった問題や、LIBORスキャンダルに起因するLIBOR改革に応じて、金利に関する契約書の規定の見直しが実施されたりしている（第2部第1章Ⅲ5、6を参照）。

（森下哲朗）

第 1 部

シンジケート・ローンと
ローン市場

第1章
日本のシンジケート・ローン市場

　本章では、まず、シンジケート・ローンの仕組みについて概説し（「I」）、それから、2013年に行ったアンケート調査を元に、文献に著れるシンジケート・ローンと日本で「シンジケート・ローン」として行われている取引の実態との差異についてみていきたい（「II」）。

I　シンジケート・ローンとは？

　シンジケート・ローンとは、貸付人（複数の金融機関）と借入人（単一）との間で単一の契約書をもって締結するローン契約[1]をいう。以下、取引の流れ（「1」）、特徴（「2」）、メリット（「3」）、種類（「4」）について説明した後、シンジケート・ローンに関する業界団体の存在（「5」）について触れたい。

1　取引の流れ[2]

　シンジケート・ローンの取引の流れは、次の3つの場面に分けることができる。第1に、シンジケート・ローンの組成の場面、第2に貸付の場面、第3に、貸付債権または地位の譲渡の場面である。

---

1) 久保田隆『国際取引法講義』251頁（中央経済社、2017年）、神田ほか276頁〔渡邉展行〕、佐藤3頁、佐藤＝丸茂4頁〔青山大樹〕等参照。
2) 森下哲朗「シンジケート・ローンにおけるアレンジャー、エージェントの責任」上智法学論集51号2巻7頁（2007年）、神田ほか276～278頁、284～286頁〔渡邉展行〕、新しいファイナンス手法90～92頁〔上野正裕〕、坂井40～45頁〔小西貴也〕、佐藤＝丸茂38～42頁〔松田悠希＝青山大樹〕、平野8～12頁等参照。

第1章　日本のシンジケート・ローン市場

(1) 組成の場面

シンジケート・ローンの組成の場面は、次の①から⑤の５つの段階からなる。

① 融資の基本条件の協議・交渉

取りまとめ役の銀行（アレンジャー）が、将来の借入人である資金調達者との間で、融資の基本条件（金額、その他条件等）について、協議・交渉する。

② マンデートの付与

アレンジャーと資金調達者の間で融資の基本条件が合意されれば、その条件に従い、資金調達者はアレンジャーに対して、シンジケート・ローンの組成を委託する。この委託を一般的に「マンデート」という。

③ 参加金融機関の招聘

アレンジャーは、金額、金利、期間等融資の基本条項を記載した書面（タームシート）および借入人に関する情報を記載した資料（インフォーメーション・メモランダム）を作成する。これらを他の金融機関に配布し、シンジケート・ローンへの参加を招聘する。

④ 融資金額の割当

参加金融機関が、アレンジャーの招聘に応じ、合意された条件でシンジケート・ローンへ参加することおよび参加額等を表明する書面（コミットメント・レター）を提出する。これらの参加金融機関に、個々に融資金額の割当がされる。

⑤ シンジケート・ローン契約の交渉・締結

アレンジャーは、参加金融機関からの意見を集約し、借入人と参加金融機関との貸付条件の交渉、調整を行う。借入人と参加金融機関が契約書の内容について合意に至った時点で、シンジケート・ローン契約が締結される。

以上が、シンジケート・ローン組成の場面である。

(2) 貸付の場面

次に、貸付の場面である。シンジケート・ローン契約が締結された後、参加金融機関により貸付が行われる。この貸付は、同一の契約書に基づき行われる。契約締結後は、アレンジャーに代わり、エージェントが参加金融機関との間に立ち、さまざまな業務を行う。エージェントの業務は、期中の債権管理や弁済受領、担保管理等である。エージェントは、アレンジャーである銀行がそのままつとめ、シンジケート・ローンの参加金融機関でもある場合が多い。

(3) 貸付債権または地位の譲渡

最後に、貸付債権または地位の譲渡の場面である。参加金融機関は、別の投資家、または当該シンジケート・ローンの他の参加行に、自らが有する貸付債権やシンジケート・ローンの参加行としての地位を譲渡することができる。組成市場が「プライマリー市場」と呼ばれるのに対して、ローンが売買される市場は「セカンダリー市場」と呼ばれる。

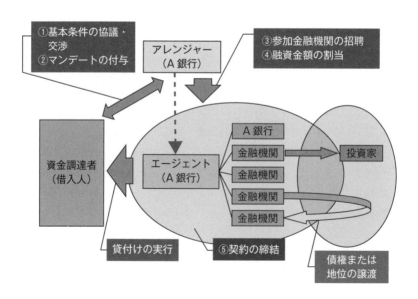

2 シンジケート・ローンの特徴

シンジケート・ローンの特徴には、主として次の3つがある。第1に取りまとめ役の存在、第2に個別性と団体性、第3にローン市場での流通性である。

(1) 取りまとめ役の存在

第1の特徴は、取りまとめ役の存在である。シンジケート・ローン契約締結前はアレンジャーが、締結後はエージェントが、それぞれシンジケート団の取りまとめ役を行う。

① 契約締結前：アレンジャー

アレンジャーは、借入人からマンデート（シンジケート・ローン組成の委託）を受ける。したがって、借入人とアレンジャーとの間には、シンジケート団組成に向けた一種の委任契約（または準委任契約）が成立すると考えられる[3]。これにより、アレンジャーは、借入人に対して善管注意義務を負う。

しかしながら、借入人とアレンジャーとの間には、一般的な委任契約とは異なる事情がある。アレンジャーは、多くの場合、第1に、自身が借入人の契約の相手方である参加金融機関になり、また、第2に、シンジケート・ローン契約締結後に参加金融機関のエージェントになるとされる。これらの場合、アレンジャーは、双方代理に似た利益相反的立場にあるともいえる[4]。

他方、アレンジャーと参加金融機関との間に契約関係はない。また、多くの場合、参加金融機関を招聘する際、インフォメーション・メモランダムにはアレンジャーを免責する規定が含まれる。アレンジャーの参加金融機関に対する責任については、活発な議論のあるところ、日本で

---

3) 坂井495頁〔島田康弘〕、佐藤37頁、佐藤＝丸茂48頁〔松田悠希＝青山大樹〕、平野61頁等参照。

4) 借入人はアレンジャーが利益相反的立場で業務を行うことを了解していると考えられ、法的な問題は生じないともされる。坂井497頁〔島田康弘〕。田澤元章「アレンジャーの利益相反行為」ジュリ1471号38頁（2014年）も参照。

も、アレンジャーに信義則上の情報提供義務違反を認めた最高裁判決がある[5]。(情報提供義務の詳細は、本書第4部第1章参照)
② 契約締結後：エージェント

シンジケート・ローン契約の締結後、取りまとめ役は、アレンジャーからエージェントとなる。エージェントは貸付人の代理人と考えられる[6]。エージェントが貸付人に対して負う義務に関しては契約書中に規定があり、「エージェントは、本契約書の各条項に明示的に定められた義務以外の義務を負わ」ない、として、その義務は契約書に明示されたものに限定される。他方で、エージェント業務を行うことの報酬は、借入人によって負担される（JSLAローン契約書16条）。

エージェントは、借入人の主要取引銀行（いわゆるメインバンク）等、借入人と従来より取引のあることが多い。そのため、エージェントとしての業務とシンジケート・ローン以外の他の取引との間に利益相反的な状況が生じうるおそれもある。契約書には、「本契約外で借入人との間で一般に認められる銀行取引を行うことができる」（JSLAローン契約書25条8項第2文）との規定があり、エージェントが他の取引を行うことを明示的に認めている。(利益相反の詳細は、本書第4部第2章、貸付人間の関係の詳細は、本書第3部第3章参照）

(2) 個別性と団体性

シンジケート・ローンの第2の特徴として、個別性と団体性があげられる。まず、個別性である。金銭消費貸借に係る契約関係は各参加金融機関と借入人との間で別個に存在し、各参加金融機関が個々に借入人に対して貸付債権を有する。すなわち、「貸付人は、本契約に基づく権利を個別かつ独立して行使でき」（JSLAローン契約書2条2項）、「貸付人の本契約に基づく義務は個別かつ独立したものであり、貸付人は、他の貸

[5) 最判平成24年11月27日集民242号1頁。
[6) JSLAローン契約書25条1項は、「エージェントは、全貸付人の委託に基づき、全貸付人のためにエージェント業務を行い、権限を行使し、……」、「エージェントは貸付人の代理人であ」る等規定する。

付人がかかる義務を履行しないことを理由に自らの本契約に基づく義務を免れ」ず、「他の貸付人が本契約に基づく義務を履行しないことについて一切責任を負わない」（JSLAローン契約書2条3項）とされる。

他方で、シンジケート・ローンには、団体性も存在する。各貸付人がばらばらに権利行使することを認めたのでは、不都合が生じうるためである[7]。たとえば、なんらかの期限の利益喪失事由が発生した場合、貸付人それぞれに、ただちに全額の支払を借入人に請求するかどうか判断させたとすれば、債権回収に遅れをとる貸付人が発生しかねない。そこで、貸付人のリスク引受けの程度に応じた公平な利益の分配を図るため、個別性に団体性からの修正が加えられる。

団体性からの修正には、次がある。まず、借入人との間の金銭消費貸借契約書は、単一のものを使用する。これにより、実行条件や返済日、利息等の主要条件を均一化できる。次に、一定の事項に関する決定は、多数貸付人（または全貸付人）の意思によって行う。こうした統一的な決定をすべき事項の例としては、次のものがあげられる。たとえば、貸付不能事由の発生および解消、借入人に対する期限の利益喪失の通知請求、エージェントに対する指示、エージェントの任命・解任等（JSLAローン契約書26条）、契約の変更（JSLAローン契約書28条）、借入人の地位譲渡（JSLAローン契約書29条）、借入人以外の第三者による弁済（JSLAローン契約書31条）等である。これらに関しては、貸付人の個別性に対して多数貸付人または全貸付人の意思結集が必要とされ、団体性から修正が加えられるのである。

(3) 債権の流通市場

シンジケート・ローンの第三の特徴としては、債権の流通市場の存在があげられる。通常の銀行融資は、資金供給者である預金者と資金を必要とする借入人との間に銀行が入って行う、いわゆる「間接金融」の形で行われる。他方、シンジケート・ローンは、資金を必要とする借入人

---

7) 神田ほか308〜311頁〔渡邉展行〕、佐藤＝丸茂29頁〔青山大樹〕、新しいファイナンス手法109頁〔上野正裕〕参照。

が銀行から融資を受ける形は同じだが、貸付債権が社債と類似の市場性を有するとされる。そのため、「市場型間接金融」と呼ばれることもある[8]。シンジケート・ローンは、譲渡することを前提にして各種条項が盛り込まれることも少なからずあるため、債権譲渡に対する借入人の抵抗感は通常の相対ローンに比べて少なく、また譲渡にともなう複雑な法律関係もあらかじめ手当しておくことができるので、相対ローンに比べて譲渡に適しているといわれる[9]。

　貸付債権の売買市場が発展し、債権の流動性が高まることで次のようなメリットがあると考えられる[10]。金融機関にとっては、まず自らが債権の譲渡人となる場合、貸付債権の譲渡によるローン・ポートフォリオの調整が容易になり、自己資本比率規制等への対応、リスクの分散等が可能になる。また、金融機関が譲受人である場合、債権を譲り受けることで借入人や他の金融機関との関係構築やローン・ポートフォリオの調整、売買による利ざやの獲得等が可能となり、投資家として、投資の機会を拡大できるというメリットがある。他方、借入人にとっても、売買市場の発展は、市場規模の拡大による組成コストの低減や、さまざまな資金ニーズに対応した商品の開発、プライマリー市場（シンジケート・ローンの組成市場）でのプライシングの客観化というメリットがある。しかしながら、後述（「Ⅲ 4」）の通り、日本のシンジケート・ローンが債権の流通市場を前提として組成されているかは、疑わしい。（当事者の交替の詳細は第3部第4章参照）

3　シンジケート・ローンのメリット

　シンジケート・ローンのメリットとしては、次のことがあげられ

---

[8] 大垣 372～373 頁、小谷 112 頁等参照。
[9] 神田ほか 310 頁〔渡邉展行〕、佐藤 11 頁。
[10] *See* Campbell & Weaver pp.489-490; Loan Market Association, Guide to Secondary Loan Market Transactions, pp.5-6 (2016). 日本の文献として、森下哲朗「ローン債権の移転」ジュリ1471号55頁、神田ほか 312 頁〔渡邉展行〕、佐藤 104 頁、佐藤＝丸茂 192 頁〔白川佳＝青山大樹〕、ファイナンス法大全（上）520～522 頁〔濱野由梨子＝堀越秀郎〕等参照。

る[11]。まず、借入人にとってのメリットとして、第1に、借手の資金調達基盤の安定化・多様化が実現できる。第2に、複数の金融機関から借り入れる場合であっても、アレンジャー、エージェントを相手にすれば足りるため、事務負担が軽減される。第3に、セカンダリー市場（前述「2(3)」）で広く譲渡がなされることで、金利等のプライシングが客観化するとも言われる。

他方、貸付人のメリットとしては、第1に、複数の金融機関に信用リスクを分散させることができる。そして、このことから、第2に、巨額の融資案件の組成が可能となる。第3に、アレンジャーやエージェントは、手数料収入を得ることができる。第4に、参加金融機関の間での融資条件が同一となるので、条件面での統一性を確保できる。さらに、第5に、エージェントを通じて連絡業務等を一本化することで、煩雑な事務手続の省力化が達成できる、ということである。

4　シンジケート・ローンの種類

シンジケート・ローンはいくつかの観点から分類可能[12]であるが、その1つがタームローン（期間貸付契約）とコミットメント・ライン（融資枠契約）の分類である[13]。2つの主たる違いは、貸付けの仕方にある。タームローン契約では、貸付けを一度に実行することが一般的である[14]。

他方で、コミットメント・ライン契約によるシンジケート・ローンは、一定期間および一定の範囲（貸付極度額）で、借入人が申し込みをするたびに貸付が行われる[15]。借入人は、一定の範囲での貸付の枠を認

---

11) 森下・前掲注2) 3頁、大垣217頁、神田ほか280〜281頁〔渡邉展行〕、佐藤5頁、佐藤＝丸茂5頁〔青山大樹〕等参照。
12) 坂井7〜11頁〔小西貴也〕、新しいファイナンス手法99〜102頁〔上野正裕〕等参照。
13) 後述（[(4)]）のJSLAホームページ（https://www.jsla.org/）にも、ローン契約書として、「タームローン契約書」と「コミットメントライン契約書」の2つのモデル契約書が掲載されている。
14) 神田ほか278頁〔渡邉展行〕、坂井7頁〔小西貴也〕、佐藤16頁、ファイナンス法大全（上）411頁〔上野正裕〕、新しいファイナンス手法99頁〔上野正裕〕。

第1部　シンジケート・ローンとローン市場

めてもらう代わりに、手数料を支払わなければならない[16]。コミットメント・ライン契約は、手数料により、コミットメント・フィー方式とファシリティ・フィー方式の2種類に分けることができる[17]。コミットメント・フィー方式では、手数料を、貸付極度額から実行された未弁済の貸付額を差し引いた額、すなわち、さらに借入が可能な額に対して支払う。他方、ファシリティ・フィー方式では、手数料を、設定された枠（貸付極度額）全体に対して支払う。それぞれの利用は、コミットメント・フィー方式が、非常時以外に借入申込みが予定されていない場合に、ファシリティ・フィー方式が、通常の借入申込みが予定されている場合になされる[18]。（利息・手数料の詳細は本書第3部第1章参照）

5　JSLA

JSLA（日本ローン債権市場協会（Japan Syndicated and Loan-trading Association））とは、「日本におけるローン（貸付金）債権の流動性を高め、ローン債権のローン・シンジケーションをはじめとするプライマリー市場およびローン債権売買を行うセカンダリー市場の健全な成長に資することを目的として2001年に設立された団体」[19]である。国内外の銀行を中心に、格付け会社や弁護士事務所等から構成されている。シンジケート・ローンのモデル契約書や実務指針・行為規範・各種問題に関する報告書も公表する[20]。

海外では、同様に市場関係者が構成し、モデル契約書等を公表している団体として、英国を中心とし、欧州・中東・アフリカの市場をカバーするLMA（Loan Market Association）[21]、米国を中心とするLSTA（the

---

15) 神田ほか278〜279頁〔渡邉展行〕、坂井7頁〔小西貴也〕、ファイナンス法大全（上）411頁〔上野正裕〕、新しいファイナンス手法99〜100頁〔上野正裕〕。
16) JSLAローン契約書15条、神田ほか278〜279頁〔渡邉展行〕、ファイナンス法大全（上）439頁〔上野正裕〕、平野35頁。
17) JSLAローン契約書解説45〜47頁、神田ほか323頁註10〔渡邉展行〕、ファイナンス法大全440頁（上）〔上野正裕〕。
18) 神田ほか323頁註10〔渡邉展行〕。
19) JSLAのホームページについては、前掲注13）。
20) 契約書や行為規範等は、JSLAのホームページよりダウンロード可能。

Loan Syndications and Trading Association）[22]、香港を中心とし、アジア・太平洋市場をカバーするAPLMA（Asia Pacific Loan Market Association）[23]がある。

Ⅱ 日本におけるシンジケート・ローンの実態

本書の編著者らは、2013年1月にシンジケート・ローンに関する実態調査を行った[24]。以下では、上述した文献等にみるシンジケート・ローンに関する記述とアンケートにより明らかになった実態との差異について示したい。

1 シンジケート・ローンへの取組み

Q：シンジケート・ローン取引を行ったことがあるか？

まず、アンケートでは、「過去3年以内にシンジケート・ローン取引（アレンジャーとして取り組んだ場合、参加行[25]として取り組んだ場合のいずれも含む）を行ったことがあるか」という質問をした。このアンケートは全国銀行協会正会員・準会員76行から回収したが、76行中の70行（92％）から、何らかの形でシンジケート・ローン取引を「行ったことがある」との回答を得た。「行ったことがない」と回答した銀行も5行（7％）あったが、これはいずれも外国銀行であり、76行中の残り1行からは回答がなかった。

Q：シンジケート・ローンの専門部署があるか？

続いて、「シンジケート・ローン業務を専門に担当している部署があ

21) LMA（https://www.lma.eu.com）（2019.1.6）.
22) LSTA（https://www.lsta.org）（2019.1.6）.
23) APLMA（https://www.aplma.com）（2019.1.6）.
24) アンケートをまとめた実態調査報告書は、http://syndicatedloan.wix.com/syndicatedloanにて公表している。
25) シンジケート・ローンの参加者は、銀行に限らず、信用金庫や信用組合等を含む場合もある。しかし、本アンケートは、「銀行」のみを対象に行ったものであるから、参加者は銀行に限られる。従って、本アンケートの質問および回答に関しては、「参加金融機関」の代わりに「参加行」の語句を用いる。

るか」という質問に対しては、取引を行ったことがあるとする銀行（70行）のうちの半数以上（36行）から、シンジケート・ローン業務を専門に担当する部署を置いているとの回答を得た。都市銀行では100％が専門部署を置いているとの回答であった。

　以上の回答からは、日本においてもシンジケート・ローン取引が一定程度一般的になっていることがわかる。

（シンジケート・ローンの専門部署があるか）

属 性 別 回 答	ある	なし
1．都市銀行	7行	0行
2．地方銀行・第二地方銀行（三大都市圏[26]）	9行	8行
3．地方銀行・第二地方銀行（三大都市圏以外）	14行	18行
4．外国銀行	5行	9行
5．回答なし	1行	1行

2　アレンジャーとしての取組み

　Q：アレンジャーを務めたことがあるか？

　「過去3年間に、アレンジャーとしてシンジケート・ローン取引を組成したことがあるか」という質問に対しては、取引を行ったことがある銀行（70行）のうちの6割強である47行から、アレンジャーとしての組成を経験しているとの回答を得た。回答者の属性を詳しくみると、地方銀行、第二地方銀行でもかなりの数がアレンジャーを経験していることがわかる。

---

[26]「三大都市圏」とは、東京圏（東京都、神奈川県、埼玉県、千葉県、茨城県）、名古屋圏（愛知県、三重県）、大阪圏（大阪府、兵庫県、京都府、奈良県）を指すものとして回答を得た。

(属性別回答)

属 性 別 回 答	ある	なし
1．都市銀行	7行	0行
2．地方銀行・第二地方銀行（三大都市圏）	14行	3行
3．地方銀行・第二地方銀行（三大都市圏以外）	19行	13行
4．外国銀行	6行	6行
5．回答なし	1行	2行

シンジケート・ローンのメリットの1つには、巨額の融資案件の組成が可能になることがあげられる[27]。しかし、日本のシンジケート・ローンは、都市銀行だけではなくて、多くの地銀・第二地銀によっても取引の組成がされる。この結果からは、日本においては、必ずしもシンジケート・ローンが大口・巨額の融資案件のみに用いられているのではないことがうかがわれる。

Q：銀行がシンジケート・ローンのアレンジを行う動機

では、なぜ銀行はシンジケート・ローンのアレンジを行うのか。アレンジを行う理由としては「借手からのアレンジをしてほしい旨の申し出」に加えて、「クレジットリスクを分散できる」、「金額の大きな貸付を行うことができる」、「手数料収入を得ることができる」という回答が多くあった。

(アレンジをする理由として何を重視するか)

	大変重視	重視	あまりしない	しない
1．クレジットリスクを分散できる	13	29	3	2
2．金額の大きな貸付を行うことができる	13	29	5	0
3．手数料収入を得ることができる	17	28	2	0

27) 前述「I 3」参照。

第1部　シンジケート・ローンとローン市場

4．運用手段の多様化をはかることができる	1	21	20	5
5．他の金融機関との結びつきを強めることができる	3	25	18	1
6．自行のネームバリューを高めることができる	4	24	18	1
7．借手からの申し出	15	28	4	0

　アレンジをする理由への回答として、アレンジャーとなる銀行からは、「借手からのアレンジをしてほしい旨の申し出」を重視してアレンジを行うとの回答が多くあった。しかしながら、借手の意思により取引を行うとする反面、「シンジケート・ローン取引を行うきっかけとして多いのはどれか」という質問の回答では、「借入人からの要望」よりも「銀行からの提案」のほうが、取引を行うきっかけとしては多いことが示された。

（アレンジをするきっかけはどこからの提案か）

	借入人から	銀行から	どちらともいえない
1．都市銀行	1	5	1
2．地方銀行・第二地方銀行（三大都市圏）	1	12	1
3．地方銀行・第二地方銀行（三大都市圏以外）	3	13	3
4．外国銀行	2	2	2
5．その他	0	0	1

Q：メインバンクとしてシンジケート・ローンを組成するか？
　次に、「シンジケート・ローンのアレンジを行う場合、シンジケート・ローンによって貸し出す先は、貴行がメインバンクである場合とメイン

バンクでない場合といずれが多いか」という質問に対しては、メインバンクの場合であるという回答が多くなっている（アレンジャーを務めたことがある銀行 47 行のうち 39 行）。

シンジケート・ローンのメリットとしてあげられる大口融資が可能になるという点やリスク分散という点は、メインバンクを中心として貸付を行っていく、従来型の「協調融資」[28]でも同様になし得るように思われる。協調融資は、シンジケート・ローンが浸透する以前から行われていたはずであるが、協調融資ではなく、シンジケート・ローンを用いるメリットはいずれにあるのか。これには、主として次の 2 点が挙げられる。まず、単一の契約書を用いることにより取引条件を統一化できるという点、第 2 に、アレンジャー・エージェントが手数料収入を得ることができるという点である。前述の「シンジケート・ローンのアレンジを行う理由」についての回答でも、手数料収入を重視している銀行が多いことが示されていた。なお、当該質問への回答には「他の金融機関との結びつきを強めることができる」もあるが、この回答を属性別にみると、特に都市銀行と第二地方銀行がこれを重視しているとわかる。この点を重視しつつアレンジを行うのは、従来型協調融資のように銀行間の既存の取引関係を維持しながらも、手数料のようなシンジケート・ローン特有の利点もとりたいと考える証左ではないだろうか。

---

28)「協調融資」とは、メインバンクが中心となり、複数の金融機関が共同して貸付を行うことをいう。金利、期間等の基本的な条件が貸付人間で同一であるという点については、シンジケート・ローンと類似する。しかしながら、協調融資が、独立の貸付取引が複数存在しているにすぎないのに対し、シンジケート・ローンは、貸付全体の一体性が前提となり、同一の契約条件が共通して用いられているほか、借入人間の意思結集が求められる。この意味で、両者は異なるものといえよう。小塚荘一郎「わが国におけるシンジケートローン取引といわゆるメインバンク・システム——貸し手間の法律関係を考える前提として」上智法学論集 50 巻 3 号 2 頁 (2007 年)、野村美明「はじめに」ジュリ 1368 号 94 頁 (2008 年)、佐藤 5 頁、佐藤＝丸茂 4 頁〔青山大樹〕参照。

3　参加行としての取組み

Q：参加行として取引を行う場合の審査をする際の情報は？

(参加行として取引を行う場合の審査情報について)

	大変重視	重視	あまりしない	しない
1．インフォメーション・メモランダム	30	38	2	0
2．アレンジャーを通じて行う借入人への質問	27	39	4	0
3．借入人との既存の取引	25	34	10	0
4．公表された情報に基づく自行内の調査	34	34	2	0
5．借入人に対する直接の質問	20	31	11	5

　日本の文献の中には、参加金融機関が借入人から直接情報を得ることは制限されており、したがって、アレンジャーを経由する以外に情報を入手する方法はないとするものもある[29]。しかしながら、このアンケート結果をみると、「インフォメーション・メモランダム」や「アレンジャーを通じて行う借入人への質問」に限らず、公開情報や借入人との既存の取引関係を通じた調査というものも重視されており、借入人に対する直接の質問も審査をする上で一定程度重視しているという結果が示されている。

　ただし、注意を要するのは、次の2点である。第1に、そもそも参加行と借入人との間に既存の取引関係があったか、第2に、借入人が上場企業かという点である。アレンジャーではない金融機関も、借入人と既存の取引関係があれば、借入人から独自に情報を入手することが可能であろう。また、借入人との既存の取引関係はない金融機関も、借入人が上場企業であれば公開情報は利用できる。これに対し、借入人との間に

---

29) 平野15頁、名古屋高判平成23年4月14日判時2136号45頁。

既存の取引関係もなく、借入人が非上場企業であれば、参加金融機関が独自に借入人の情報を入手することは困難であろう。

Q:参加行として取引を行う場合に通常貸出の場合と審査の違いがあるか

アンケートでは、参加行として取引を行う場合、通常の貸出しの場合に行う審査と異なる点が「ある」とする銀行は23行、「ない」とする銀行が45行、「回答なし」が8行であった。具体的な違いとしては、通常の貸出しと比べて情報が限られるため、財務情報等の定量面の評価を中心に行われなければならない、外部格付けを要求するなど通常の案件と比べて審査の実施を厳しくしている等の回答があった。参加行が独自に借入人の情報を入手することが可能であったとしても、そこには困難があるということであろう。

Q:参加行として取引を行う場合にコベナンツにどの程度の関心を持つか

「参加行として取引を行う場合、コベナンツの内容についてはどの程度関心をもっていますか」という問いについては、「アレンジャーの提案が通常と異なる場合にはその理由を確認することとしている」という回答が多くなっている。

(参加行として取引を行う場合のコベナンツへの関心について[30])

	1番	2番	3番	4番
1．都市銀行	4	5	1	0
2．地方銀行・第二地方銀行（三大都市圏）	2	15	3	0
3．地方銀行・第二地方銀行（三大都市圏以外）	3	22	8	0
4．外国銀行	5	7	3	0
5．その他	0	2	0	0

30) 回答番号は、「1．コベナンツとして必ず要求する事項があり、欠けていればアレンジャーに契約の改訂を求める」、「2．アレンジャーの提案が通常と異なる場合には、その理由を確認することとしている」、「3．基本的に、アレンジャーが提案してきた内容を受け入れている」、「4．コベナンツはあまり有用ではないので、特に関心を持たない」にそれぞれ対応する。

ここでいう「コベナンツ」とは、貸付金が完済されるまでの間に借入人が遵守しなければならない事項のことをいう。JSLAローン契約書21条の「借入人の確約」がこれに当たる。遵守しなければならない事項としては、担保の不提供義務や、資本金や格付の維持などの財務制限に関するもの、あるいは、各種報告や開示義務等が挙げられる。

シンジケート・ローンでは、借入人と参加金融機関の間に経常的な取引がなく、また、担保をとらない無担保の場合が多いことから、債権保全のためコベナンツが重要な役割を担うとされる[31]。コベナンツ違反は、契約上の義務違反となるため、期限の利益喪失理由ともなりうる[32]。したがって、コベナンツのモニタリングは非常に重要である。

契約書には、エージェントは契約上定められた義務以外は責任を負わないと明記されており（JSLAローン契約書25条1項）、コベナンツの遵守状況をモニタリングする義務は定められていない。したがって、エージェントは、契約上は、コベナンツをモニタリングする義務はないとも解されうる。

しかし、「参加行として取引を行う場合、コベナンツの遵守状況はどのようにモニターしているか」という質問に対して、「アレンジャーに任せており、定期的に遵守状況の報告を求めている」との回答が29行（シンジケート・ローンを行ったことのある銀行70行のうち）から、「アレンジャーを信頼して、違反があれば直ちに報告を受けられると考えている」とする回答も7行からあった。他方で「独自情報の収集を含め、積極的にモニターしている」と回答したのは、30行のみである。ただし、属性をみると、都市銀行では7行のうち6行が積極的にモニターをしていると回答していた。（コベナンツの詳細については、本書第3部第2章参照）

---

31) 大垣 216～217頁。
32) JSLAローン契約書22条2項3号参照。

第1章　日本のシンジケート・ローン市場

（参加行として取引を行う場合のコベナンツ遵守状況のモニタリングについて[33]）

	1番	2番	3番	4番	5番
1．都市銀行	6	1	0	0	0
2．地方銀行・第二地方銀行（三大都市圏）	5	11	2	0	0
3．地方銀行・第二地方銀行（三大都市圏以外）	11	13	4	0	1
4．外国銀行	5	4	1	0	7
5．その他	2	0	0	0	1

4　シンジケート・ローンの流動性

Q：シンジケート・ローン債権の譲渡・地位の移転をしたことがあるか

続いて、「シンジケート・ローン債権の譲渡または参加行としての地位の移転をしたことがあるか」という質問に対しては、26行が「ある」、43行が「ない」と回答している（7行が回答なし）。「ある」と回答したのは、シンジケート・ローン取引を行ったことがある銀行（70行）の約4割である。属性の詳細をみると、都市銀行、外国銀行というのは比較的割合が高いが、地方銀行、第二地方銀行をみると、その割合は低下する。

（シンジケート・ローン債権の譲渡・地位の移転をしたことがあるか）

属　性　別　回　答	ある	なし
1．都市銀行	6	1
2．地方銀行・第二地方銀行（三大都市圏）	6	11

[33] 回答番号は、「1．独自情報の収集を含め、積極的にモニターしている」、「2．アレンジャーに任せており、定期的に遵守状況の報告を求めている」、「3．アレンジャーを信頼して、違反があれば直ちに報告を受けられると考えている」、「4．コベナンツの有用性は限られているので、その遵守状況も重視していない」、「5．回答なし」にそれぞれ対応する。本質問は、「アレンジャー」と「エージェント」とを同視するものであり、その他の回答例にも「エージェント」の語を用いるものがある。

第1部　シンジケート・ローンとローン市場

3．地方銀行・第二地方銀行（三大都市圏以外）	4	28
4．外国銀行	9	2
5．回答なし	1	1

　欧米ではシンジケート・ローン債権は活発に取引されており、市場参加者も銀行に限らず機関投資家にまで広がっているとされる[34]。しかしながら、本アンケート結果からは、日本では流通市場での取引はそれほど活発に行われているとはいえない。個別回答等をみると、「債権を譲渡する必要性さえ感じない」という銀行も少なくない。シンジケート・ローン債権は市場性を有するといわれるが、日本ではシンジケート・ローン債権の譲渡が行われる場合は、不良債権処理やエクスポージャー調整の場合などに限られており、ローン債権市場が成熟しているとはいえないのが実態であろう。

5　シンジケート・ローン契約書について

　Q：アレンジャーとなるときシンジケート・ローンの契約書としては主にどのようなものを使うか

1．自らが独自に作成した契約書ひな形を（適宜修正を施し、又は修正を施さないで）用いる	17行
2．JSLA（日本債権市場協会）の作成した契約書ひな形を（適宜修正を施し、又は修正を施さないで）用いる	31行
3．LMA（Loan Market Association）、APLMA（Asia Pacific Loan Market Association）等の作成した海外の契約書ひな形を（適宜修正を施し、又は修正を施さないで）用いる	6行
4．国内外の他の金融機関の作成した契約書ひな形を（適宜修正を施し、又は修正を施さないで）用いる	11行
5．アレンジャーとして取引を行ったことはない	15行

---

34) Campbell & Weaver at 488; Loan Market Association, Guide to Secondary Loan Market Transactions, 9 (2016).ファイナンス法大全（上）520～521頁〔濱野由梨子＝堀越秀郎〕も参照。

独自の契約書や他金融機関が作成した契約書を用いている銀行もあるようだが、アレンジャー経験のある金融機関のうち7割近くが主としてJSLAの契約書のひな形を用いている。また、LMAやAPLMA（前述「Ⅰ5」参照）など海外の標準契約書を主として用いているという回答もあったが、そのような回答をした6行のうち5行が外国銀行であった。

こうした雛形を用いる場合、修正が行われるのは、コベナンツ、表明保証に関してであるという回答が多くあった。また、契約書の内容について話し合う際に、アレンジャーと参加行との間で意見が食い違うことが多い部分としても、コベナンツ、表明保証に関するものが挙げられていた。

以上からは、日本でも一定程度標準契約書は普及しており、修正箇所もほぼコベナンツ、表明保証に関するものに集約されてきているのではないかとうかがわれる。コベナンツや表明保証に関しては標準契約書や文献等に一般的な例は示されるが、借入人の特性に応じて個別に設定され、参加行間でさえ意見の統一に時間がかかるのが実態である。したがって、いかなるコベナンツ、表明保証を用いているかということは取引ごとに契約書を精査する必要があるだろう。

（藤澤尚江）

第2章
シンジケート・ローンとローン市場の分析枠組み

I 問題の所在

　本章では、シンジケート・ローンについて法律論を考える前提として、シンジケート・ローンがなぜ、またどのような要素を考慮して、組成されるのかという問題に関する議論を概観する。法律学の文献では、このような問題はほとんど論じられていないが、経済学（ファイナンス論）の分野では、2000年頃から、実証分析を含めて相当数の文献がある。筆者はこの分野の専門家ではないので、本章の中でそれらを網羅したレビューを行うことはできないが、法律論を考える上で有益な観点をできる限り紹介したい[1]。

　隣接分野の研究を参照してこのような問題を考えることの意味について、はじめに、説明しておこう[2]。商取引に関する法的な紛争をめぐって解釈論や立法論が論じられる際には、しばしば「取引の実情」に関心が向けられる。しかし、ほとんどの場合は、法的な意味における「商慣習」の存在が問題とされるわけではない。商慣習であれば、実定法と並ぶ法源であって、その内容の合理性を問わず規範としての効力を認められるはずであるが（商法1条2項）、特定の取引（本章ではシンジケート・ローン）が「なぜ、どのように」行われるのかという問いは、それ自体が、取引の合理性を分析しようとするものだからである。

---

1) 経済学の専門家によるレビューとして、滝川好夫「シンジケート・ローンに関する先行研究——1つのサーベイ」国民経済雑誌199巻4号1頁（2009年）。
2) 以下に論ずる点について、小塚荘一郎「商取引の合理性と非合理性——相互信頼と法・裁判」司法研修所論集127号71頁（2018年）。

取引の合理性に関する分析は、とりわけ法解釈論に際して、2つの意味を持つ。第1に、それは、具体的な事案における特定の行動が、取引の当事者にどのような利害をもたらすのかについて、正しい認識を可能にする。比較的最近になって普及した取引の場合、文献や裁判例の数も限られ、自主的な行為規範なども一方の側に立つ取引関係者が策定したものである可能性があるため、法律家は、自覚しないまま偏った情報にもとづく議論を行う危険性がある。取引の合理性に関する分析は、このリスクを是正する役割を果たすと期待されよう。第2に、ある事案に対する判断が、以後の取引実務に対してどのような影響を持ち得るかを予測する効果がある。裁判は、直接的には当該事案の解決を図るものであるが、商取引においては、判決が出されると関係者が対応して実務を修正し、それ以降は紛争が訴訟に持ち込まれなくなるという場合も少なくない。そうした将来の取引に対する影響についても自覚的であろうとすれば、取引の合理性に対する理解は、一層強く求められることになろう。

　以下では、まず、シンジケート・ローンという取引形態が「なぜ」用いられるのかという問題を取り上げる（Ⅱ）。次に、シンジケート・ローンを組成する際に考慮される事情を検討し、「どのように」取引が行われるのかについての研究を概観する（Ⅲ）。その上で、こうした理論枠組が、本書第1部第1章で詳しく紹介したアンケート調査の結果の解釈に際して、どのような意味を持つかを考えてみたい（Ⅳ）。最後に、以上の検討について簡単なまとめを述べるとともに、具体的な事案における法律論に対してこうした研究から得られる示唆について簡単に言及する（Ⅴ）。

Ⅱ　シンジケート・ローンの合理性

1　シンジケート・ローンを組成する理由

　シンジケート・ローンは、複数の金融機関が、同一の貸出条件（契

約)によって貸付けを実行する取引である。シンジケートを組成するアレンジャーの立場で考えると、単独で貸付けを実行した方が、それによって得られる利益を独占することができる。貸付けの金額が大きい場合でも、金融機関は、(たとえば自ら債券を発行するといった方法により)資金を調達した上で単独の貸付けを行えばよいはずである。そこで、それにもかかわらず、あえてシンジケート・ローンを組成する理由は何かという疑問が生ずる。

　米国で、シンジケート・ローンが普及し始めた時期に公表された研究は、2つの可能性を呈示した[3]。1つは、金融機関が貸出ポートフォリオを分散することのメリットである。同じ金額を貸出債権として保有するのであれば、複数の借り手に対する貸出債権として持つ方が、金融機関のさらされるリスクは小さくなる。同一地域や同一産業に属する借り手はリスクも連動する可能性が大きいから、シンジケート・ローンを利用して借り手の所在地域や事業内容を分散することは、金融機関にとって有効なリスク管理の手法である。そうしたリスクの分散は、規制を遵守する上で必須とされる場合すらある[4]。

　シンジケート・ローンを利用するいま1つの理由は、自己資本規制への対応である。借り手のいかんを問わず、金融機関は、自己資本に対して一定以上の比率を超える貸付けが禁じられる[5]。その意味で、金融機関自身が資金を調達し、単独で貸付けを行うという上記の選択肢は、貸付けの金額が大きい場合、現実には、規制により実行できない可能性が高い。そこで、金融機関はアレンジャーとなり、他の金融機関から借り手に対して直接資金が提供されるよう資金仲介を行うのである。

　他方で、参加金融機関の側にも、シンジケート・ローンに参加する理由があるはずである。同じ文献は、参加金融機関にとっての合理性も、もっぱら貸出ポートフォリオの分散にあると論ずる。とりわけ、米国で

---

3) Katerina Simons, 'Why Do Banks Syndicate Loans?' *New England Economic Review*, January / February 1993, pp.45-52(1993).
4) 日本法では、銀行法13条など。
5) 日本法では、銀行法14条の2など。

は、州法にもとづいて免許を受けた銀行は、州外の借り手と取引することが規制されるため、シンジケート・ローンへの参加によって貸出債権のリスク分散を拡大することの意味は大きい。日本の地域金融機関は、規制の効果よりも地域経済の成長の限界から、取引先を拡大し、多様化する必要性に迫られて他地域向けのシンジケート・ローンに参加しているように見受けられるが、貸出ポートフォリオの分散という点では同じである。

　参加金融機関からみたシンジケート・ローンのメリットとしては、債権管理コスト（モニタリング・コスト）を低く抑える効果もあるのではないかと思われる。たとえば地域金融機関が、他地域の借り手に初めて貸付けを行う際に、シンジケート・ローンへの参加という形態を選択して借り手との間に密接な関係を持つアレンジャーに借り手のモニタリングを任せ、自らは参加金融機関としてアレンジャーによるモニタリングをモニタリングするという点にメリットを見出すことが考えられる。金融機関相互間では、シンジケート・ローン取引が繰り返し行われるので「評判」の効果などが働き、借り手を直接モニタリングするよりもアレンジャーをモニタリングする方が、より小さなコストで実行できるからである。このような観点が海外の文献であまり指摘されない理由は、そもそもシンジケート・ローンが、社債市場の発展に対抗し、間接金融でありつつ市場金融に近い手法として普及していったという歴史的な経緯にあろう[6]。しかし、日本では、事情が大きく異なり、シンジケート・ローンは、担保・保証に過度に依存しない金融取引を進めるための新しい金融手法と位置づけられ、地域金融機関に普及していった[7]。そのような背景に照らすと、日本のシンジケート・ローンでは、日本の金融取引で伝統的に用いられてきたとされるメインバンク・システムと同様に、アレンジャー（従来のメインバンク）にモニタリングを委ねることの

---

6) Jonathan D. Jones, William W. Lang and Peter J. Nigro, 'Agent Bank Behavior in Bank Loan Syndications', *Journal of Financial Research*, Vol.28, No.3, pp.386（2005）.

7) たとえば、金融庁「地域密着型金融（平成15～18年度第2次アクションプログラム終了時まで）の進捗状況について」（平成19年7月12日）＜ https://www.fsa.go.jp/news/19/ginkou/20070712-2/02.pdf ＞参照。

効率性が動機となっている可能性は少なくないと予想される[8]。

2 シンジケート・ローンに伴うコスト

他方で、シンジケート・ローンの形態をとることにより、新たに発生するコストもある。一般に、貸付け取引には、借り手に関する情報を債権者が完全に把握することができないという情報非対称の問題が伴うが、シンジケート・ローンの場合には、アレンジャーと参加金融機関の間にも、情報非対称の問題が発生するからである。これについては、さらに、貸付け実行前の情報非対称と、実行後の情報非対称の問題を分けて考える必要がある[9]。

貸付け実行前の情報非対称とは、アレンジャーが、借り手に関して自らは把握している情報を、参加金融機関に対して開示、共有しないという問題である。アレンジャーは、たとえば借り手との間で継続的な取引関係にある場合に、そうした関係から取得した情報や、借り手に対する行内での評価などを持っている可能性がある。これらの情報を利用すれば、優良な借り手に対する貸付けはシンジケートを組成することなく独占し、問題の大きい借り手に対する貸付けのみをシンジケート・ローンに組成して、参加金融機関にリスクを分担させるといった行動がとられるかもしれない。参加金融機関は、アレンジャーがそのような行動をとると予想するときは、参加を求められるシンジケート・ローン案件はすべて優良ではない案件であるという前提で、貸出し金利等の取引条件を決定するであろう。すると、優良案件についてシンジケート・ローンを組成しようとしても取引条件が割に合わなくなり、結果的には、問題のある案件についてしかシンジケート・ローンが組成されなくなる。いわゆる逆選択の問題である。

これに対して、貸付け実行後に発生する情報非対称の問題とは、アレ

---

8) メインバンク・システムとシンジケート・ローンの対比については、小塚荘一郎「わが国におけるシンジケート・ローン取引といわゆるメインバンク・システム――貸し手間の法律関係を考える前提として」上智法学論集 50 巻 3 号 1～18 頁（2007 年）。

9) この点は、Amir Sufi,'Information Asymmetry and Financing Arrangements: Evidence from Syndicated Loans', *Journal of Finance*, vol.62, no.2, pp.629-668（2007）. が強調した。

ンジャーがエージェントとなって行う借り手のモニタリングが、十分に行われない可能性をいう。貸付け債権を全額保有する場合に100のコストをかけてモニタリングが行われるとしたとき、シンジケート・ローンを組成して7割を参加金融機関に保有させ、エージェントが債権の3割しか保有していなければ、エージェントにとって、30以上のコストをかけてモニタリングを行うことは合理的ではない。モニタリングによって債権が保全されても、その利益は3割しかエージェントに帰属しないからである。これが、シンジケート・ローンにおけるモラル・ハザードの問題である。

3 実証分析による理論の検証

こうしたシンジケート・ローンのコストが、ポートフォリオの分散や自己資本規制への対応等のメリットを上回っていなければ、シンジケート・ローンは実行されないであろう。そこで、どの程度、またどのような場合に、メリットがコストを上回り、シンジケート・ローンが採用されるのかという点が、初期の実証研究においては関心の対象となった。

90年代初頭の米国に関する実証研究では、米国の金融監督当局が合同で行う貸付け検査プログラム（Shared National Credit（SNC）Program）により得られたデータを用いて、どのような事情が、シンジケート・ローンの中でアレンジャーが行う貸付けの比率、および、アレンジャーの資本に対するシンジケート・ローン保有額の割合を決定するのかについて分析が行われた。その結果をみると、自己資本比率が、アレンジャーが行う貸付けの比率と強く相関していた[10]。これは、アレンジャーが、自己資本比率規制に対応する上で必要な範囲で、貸付け債権を参加金融機関の手に渡していることを示している。

同じ文献は、シンジケート・ローンに伴う情報非対称の問題の中で、貸付け前の問題（逆選択）と貸付け後の問題（モラル・ハザード）のどちらが、より深刻であるかという点をも分析した。監督当局による債権の

---

10) Simons, supra note 3.

分類（正常先、破綻懸念先など）を数値化し、債権の質がよいほどアレンジャーの貸付け比率が大きければ、逆選択が現実化していると考えられる。分析の結果、貸出し金額の大きさとアレンジャーの自己資本による制約を考慮に入れても、質のよい債権の方がアレンジャーの貸付け比率が小さいことが明らかになり、アレンジャーが参加金融機関に対する情報優位を濫用し、逆選択の問題を生ずるという問題は発生していないとされた。

その後10年以上経ってから行われた実証分析でも、結論は変わっていない。同じく監督当局の合同貸付け検査プログラム（SNC Program）によるデータで、シンジケート・ローンのアレンジャーが保有する貸付け債権の比率がどのように決定されるかを分析したところ、金融機関の資本制約（自己資本比率）が、強い正の相関を示していた。自己資本が厚い金融機関は、貸出しに対する規制上の制約が緩いので、手許に残すローンの比率が大きくなるのである。また、債権の質（監督当局による分類）と貸付け比率も相関しており、質が悪くリスクが高い債権ほど、アレンジャーの貸付け比率は大きくなっている。したがって、この研究でも、逆選択の問題は発生していないことが確認された。

分析の対象をシンジケート・ローンとして組成された貸付けに限れば、アレンジャーの貸付け比率を検証することとなるが、その議論を進めると、極端な場合にはシンジケート・ローンではなく単独貸付けが選択されるはずであろう。この選択を分析した実証研究もある[11]。それによると、借り手が外部格付けを得ている場合、弁済期までの期間が長い場合、そしてアレンジャーが同一の金融機関とシンジケート・ローン取引を繰り返し行っているなど「評判」が高い場合に、シンジケート・ローンが選択される傾向がある。これらの場合はいずれも、参加金融機関からみて情報非対称の問題が軽減されており、シンジケート・ローンのメリットがコストを上回るからであると解釈される。

---

11) Steven A. Dennis & Donald J. Mullineaux, 'Syndicated Loans', *Journal of Financial Intermediation*, Vol.9, p.404（2000）.

第2章 シンジケート・ローンとローン市場の分析枠組み

III シンジケート・ローンの構造

1 シンジケートの構造と情報非対称の解消

　シンジケート・ローンが選択される場合であっても、アレンジャーと参加金融機関の情報非対称から生ずるコストは、より小さく抑えられる方が望ましい。そのためアレンジャーは、シンジケートを組成する際に取引の仕組みを工夫して、コストをできるだけ軽減しようとするインセンティヴを持つはずである。

　第1に、シンジケートの構造によって、アレンジャーと参加金融機関の間の情報非対称が抑制されるという可能性が考えられる。たとえば、参加金融機関がアレンジャーと同一の地域に所在する金融機関である場合、またアレンジャーとの間で過去に何度もシンジケート・ローン取引を行ってきた場合などは、アレンジャーも金融機関の間での「評判」を維持しようとし、また参加金融機関もアレンジャーの行動や組織についての情報を有するといった事情により、情報の非対称性は小さくなるであろう。また、アレンジャーが貸付ける比率が大きいほど、アレンジャーは貸付け実行後のモニタリングを怠らないというインセンティヴを持つ。他方、参加金融機関の貸付け割合も含めたシンジケート全体の集中度が高いと[12]、今度は参加金融機関が自ら借り手のモニタリングを行うインセンティヴを持つようになる。これらはいずれも、貸付け実行後にアレンジャーが行う借り手のモニタリングについて、モラル・ハザードの問題を緩和するであろう。

　第2に、アレンジャーと参加金融機関の間に情報非対称の問題が発生し得るとしても、そもそも借り手についての情報が容易に入手できるの

---

[12] 集中度は、通常、(競争法において市場の寡占率を測定する場合と同じく) ハーフィンダール指数 (HHI) によって測定される。HHI は、各金融機関が保有する割合を百分率で表して二乗し、合計したものである。たとえば、アレンジャーが5割、参加金融機関2行がそれぞれ3割と2割の金額を貸し付けるシンジケート・ローンでは、HHI は $50^2+30^2+20^2=3800$ となる。

であれば、参加金融機関はアレンジャーに依存する必要がなくなり、問題は大きな意味を持たなくなる。これは、借り手に関する情報非対称の問題に対する解決になると考えられる。そうした場合の1つは、借り手が公開企業（上場企業）であって、企業情報が開示されているというケースである。借り手に関する外部格付けがあれば、参加金融機関にとって、一層、情報の利用は容易になる。また、参加金融機関が借り手とすでに取引した実績を持つ場合にも、参加金融機関は借り手に関する情報を直接に有しており、アレンジャーとの情報非対称の問題は大きくないであろう。文献では、これらの場合を「透明性の高い」(transparent)借り手、逆の場合を「透明性の低い」(opaque) 借り手と呼ぶものが多い。

これらの方法によっても情報非対称の問題が解決されず残った部分については、取引条件によって調整がなされる。貸付けの金利、期間、担保の有無などである。そこで、これらの条件を観察すると、情報非対称の問題がどの程度まで解決されているのかを知ることができる。

ただし、シンジケートの構造やシンジケート・ローンの取引条件は、アレンジャーと参加金融機関の間の情報非対称だけによって決定されるわけではない。たとえば、貸出し金利について考えると、アレンジャーは貸出ポートフォリオの分散にメリットを見出しているので、手許に残るローンの比率が小さいほどそのメリットが大きく、低い貸出し金利を受け入れるはずである。これは、モラル・ハザードの観点から、アレンジャーの貸付け比率が大きいほど情報非対称の問題が小さいと考え、低い貸出し金利を受け入れる参加金融機関の立場と対立する。実際の貸出金利は双方の均衡点として定まるはずであり、モラル・ハザードの効果を純粋に測定しようとするならば、ポートフォリオ分散の効果を排除する工夫をしなければならない[13]。

また、借り手が破綻すると、アレンジャーと参加金融機関の立場が逆転し、少数の参加金融機関が合理的な債務整理を妨害するという逆のモ

---

13) Victoria Ivashina, 'Asymmetric information effects on loan spreads', *Journal of Financial Economics*, vol.92, pp.300-319（2009）.

ラル・ハザードが発生する。シンジケート・ローン契約には、通常、債権者の意思結集手続が定められているが、債権の一部放棄や金利の減免等債権内容の変更は貸付人の総意によらなければ実行できないとされている場合が一般的であるため、全体としては合理的な債務整理がまとめられた場合、小さな割合しか持たない参加金融機関は、満額の弁済（または保有する債権の買取り）を期待してあえて反対するという可能性があるからである（いわゆるホールドアップ問題）[14]。このようなモラル・ハザードは、シンジケートに参加する金融機関の数を小さく抑えることによって抑制される。その意味で、参加金融機関の数やシンジケートの集中度は、アレンジャーのモラル・ハザードを抑制する効果のみから定まるわけではない[15]。

2 シンジケートの構造に関する実証研究

(1) データベース

シンジケートの構造によって情報非対称の問題を解消する可能性が理論的には認められるとしても、現実にどの程度の有効性があるかは、データによる実証分析を行わなければ知り得ない。そこで、ファイナンス論の分野では、シンジケート・ローンに関する実証研究の論文が数多く発表されてきた。

それらの実証研究の多くは、Loan Pricing Corporation（現在は Thomson Reuters LPC）が発行するデータベース Dealscan からデータを抽出して分析を行っている。Dealscan は、金融機関等が米国の証券取引委員会（SEC）に提出した開示書類を中心に、アレンジャーの年次報告書や金融情報紙等の情報も統合して、シンジケート・ローンの契約内容に関するデータを収集したデータベースである[16]。アレンジャーが銀行ではない契約や米国外で締結される契約もデータに含まれている反面で、

---

14) 小塚・前掲注 8) 15 頁。
15) Sang Whi Lee and Donald J. Mullineaux, 'Monitoring, Financial Distress, and the Structure of Commercial Lending Syndicates', *Financial Management*, Autumn 2004, pp.111（2004）.
16) Sufi, supra note 9, p.636.

小規模の借り手に対するシンジケート・ローンなどで、情報が公開されないものは洩れているといわれる[17]。前述した米国の金融監督当局による合同貸付け検査プログラム（SNC Program）のデータを用いると、Dealscan に収録されていないシンジケート・ローンも分析の対象に含まれ、データの偏りを排除することができるが、反面で、米国の金融機関が関与しないシンジケート・ローンは把握できない。

(2) シンジケートの構造と情報非対称の程度

こうしたデーベースによる実証研究では、シンジケートの構造と情報非対称の程度の相関が、さかんに研究されている。たとえば、ある研究は、公開情報の有無（外部格付けの有無、株式公開の有無）や貸付けのリスクの大きさ（借り手の総資産負債比率、外部格付けの内容）などと、シンジケートに参加する金融機関数および貸付け比率の集中度の相関を検証した[18]。その結果によれば、公開情報が利用可能であると参加金融機関数は多く、集中度は低い。このような場合は、情報非対称の問題が小さいため、アレンジャーと参加金融機関の間のモラル・ハザードが問題になりにくいと考えられる。このとき、アレンジャーと参加金融機関が過去に取引していた頻度が高いほど、参加金融機関数が多く、集中度は低くなっている。繰り返しシンジケート・ローンを組成してきた実績がアレンジャーの「評判」となり、参加金融機関にとっての情報非対称の問題を軽減しているわけである。なお、外部格付けが得られる借り手への貸付けに限定すると、リスクの高い貸付けほど、参加金融機関数が少なく、集中度は高くなる。借り手が破綻した場合に生ずる逆のモラル・ハザードが意識されるためであろう。

別の研究は、アレンジャーが保有する貸付けの比率に着目し、借り手に関する情報の入手可能性（株式公開の有無、エージェントと借り手が同一州に所在するか否か、借り手の業種がサービス業か否か）、貸付け期間の長さとの相関を検証した[19]。貸付け期間が長いことは、借り手が優良で

---

17) Jones, Lang and Nigro, supra note 6, pp.388-389.
18) Lee and Mullineaux supra note 15.

あるという評価の反映と位置づけられている。結果は、情報の入手可能性が低いほどアレンジャーが保有する比率は大きく、また貸付け期間が長いほどアレンジャーの貸付け比率は小さかった。この研究も、アレンジャーの貸付け比率が、情報非対称の問題を解決するために調整されているという事実を示すものといえる。

　シンジケートの構造と借り手に関する情報の入手可能性に焦点を合わせた別の研究は、借り手を、株式公開の有無と外部格付けの有無によって分類し、公開企業ではなく外部格付けもない「非公開」の借り手、公開企業ではあるが外部格付けがない「未格付け」の借り手、公開企業で外部格付けも得ている「透明」な借り手を区別した[20]。この属性とシンジケートの構造を分析して得られた結果は、まず、「非公開」の借り手向けのシンジケート・ローンでは、「透明」な借り手向けよりも参加金融機関数が少なく、アレンジャーの貸付け比率が大きく、そして貸付け比率の集中度が高い。次に、「非公開」の借り手と「未格付け」の借り手についてみると、借り手が過去にもシンジケート・ローンによる借り入れの経験を持っているとアレンジャーの貸付け比率は小さくなる。ところが、アレンジャーの市場占有率が大きく、「評判」が高いときは、「非公開」ないし「未格付け」の借り手向けのシンジケート・ローンであっても、アレンジャーの貸付け比率は下がる。これらの結果は、情報非対称の問題が大きいときに、問題を軽減するようにシンジケートの構造が調整されることを示している。なお、「透明」な借り手の場合には地元以外の参加金融機関が増え、「非公開」ないし「未格付け」の借り手向けのシンジケート・ローンには、過去にもその借り手向けのシンジケート・ローンに参加した金融機関が多く参加する傾向がある。シンジケートを組成するアレンジャーだけではなく、参加金融機関の側も、情報非対称の問題を意識して、参加の可否を決定しているのである。

19) Jones, Lang and Nigro, supra note 6.
20) Sufi, supra note 9.

第1部　シンジケート・ローンとローン市場

(3) アジアにおけるシンジケート・ローン取引の特殊性

興味深いことに、アジアで組成されるシンジケート・ローンの場合は、一部の観察結果が米国等のシンジケート・ローンと異なると指摘されている。アジア（日本を含まない）の国際シンジケート・ローンについて、参加金融機関数を指標として行われた実証研究によると、アレンジャーに取引実績がある（「評判」を有している）こと、および、借り手が外部格付けを取得していることまたは上場企業であることは、参加金融機関数と正の相関を持ち、貸付期間が長いことは負の相関を持つ[21]。最初の2点は米国等の研究と一致するが、最後の点は反対の結論である。そもそも、アジアで欧米市場とは逆に、長期の貸付けを受ける借り手は、非上場企業などむしろ情報の取得コストが大きく、リスクが高い。そのような借り手に対してこそ、密接な関係を持つ金融機関がいわゆるリレーションシップ・バンキングを通じて情報を収集し、モニタリングを行うので、参加金融機関数は少なくなることが理由であると解釈されている。

(4) 日本のシンジケート・ローン取引

最後に、日本についての実証研究もみておこう[22]。アレンジャーの貸付け比率に着目して行われた分析によると、アレンジャーがメガバンクである場合、その貸付け比率は、借り手が非上場であると大きくなり、参加金融機関が従来借り手と取引関係を持っていると小さくなる。そして、アレンジャーが借り手のメインバンクであれば貸付け比率は一層小さくなるとされている。すなわち、情報非対称の問題が軽減されるとその分だけアレンジャーの貸付け比率が下がるという関係が観察される。ところが、地方銀行がアレンジャーとなる場合には、こうした相関関係

---

21) 山口昌樹「アジアの国際シンジケート・ローン市場」アジア研究53巻4号56～73頁（2007年）。借り手の所在国は、中国、香港、シンガポール、韓国、フィリピン、マレーシア、タイ、インドネシア、インドの9ヶ国である。
22) 藤原賢哉「本邦シンジケート・ローン市場の現状について」国民経済雑誌201巻5号51～64頁（2010年）。

が有意な値をとらない。この結果は、地方銀行がアレンジャーとなるシンジケート・ローンの中には、米国の文献で提示されている理論枠組ではとらえきれない事情があることを示唆しているようである。

別の研究では、統計的に有意な結論は必ずしも多くなかったものの、借り手が上場企業であることとアレンジャーの貸付け比率には負の相関が、また参加金融機関数との間には正の相関を報告している[23]。しかし、同じ研究は、借り手の格付けとアレンジャーの貸付け比率の間には有意な相関がない点で、借り手の透明性に関する指標の中でも違いがあると指摘している。ここにも、日本市場が海外の市場とやや異なる点が潜んでいるようである。

3　シンジケートの構造と取引条件に関する実証研究

このように、シンジケートの構造が、情報非対称の問題を考慮して選択されていることが明らかになると、それによって、どの程度まで効果的に情報非対称を解消されているのかという点に関心が向けられるようになった。比較的最近の実証研究は、情報非対称にかかわる40の変数を対象とし、そこから、主成分分析の手法により、シンジケートの質（貸し手間の関係）、貸し手間の異質性、アレンジャーの評判等、シンジケートの地理的範囲（貸し手相互間の距離）、貸し手と借り手との関係、アレンジャーの属性（商業銀行か投資銀行か）、という6つの主成分を抽出して、それらと貸し付け条件の相関関係を調べた[24]。

この研究によると、相関関係は借り手が米国、欧州、アジアのどの地域に所在するかによって同じではなく、米国の借り手に対するシンジケート・ローンでは、シンジケートの質と貸し手間の異質性が金利（プレミアム）と負の相関を持つ。シンジケートの質は情報非対称を緩和するため金利が下がることは理解できるが、貸し手間の異質性は、ポートフォリオ分散の効果の方が強く出た結果であると解釈される。非公開ま

---

23) 小谷第3章。
24) Claudia Champagne and Frank Coggins, 'Common information asymmetry factors in syndicated loan structures', *Journal of Banking & Finance*, Vol.36, pp.1437-1451（2012）.

たは未格付けの借り手に限定すると、貸し手間の異質性と金利は正の相関を示すようになる。情報非対称の問題が大きいので、貸し手の異質性が高く、集中度の低いシンジケートが組成されると、参加金融機関によるモニタリングが現実的に行われず、金利が高くなるのである。

ところが、欧州の借り手に対するシンジケート・ローンでは、シンジケートの質とアレンジャーの評判等が、透明な借り手の場合は金利と正の相関を、また非公開ないし未格付けの借り手との関係では金利と負の相関を示す。他の要因は有意ではない。すなわち、シンジケートの構造と情報非対称の関係は、欧州では、あまり強く観察されない。

借り手がアジアの企業の場合は、さらに状況が異なり、非公開・未格付けの借り手の場合に、借り手と貸し手の関係が長いほど金利が高くなる。関係が長ければ貸し手が借り手についての情報を持っているはずなので情報非対称の問題は軽減され、金利が下がりそうなものであるが、そうはなっていないというのである[25]。

この研究の分析が的確であるとすれば、シンジケートの構造による情報非対称の問題の軽減は、米国では、かなり有効に機能していると考えられる。他方、欧州やアジアの市場には、それだけでは説明できない特有の事情が窺われる。アジアや日本の市場を対象とした実証研究も示すように、シンジケート・ローンの構造には、地域性があるといえそうである。

4　金融市場の環境とシンジケート・ローン

市場によってシンジケート・ローンの構造が異なる理由としては、さまざまなものが考えられるが、その1つは、各国の金融規制をはじめとする金融市場の環境の相違であろう。そこで、複数国のデータを用いて、金融市場の環境要因との相関を検証する研究も現れた[26]。

---

[25] この論文では、特に解釈が示されていないが、情報の乏しい借り手に対しては、長期的な関係を持つ金融機関のみが貸出し（リレーションシップ・バンキング）を行うという逆の因果関係が成立しているのではないかと推察される。

[26] Christophe J. Godlewski, Banking environment and syndicate structure: a cross-country analysis, *Applied Financial Economics*, Vol.20, p.637（2010）.

市場環境の中には、まず、自己資本比率の規制や海外向け貸付の制限のような金融規制が含まれる。また、既存金融機関の効率性や市場の集中度といった市場構造も、市場環境の一部である。さらに、最近の考え方に従うと、債権者の権利の実効性といった私法制度も、金融取引の実態に影響する要因と考えられている[27]。そこで、これらとアレンジャー数および参加金融機関数との相関が検証された。

その結果は、自己資本比率規制が厳しいと参加金融機関の数が少なく、海外向け貸付けの制約が存在する市場では参加金融機関の数が多かった。前者は、規制によりシンジケート・ローンに参加できる金融機関の総数が減るためであり、後者は、直接の海外向け貸し付けができない分だけ、シンジケート・ローンを通じたポートフォリオ分散のニーズが発生するからである。市場構造の要因については、非効率な金融機関が多い市場では（1本のシンジケート・ローンについての）アレンジャーが多くなる。非効率な金融機関は、自らモニタリングを行う努力を怠るからであろう。他方、集中度の高い市場ほど参加金融機関数が少なかったが、その結果は、寡占市場ではそれぞれの金融機関が大きな市場占有率を持つことから、シンジケート・ローンを通じたポートフォリオ分散へのニーズが乏しいと解釈されている。最後に、私法制度において債権者の権利が保護されている市場では参加金融機関の数が小さくなっており、これには、借り手をモニタリングする必要性が薄れる一方で、参加金融機関によるフリーライドの可能性も大きくなるという解釈が与えられている。

IV　シンジケート・ローン実務に関するアンケート調査と理論枠組

本書第1部第1章で紹介するアンケート調査の結果は、定量的なデータではなく、とりわけアレンジャーの貸付け比率や金利プレミアムなど、個別案件の取引条件に関する情報をまったく欠いている。それで

27）小塚荘一郎「国際的な担保法の形成──統一から現代化へ」民商153巻5号676頁（2017年）参照。

も、回答には取引関係者の意識が反映されているとすれば、少なくともある程度は、実証データとしての価値を持っている。そこで、このアンケート結果とファイナンス論の分野で重ねられてきた実証研究の結論を対比してみる。

　アンケートでは、まず、シンジケート・ローン取引を行う理由について、アレンジャーとしての立場と参加金融機関の立場を分けて、それぞれ尋ねている（問5②、問9）。アレンジャーの回答からみると、「クレジットリスクの分散」について「大変重視する」「重視する」を合わせると圧倒的に多く（47行中42行）、「運用手段の多様化」も、「重視する」という回答は多い（47行中21行。「大変重視する」は1行）。ここから、ポートフォリオ分散を目的としてシンジケート・ローンをアレンジする場合が多いことがわかる。また、「金額の大きな貸付けを行うことができる」についても、「大変重視する」「重視する」を合わせると47行中42行が重視しているが、これは、単独貸付けでは金額の規模から実行が難しいという意味に解釈すれば、自己資本規制を理由としたシンジケート・ローンの利用であるといえよう。参加銀行の側をみると、「クレジットリスクの分散」を「大変重視する」「重視する」という回答は67行中52行、「運用手段の多様化」を「大変重視する」「重視する」という回答は68行中50行であり、参加金融機関の動機としても、ポートフォリオ分散が大きな意味を持っていることが窺われる。これらは、ファイナンス理論で予想されている内容と一致している。

　ところが、アレンジャーに対して「借り手からの申し出」の重要性を尋ねる質問に対しても、かなりの割合（47行中43行）で、「大変重視する」または「重視する」という肯定的な回答がなされている。借り手のニーズは、ファイナンス理論ではあまり問題とされてこなかった項目である。実は、日本の文献では、シンジケート・ローンを用いることで、大きな金額の借り入れ交渉を集約的に行うことができるという借り手にとってのメリットが指摘されてきた[28]。これは、すでに取引関係のある

---

28) 神田ほか280頁〔渡邉展行〕。

第 2 章　シンジケート・ローンとローン市場の分析枠組み

金融機関に融資を申し込んだところ、自己資本規制等の理由により単独ではその金額の貸付けが不可能であったという状況を想定すれば、アレンジャー側の理由に帰着する。もしそうであれば、同一の事情を二重に回答させてしまった可能性があろう。しかし、さらに考えると、その場合に借り手はなぜ他の金融機関にアプローチしないのかという疑問を生ずる。その理由が、新規の貸付け取引を行うためには口座の開設等の手続が必要になり、コストが大きいという取引実務の存在や、非公開企業の財務情報が十分に開示されていないという状況などであるとすれば、そこに、日本の金融取引市場に固有の問題を読み取ることも可能であろう。

　他の質問に対する回答からも、借り手と参加金融機関との関係が持つ重要性が窺われる。まず、アレンジャーがシンジケート・ローンへの参加を勧誘する金融機関を選定する際の理由（問 8）として、借入人の意向が最も重要視され（「大変重視する」が 46 行中 30 行、「重視する」が 16 行）、次いで、借入人との取引関係の有無が挙げられている（「大変重視する」が 46 行中 21 行、「重視する」も 22 行）。アレンジャーとの関係も重要ではあるが（過去のシンジケート・ローン取引を「大変重視する」47 行中 2 行、「重視する」35 行。その他の関係については「大変重視する」45 行中 2 行、「重視する」35 行）、借入人との関係に比較すると、明らかな差がある。他方、参加銀行の側から、コベナンツの遵守状況をモニタリングする方法についての質問（問 13 ②）をみると、独自情報の収集を含め自らモニタリングを行っているという回答（69 回答中 30）と、アレンジャーからモニタリングの状況につき報告を受けるという回答（69 回答中 31）とがほぼ同数である。ここでは、参加金融機関がアレンジャーにモニタリングを委ねたうえで、それをモニタリングするという考え方と、借り手を直接モニタリングしようとする考え方とが拮抗しているようである。

　貸し手間の関係よりも借り手との関係性が重要性を持つとすれば、参加金融機関がアレンジャーのモニタリングに依存するのではなく、むしろ借入人と親密な金融機関のみが集まってシンジケートを構成し、各参

加金融機関がそれぞれ借り手をモニタリングすることになりそうに思われる。実際に、日本の文献では、従来のメインバンク関係をシンジケート・ローンに置き換えたクラブ・ディールと、新規の貸し手を参加金融機関として組成するジェネラル・ディールの2類型が存在すると指摘されることも多く[29]、アンケートの回答にも、日本型のクラブ・ディールが影響を与えているとも考えられる。この解釈は、アレンジャーがメガバンクの場合、参加金融機関が従来から借り手と取引関係を持っていればアレンジャーの貸付け比率が小さくなるという実証研究（上記Ⅲ2）とも整合的である。もっとも、伝統的なメインバンク取引は、むしろメインバンクに借り手のモニタリングを委ねる点に効率性があると指摘されてきたので（前出Ⅱ1）、それをクラブ・ディールに置き換えれば、参加金融機関はアレンジャーにモニタリングを委ねるという行動をとるのではないかとも思われ、アンケートの結果のみから断定的な結論を導くことは難しい。非公開企業が借り手である場合の情報開示の実態（借り手の「透明」さの程度）などを、さらに調査する必要があろう。

Ⅴ 結語

1 ファイナンス論による研究の小括

　貸付け取引には、性質上、借り手に関する情報非対称の問題が常に伴うが、シンジケート・ローンの場合、借り手と直接向き合うアレンジャーとそれ以外の参加金融機関の間の情報非対称に転嫁される可能性がある。それにもかかわらずシンジケート・ローンが利用されるとすれば、そこには、情報非対称の問題に起因する逆選択やモラル・ハザードの問題を上回るだけのメリットが存在するはずである。この点を解明するため、ファイナンス理論の分野では、これまで、シンジケート・ローンに関する実証研究が数多く行われてきた。

---

29) 神田ほか279頁〔渡邉展行〕。

まず、メリットとしては、貸出ポートフォリオを分散するニーズ、および自己資本規制等により単独では実現できない貸付けを実行する必要性等が認められる。債権の質がよい場合や、アレンジャーの「評判」が高い場合には、情報非対称の問題をメリットが上回り、シンジケート・ローンが利用されている。

次に、情報非対称の問題を緩和するためにシンジケートの構造等がどのように工夫されているかという問題について、数多くの研究がある。借り手が公開企業ではない場合などは、情報非対称の問題が深刻であるため、アレンジャーの貸付け比率を大きくしたり、参加金融機関の数を限定して貸付け比率の集中度を高めたりすることで、アレンジャーによる借り手のモニタリングの不足が問題とならないような選択がなされる。他方、そうしたシンジケートの構造による情報非対称の緩和が十分ではない場合には、そのことが、金利や満期等の取引条件に反映されている。

これらの研究と対比するとき、アンケート調査にみる日本のシンジケート・ローン関係者の意識の中では、金融機関と借り手との関係性が大きな意味を持っているようである。それは、従来のメインバンク取引をシンジケート・ローンに置き換えたクラブ・ディール型の取引が存在するという事実を反映しているのかもしれないが、より本質的には、日本の非公開企業は、貸し手からみて情報非対称の問題が大きい（「透明」ではない）という問題である可能性もある。

2　法律論に対する含意

以上のようなファイナンス理論による分析枠組みやアンケート調査の回答が示す取引実態は、本章の冒頭に述べたとおり、取引の合理性に関して、一定の含意を有すると考えられる。例として、アレンジャーが借入人から聞いた情報を参加金融機関に伝えなかったことを「アレンジャーとしての情報提供義務違反」として、借入人の破綻により回収不能となった債権相当額につき損害賠償責任を認めた判例を考えよう[30]。たしかに、シンジケート・ローンには、アレンジャーと参加金融機関の

第1部　シンジケート・ローンとローン市場

間の情報非対称という問題が伴うので、一般論としていえば、裁判所が契約に明示されていない情報提供義務を肯定し、当事者に一定の責任を負担させると、その問題を是正する可能性が存在する。しかし、具体的な事案において、情報提供義務を肯定することが常に合理的であるとは限らないという点に注意が必要である。当事者は、たとえばアレンジャーによる貸付けの比率や参加金融機関数を調整し、それによって情報非対称の問題を十分に解決しているかもしれないし、借り手が「透明」で情報の多くが開示されており、参加金融機関によるモニタリングが困難ではない取引の場合もある。いずれの方法も取られていなかったとしても、金利等の取引条件にリスクが織り込まれているという可能性も考えられる。こうした方法によって当事者間で情報非対称の問題に対処できているにもかかわらず、さらに、契約や実定法に根拠のない注意義務（情報提供義務）が課されると、取引に過剰なコストを発生させる結果となりかねない[31]。

　前記の判例の事案をみると、貸付けの成立前であるから、モラル・ハザードよりも逆選択の方が問題となる局面である。すでにみたように、実証研究によると、この問題は、理論的には成立するが、実際には現実化していないといわれてきた[32]。しかも、本件におけるアレンジャーは、シンジケート・ローンにより既存の債務を置き換えて、与信額をむしろ拡大しようとしていたのであり、アレンジャーの貸付け比率を抑えてモラル・ハザードに走るという状況にはなかったことが窺われる。これらの事情をすべてふまえた上で、なお、情報提供義務違反という形で借り手の破綻リスクを参加金融機関からアレンジャーに転嫁する判断が正当化されるというのであれば、その根拠を明確に示す必要があったの

30) 最判平成24年11月27日集民242号1頁。
31) とくに、注意義務違反のような規範を肯定すると、事実関係にもとづいて裁判所が義務違反の有無を判断することになるため、その判断が当事者による問題への対処の有無や程度と合致しないというリスクを生じ、それが将来の取引に際して不要なコストを発生させるおそれが大きい。
32) ただし、これは日本についての実証研究ではないので、そのまま受け入れてよいかは留保が必要であろう。

ではないか[33]。こうした問題に対して意識を持つ上で、ファイナンス理論が提示し、実証してきた理論枠組は、有用だと思われるのである。

(小塚荘一郎)

---

33) この問題について、法律家の文献には、アレンジャーのみならず参加金融機関も「プロ」であるという点を重視する見解が多いが(森下哲朗「シンジケート・ローンにおけるアレンジャー、エージェントの責任」上智法学論集51巻2号59頁(2007年)、川口恭弘「アレンジャー・エージェントの情報提供義務」ジュリ1471号15頁(2014年)など)、プロの参加金融機関とアレンジャーとの間にも、情報非対称の問題は構造的に発生する。重要な点は、その問題が、シンジケートの構成などの当事者の工夫によって緩和されているのか否かである。なお、これらの点については、最判平成24〔前掲注30〕の原審に対する小塚荘一郎「アレンジャーの責任に関する理論とあてはめと政策論」金法1925号28頁(2011年)でも指摘した。

第 2 部

海外のシンジケート・ローン市場

第1章
英 国

I シンジケート・ローンの市場規模

1 第1次市場

　英国のシンジケート・ローンの市場規模は、2017年の組成金額で約1760億ドルであり、ヨーロッパ諸国ではトップである。件数は201件となっている。日本は約2285億ドルであるが、件数が2005件であり、英国の案件が相対的に大規模のものであることが窺われる[1]。

　もっとも、2014年の組成金額は日本が約2200億ドルで2017年とあまり変わらないのに対し、英国は約27000億ドルであった。大幅な減少があったことになる[2]。

2 第2次市場

　英国のシンジケート・ローンについての第2次市場の規模については、直接には資料が得られなかった。しかしながら、2013年のヨーロッパ、中東、アフリカの第2次市場規模は約930億ドルで、同地域の第1次市場規模が約9300億ドルであるから、大体その10％ということになるところ、アメリカ合衆国の市場では、第2次市場規模は第1次市場規

---

　1) Thomson Reuters, Global Syndicated Loan Review: Managing Underwriter, Full Year 2017, p.2 (https://www.thomsonreuters.co.jp/content/dam/openweb/documents/pdf/japan/market-review/2017/loan-4q-2017-e.pdf)（2018年3月5日最終閲覧）。
　2) Thomson Reuters, Global Syndicated Loan Review: Managing Underwriter, Full Year 2014, p.2 (http://dmi.thomsonreuters.com/Content/Files/4Q2014_Global_Syndicated_Loans_Review.pdf)（2018年3月5日最終閲覧）。

第 1 章　英国

模の 24％に達しており、英国市場における第 2 次市場の規模は相対的には低いことになる[3]。

II　用いられる契約書

1　LMA の設立

英国を本拠とするシンジケート・ローンについて、かつては、大手の法律事務所がそれぞれ独自のフォーマットの契約書を作成し、それらが用いられていた。しかし、マーケットの拡大、とりわけ第 2 次市場の成長のためには、標準契約書が整えられることが必要であるとの認識のもと、1996 年 12 月に大手の 7 銀行を中心として、LMA（Loan Market Association）が組織され、そのもとで標準契約書が作成されることとなった。標準契約書を作成することが LMA を組織するにあたって最も重要な目的だったとされている[4]。

この作成には、BBA（British Bankers' Association）を含む大手の銀行、法律事務所、さらには借入人の代表（具体的には、ACT（Association of Corporate Treasures））が関与し、1999 年に投資適格の借入人に対する貸出について標準契約書が公表された[5]。

2　2 種の契約条項

LMA 契約書は、ケースごとでの変更が予定されている条項（soft provisions）と、予定されていない条項（hard provisions）とによってできている。前者に属するのは、表明保証条項、引受条項、財務制限条項、債

---

3) I. Fitzgerald, Secondary Market: Assessing Liquidity (Euromoney Seminars), p.8 (2014) (http://www.loanssas.com/img/pdf/Euromoney%202014%20march%20secondary%20Market%20slides.pdf)（2016 年 1 月 9 日最終閲覧）（2018 年 8 月 13 日現在ではリンク切れ）．
4) http://www.lma.eu.com/landing_aboutus.aspx（2016 年 1 月 9 日最終閲覧）．現在では、「推薦しうる契約書を生み出すことが、われわれの最も重要な活動の一つである」とのみ記載されている（https://www.lma.eu.com/about-us）（2018 年 8 月 13 日最終閲覧）．
5) S. Wright, The Handbook of International Loan Documentation (2nd ed. 2014) 0.037.

務不履行条項、債権譲渡条項、貸出前提条件条項などである[6]。

実際、債権譲渡条項については、借入人の承諾なく譲渡できるとするなど、案件に応じてかなりの違いがある。

上記以外の条項は後者に属するとされるが、実際には、しばしば修正がされるともいわれる[7]。

3　LMA 標準契約書の役割

LMA の標準契約書が用いられる割合がどのくらいであるかについて統計はない。しかし、ヒアリングでは、9割以上の案件で用いられているとの認識が示された。また、そうでない案件においても、契約書作成交渉の出発点としては機能しているとされた。

したがって、その有する意味はきわめて大きいことになる。

III　最近の問題

1　問題の限定

LMA の標準契約書は、非常に頻繁に改訂されている。しかし、問題は発生し続ける。以下、英国における近時の問題を取り上げる。

2　管轄条項をめぐって[8]

2012年のフランスの判決、すなわち、ルクセンブルクの銀行とフランス人顧客との間の紛争において、ルクセンブルクの裁判所が専属管轄権を有するものの、銀行は別の法域において裁判を提起する権利を留保するという一方的管轄条項の効力を、無効な随意条件だとして否定した判決（Cass. 1re civ., 26 sept. 2012, no 11-26022, Bull. civ. I , no 176, D. 2012,.2876,

---

6) S. Wright, supra note 5, 0.038.
7) S. Wright, supra note 5, 0.039.
8) この問題については、野村美明＝黄靱霆「ローン契約における「一方的管轄条項」の有効性」阪法64巻1号1頁以下（2014年）参照。

note D. Martel, JCP G 2012, 1065, note E. Cornut, JCP G 2013, 105, note L.Degos et D. Akchoti, RTD com. 2013. 383, obs. P. Delebecque.）は、英国にも大きな衝撃を与えた。これまでシンジケート・ローンの契約に当然のように入れられていた条項につき、その効力を否定される可能性が示され、借入人がその条項の有効性を争う事案が増えることが危惧されるようになったのである[9]。

しかしながら、翌年には、英国の裁判所において、そのような条項がイングランド法上有効であることが確認された（Mauritius Commercial Bank Ltd v Hestia Holdings Ltd & Sujana Universal Industries [2013] EWHC 1328 (Comm)）。とりわけ、同判決において、ポップルウェル（Popplewell）判事が、上記のフランスの判決につき、「国内法の問題としても、独立した解釈の要求される〔管轄権に関するブリュッセル〕規則23条の関係でも、異論が多く（controversial）、評釈者の批判にさらされている」と評したことが重要視されている[10]。

とはいえ、フランスでは、まだ判例法理は安定していない。2015年3月には、フランスにおいて、スイスの銀行とフランスの企業との間の紛争に関して、再び、一方的管轄条項の効力を否定する判決（Cass. 1re Civ., 25 mars 2015, no 13-27264, D.2015. 811 ; JCP 2015, 600, note L. d'Avout, RTD civ. 2015. 607, obs. H. Barbier, RTD com. 2015. 623, obs. P. Delebecque.）が下され、そこでは、その理由付けが、随意条件だからというのではなく、条約の趣旨である「予見可能性と法的安定性」に反するから、というところに求められた。そして、同年10月には、同じように、「予見可能性と法的安定性」を根拠としながら、アップルとフランスのアップル認定問屋との訴訟において、アイルランドを専属管轄としながら、問屋

---

9) Erwan Poisson, "French Supreme Court strikes down a one-way jurisdiction clause" (http://www.allenovery.com/publications/en-gb/european-finance-litigation-review/western-europe/Pages/FRENCH-SUPREME-COURT-STRIKES-DOWN-A-ONE-WAY-JURISDICTION-CLAUSE.aspx)（2018年3月5日最終閲覧）.
10) Allen & Overy, "English Court upholds hybrid justice clause" (http://www.allenovery.com/publications/en-gb/Pages/ENGLISH-COURT-UPHOLDS-HYBRID-JURISDICTION-CLAUSE.aspx)（2018年3月5日最終閲覧）.

の住所地、営業所所在地、財産所在地、損害発生地の裁判所をアップルは選択できるという条項を、「予見可能性と法的安定性」が確保されているとして有効とする判決（Cass. 1re Civ., 7 oct. 2015, no 14-16898, D. 2015. 2083, JCP G 2015, 1123, note F. Mailhé.）が下された。

「予見可能性と法的安定性」が今後の基準として機能するとしても、なお、具体的な判断のあり方は不明確であり、フランス、さらには他のヨーロッパ諸国が当事者に含まれる案件においては注意が必要であると認識されている。

3　MAC（Material Adverse Change）条項をめぐって

MAC条項とは、MAE（Material Adverse Effect）条項とも呼ばれ、契約締結後に発生するリスクを当事者間で配分するための手段であり、借主の資産や経営状態に問題が発生したときに、貸主が違約金等を支払うことなく契約を解除する権利を認める条項である。

その事由として規定されているところをLMAの契約書から引用すると、次のとおりである。以下の事由の不存在が欠けると契約が解除できることになるので、事由の不存在を規定するかたちとなっている。すなわち、

「本書面に記載された日から与信契約への署名の日までの間に、国際的な、または、関連する国内的なシンジケート・ローン、貸金債務、銀行または資本市場にすでに悪い影響を与えている、または、与えうるものであり、かつ、本件与信契約のシンジケーションに損害を与えうるものであると委任を受けた主たるアレンジャーが判断する、何らかの事実、変化、または状況（現存する状況の何らかの重大な不都合な変更（any material adverse change）もしくはその継続もしくは悪化、またはその組み合わせを含む）が、当該アレンジャーの判断において不存在であること。」

この条項はきわめて広く用いられているにもかかわらず、その解釈が裁判上問題となることはほとんどなかった[11]。ところが、2013年から立て続けに3つの判決が下されるに至った。すなわち、① Grupo Hoterelo

Urvaco SA v Carey Value Added SL and another［2013］EWHC 1039（Comm）、②Cukurova Finance International Limited and another v Alfa Telecom Turkey Limited［2013］UKPC 2、③Decura IM Investments LLP and Others v UBS AG, London Branch［2015］EWHC 171（Comm）である。

　各判決の事案で、用いられているMAC条項の文言は異なるし、事由の存否の判断は、本質的に個別事案に関わるものであるから、これらの判決から一般論を導くことは難しい。しかし、①判決が、「借入人の財産状況（financial condition）に重大な不都合な変更がないこと」と規定されている場合には、変更はあくまで「借入人の財産状況」について生じている必要があり、一般的な市場状況の変化があり、今後の見込み（prospects）が悪化しても、「重大な不都合な変更」は該当しないとしたこと、問題となるのはあくまで「変更（change）」であり、したがって、貸付人が基準期日に認識していた事態は含まれないこと、いずれにせよ「重要性（materiality）」が必要であり、一時的なものでは足りず、貸付人に判断権がある以上、その判断が客観的に正しいものであることは要しないが、判断自体は合理的かつ誠実（rational and honest）なものでなければならないとされたこと等が注目されている。また、②判決が、貸付人による判断の前に借入人にさらなる情報の提供を求めていないことを厳しく批判していることも重視されている[12]。

4　FATCAへの対応

　FATCA（Financial Account Tax Compliance Act）とは、アメリカ合衆国の税金を逃れるためにアメリカ合衆国以外の金融機関の口座に資産など

---

11) L. C. Leong and P. W. Ren, "Decura IM Investments LLP v UBS AG, London Branch: [The Materiality Standard in Material Adverse Effect Clauses]", p.4 (http://www.leenlee.com.sg/wp-content/uploads/2015/04/Case-Update-Decura-IM-Investments-LLP-v-UBS-AG.pdf)（2018年3月5日最終閲覧）。

12) DLA Piper, "Material Adverse Change Clauses" (https://www.dlapiper.com/~/media/Files/Insights/Publications/2014/10/Material_adverse_change_clauses.pdf)（2018年3月5日最終閲覧）。

を隠すことを防止するために、2010年に制定されたアメリカ合衆国の法律であるが、アメリカ合衆国に属する者の口座について外国の金融機関にも、アメリカ合衆国内国歳入庁への報告、または、アメリカ合衆国からの収入に対し30％の源泉徴収義務を課すものである。源泉徴収義務についていえば、シンジケート・ローンにおいては借入人に源泉徴収義務が課されるだけであれば、貸付人にはあまり影響はない。ところが、シンジケート・ローンにおいては、借入人からの返済金をエージェントが一括して受け取り、各参加行に分配することが通常であるところ、このような分配についても上記の規律が適用されるため、問題が生じた[13]。そして、LMAの対応は遅れがちであった。

もっとも、そのうちにFATCAの内容は刻々と変化し、アメリカ合衆国は、他の法域の諸国とFATCAへの対応を簡易にするための条約を締結するに至った。英国は、世界に先立ち、2012年9月に条約を締結した。その結果、英国の金融機関は、HMRC（Her Majesty's Revenue & Customs）（英国歳入税関庁）に報告をすれば足りることとなった[14]。

これは、具体的な金銭の移動が、アメリカ合衆国に源泉のある金銭のパス・スルーに該当するか否かを判断するという困難な課題から、英国の金融機関を解放することとなった。また、アメリカ合衆国内国歳入庁への報告が、守秘義務違反になるか否かの問題も回避された。HMRCへの報告は、あくまで国内法に基づくものであり、それに従うことは、守秘義務違反に当たらないと解されるからである[15]。

もっとも、上記の条約によって緩和措置を受けられない金融機関が参加行の中に存在することもある。そこで、2012年3月になって、LMAは、FATCAのための追加条項を初めて公表した。その後、数度の修正を経ているが、借入人が、FATCAの適用を受けない旨を表明するというものが基本のようである。

---

13) Bonelli Erede Pappalardo et al., Loan Documentation in Europe: Recent Trends and Current Issues, p.31 (http://www.uria.com/documentos/publicaciones/4230/documento/BF001.pdf)（2018年8月13日最終閲覧）.
14) Bonelli Erede Pappalardo et al., supra note 13, p.32.
15) S. Wright, supra note 5, 6.030.

5 LIBOR 改革との関係

　LIBOR（London Inter-Bank Offered Rate）（ロンドン銀行間貸付人金利）は、以前は、11 行から 18 行の国際金融機関によって構成されるパネルが、営業日ごとに、ロンドン時間午前 11 時の銀行間オファーレートについての質問への回答として提示する金利の平均値として算出されてきた。しかし、LIBOR 算出において各行が呈示する金利には恣意的な操作の余地があり、実際、2007 年夏頃からバークレイズ銀行が呈示利率を低く抑える行為を繰り返してきたことが、2008 年になって報道されるに至り、LIBOR の公正性が疑われる事態となった。そこで、2013 年 7 月から、LIBOR レートの呈示を、10 通貨・15 金利期間から、5 通貨・7 金利期間に縮減し、LIBOR の管理を、2014 年 2 月 1 日、BBA（British Bankers' Association）（英国銀行協会）から NYSE Euronext Rate Administration limited（後に買収され ICE Benchmark Administration）に移管した[16]。

　そうなると、これまでの LIBOR の定義からずれが生じるとともに、契約書において指定されていた金利期間に対応する LIBOR がもはや呈示されないこともありうることになる。そこで、2013 年 7 月 30 日、LMA は、LIBOR のスクリーンレート[17]の定義を変えるとともに、呈示されない金利期間の LIBOR を中間値（Interpolated Screen Rate; 補間法によるスクリーンレート）によるとする契約書案を公表した。その後も、2014 年 1 月 23 日に改訂版が出されている。

　もっとも、英国の金融行為規制機構（FCA; Financial Conduct Authority）の長官は、「提出者に裁量の余地がなくなるよう、（株価の FTSE 指数のように）取引に基づく指標を作ることが重要だ」とし、LIBOR の「定義を変えるような」包括的な改革が必要であり、現時点までの改革はまったく十分ではないと述べている[18]。今後も LIBOR 改革に対応していく

---

16) 以上につき、大串淳子「LIBOR、300 兆ドル規模の金利指標の今後」渥美坂井法律事務所・外国法共同事業ニューズレター 2015 年 9 月 14 日。（https://www.aplaw.jp/newsletter_20150914.pdf）（2018 年 8 月 13 日最終閲覧）参照。
17) 一般的には、ロンドン時間午前 11 時に、ロイターの画面に表示される LIBOR（A. Mugasha, The Law of Multi-Bank Financing 220 n.36 (2007)）。

必要が生じると思われる。

また、最近では、世界的な低金利傾向の中、LIBORがマイナスになったときの処理についても論じられつつある[19]。

6 バーゼル3と費用増額条項

バーゼル銀行監督委員会は、2010年9月、新たな自己資本規制としてバーゼル3を公表し、2019年から全面適用することを明らかにした。この規制を受ける金融機関は、必然的に資金調達コストが増すことになる。しかるに、シンジケート・ローンの契約書においては、通常、費用増額条項（increased costs clause）が存在している。LMAの契約書では、14.1であり、「法律又は規則（若しくは、その解釈、運用、適用）の改正」によって貸付人に付加的な費用が生じ、または、費用が増加したときは、それを借入人に請求できるとしている。

しかし、バーゼル3は、法律ではない。それが国内法化されればともかく、バーゼル3が公表されただけでは、ここにいう「法律又は規則の改正」に該当しないのではないか、という問題がある。さらに、費用増額条項は、貸付人に不測の費用が生じたときに、貸付人を救済するための条項であり、自己資本規制はもはや不測とはいえないのではないか、とも考えられる。

そこで、バーゼル3による費用増加が、費用増額条項の対象となることを明記することを求める貸付人もある[20]。他方で、借入人側は必ずしもそれに納得していない[21]。

（道垣内弘人）

18) J. Samuel and C. Albanese「LIBOR改革、遅々として進まず＝規制当局」ウォール・ストリート・ジャーナル日本語電子版2015年7月7日（http://jp.wsj.com/articles/SB10608521192908353573604581093921440127558）。

19) Slaughter and May, "Negative Benchmarks in Europe: Considerations for Borrowers", Financing Briefing June 2015, p.1 (https://www.treasurers.org/ACTmedia/negative_benchmarks_in_europe_considerations_for_borrowers.pdf)（2018年3月5日最終閲覧）。

20) Bonelli Erede Pappalardo et al., supra note 13, p.12.

21) The ACT Borrower's Guide to LMA Loan Documentation for Investment Grade Borrowers p.79-80 (2013)(https://www.treasurers.org/ACTmedia/ACT_guide_LMA_doc.pdf)）（2018年3月5日最終閲覧）。

第 2 章
米　国

Ⅰ　米国市場の概要

　Thomson Reuters の調査によれば、2017 年の米国のコーポレート・ローン市場は約 2.9 兆ドルに及ぶ[1]。米国のローン市場は、① investment grade market（典型的には、Moody's で BBB- 以上、Standard & Poors で Baa3 以上の企業向け融資）、② leveraged grade market（典型的には、BB+ 以下の企業向け融資）、③ middle market（典型的には売上が 5 億米ドル以下の企業向け融資）に大別される[2]。LSTA（The Loan Syndications and Trading Association）によれば、2016 年のローン総額約 2 兆米ドルのうち、①が 860 billion 米ドル、②が 875 billion 米ドル、③が 245 billion 米ドルとのことである。①ではリボルビング型が主流であり、②はターム・ローンが主流である[3]。

　米国で真のセカンダリー市場が生まれてきたのは 1995 年以降であり、1995 年には 400 億米ドル程度であったものが、2000 年には 1000 億米ドル程度までに成長した。この間、新規融資の過半が leveraged grade であったが、leveraged grade market の主役は、銀行から機関投資家（保険会社、ミューチュアル・ファンド、ヘッジ・ファンド、CLO 等）へと変化

---

　1) Thomson Reuters, Global Syndicated Loans Review, Full Year 2017（https://www.thomsonreuters.co.jp/content/dam/openweb/documents/pdf/japan/market-review/2017/loan-4q-2017-e.pdf）, at 4.
　2) Allison Taylor & Alicia Sansone, ed., The Handbook of Loan Syndications & Trading (McGraw-Hill, 2007), at 40ff.; Bridget Marsh & Ted Basta, Loan Syndications and Trading: An Overview of the Syndicated Loan Market, in The International Comparative Legal Guide to Lending & Secured Finance 2017, 5th Edition (Global Legal Group, 2017), at 1.
　3) Marsh & Basta, supra note 2, at 1.

第 2 部　海外のシンジケート・ローン市場

していった。その後、2003 年から 2007 年にかけて、セカンダリー市場における取引量は、M&A や LBO の増加に伴い急増し、2007 年には 5200 億米ドルとなった。こうした急激な伸びの中心となったのが、CLO（Collateralized Loan Obligations）である。典型的には、大手銀行がローンを組成し、それを institutional fund に販売し、institutional fund が複数のローンを組み合わせて CLO を作り、さらにそれを販売していく、といった形で、ローン債権が取引される。2008 年の金融危機後、ローン市場の取引量は低下したが、2012 年には leveraged grade の新規取組額が 6650 億米ドルと金融危機前の水準に回復した。セカンダリー市場の取引量も、2014 年には 6280 億米ドルと過去最高を記録した[4]。

　このような活発なセカンダリー市場と CLO の活況は、わが国の状況とは大きく異なる点である。米国で実地調査を行った際の複数の実務家へのインタビューによれば[5]、investment grade の市場では顧客とのリレーションシップを重視してローンに参加する銀行が主なプレーヤーであるが（したがって、ローンを持ち続けることも多い）、leveraged grade の市場では、もっぱらイールドに関心があって満期まで持ち続けることを考えない機関投資家が大きな役割を果たしており、こうした機関投資家は市場環境に応じてローンを売買する[6]。また、案件によっては、200 から 300 のファンドに分割譲渡されることもある、一つ一つの額は小さ

---

4) 以上につき、Id., at 2ff.
5) 実地調査は、2014 年 8 月から 9 月にかけて、ニューヨークにおいて現地法律事務所 3 カ所、米系および日系金融機関、LSTA を道垣内教授と筆者が訪問して実施した。本章の記述において、文献等の引用が可能な箇所については文献を示したが、筆者らが直接現地の実務家から聴取した内容については、特に相手方を明記することなく、実地調査の結果、筆者が得た知見・感想として記述することにした。これは、複数の訪問先から同様の情報を得たことにより形成された知見・感想が少なくないことにもよる。実地調査から 4 年以上が経過しており、状況に変化がある可能性や、インタビューの過程で意図せぬ誤解がある可能性はあるが（その場合の責任は私個人にある）、それでも、日本とは大きく異なる米国のシンジケート・ローン市場に携わる実務家の実感として筆者が理解したところを記録しておくことには意義があると考え、このようなスタイルをとることとした。
6) Denise Ryan & David Almroth, Recent Developments in U.S. Term Loan B, in The International Comparative Legal Guide to Lending & Secured Finance 2017, 5th Edition (Global Legal Group, 2017), at 59.

く、こうしたファンドは、銀行と同じような与信審査は行わないとのことであった。また、銀行が持ち続けることも多い investment grade の取引では無担保が多いが、leveraged grade では担保付のものが多いとのことであった。これは、機関投資家の投資基準として、担保付でないと投資できないとなっていることが多いためのようであり、機関投資家が投資できないようなローンは売りにくい。ただし、一流企業向けで銀行のみがレンダーのような案件では、無担保もある。また、institutional fund では、ターム・ローンのみに投資でき、リボルビング型には投資できないとされていることが多い。このように、セカンダリー市場における投資家の嗜好が、組成されるローンのタイプに大きく影響しているのが米国市場の姿であるといってよいと思われる。

セカンダリー市場で取引される leveraged grade のローンでは、Term-B ローンが主体である。Term-B Loan とは、元本の分割返済を少なくし、満期にまとめて返済するタイプのものである（B は弾丸（Bullet）の B である）。Term-B Loan の究極的な保有者の多くは銀行以外の機関投資家であるが[7]、CLO の投資家などは、元本が減っていくことを好まないためである。

なお、セカンダリー市場において留意すべきは、債務者リスクのみならず、カウンター・パーティ・リスクの問題もあるという点であり、現地調査においても、リーマンのケースでもそういった事例があったし、ヘッジ・ファンドが決済をせずに姿を消したといった事例もあったとの言に接することもあった。

II　米国市場における契約書

1　LSTA の契約書

Primary Market について、LSTA は長らく Model Provisions のみを公

---

[7] Ibid.

表し[8]、日本のJSLAや欧州のLMAのような標準契約書を公表してこなかった。LSTAの標準条項は、ドラフティングの際のレファレンスとしての意味を持っているようである。LSTAによれば、Model Provisionsしか公表していないのは、もともと、Primary Marketでは銀行（investment grade）やスポンサー（leveraged grade）が、自分たちのフォームを使いたいと考えており、LSTAによるモデル契約書の作成を期待していなかったからであるとのことであった。しかし、LSTAのModel Provisionsに対する期待は高まっており、2014年8月にはModel Provisionsでカバーする条項を拡充した。そして、2017年10月には、最初の標準契約書を公表するに至っている[9]。

Secondary Marketについては、LSTAはconfirmationからdocumentationまで、すべての段階についての完全なドキュメントのセットを提供している。2014年にLSTAを訪問した際には、以下のような説明を受けた。

- Secondary Marketについては、完全にLSTAのドキュメントが使用されているといってよく、個別の取引はディーラーが電話で合意した時点で成立するが、その際、特に合意しなくても、LSTAのドキュメントを用いることは黙示的に合意されているといってよい。
- ただし、幾つかの銀行は自分たちなりのポリシーに従って、voting rightの扱いなどについて、RIDERを加えるケースがあり、どの銀行がどのようなRIDERを加えるかについては市場でも広く知られている。
- Distressed Loanの取引については、標準的な契約書を修正するケースが増加する。これは、債権の性格が一様ではないことによる。

---

8) LSTAのModel Provisionsについては、Bellucci & McCluskeyが主要条項の解説を行っている。

9) LSTAのウェブサイトにおけるリリースを参照（https://www.lsta.org/news-and-resources/news/lsta-publishes-the-new-lstas-form-of-credit-agreement）

2　契約条項を巡る動向

　investment grade の場合には貸し手側がドラフトを行うのに対して、leveraged grade の場合には、借り手が最初のドラフトを行うことが多いようである。leveraged grade において、借り手側の交渉力が強くなってきた背景には、貸し手側の事情の変化もある。leveraged grade のローンの取引において中心的な役割を果たす機関投資家は、ローンを投資目的で買い、市場の動向を見ながら売買を行うのであり、こうした投資家にとってはローン契約書の契約条項よりも、むしろ、レート等が重要である。銀行としても、上記のような環境では契約書についてギリギリと交渉するインセンティブは小さい。借り手の側は、このようなレンダー側の事情の変化と、Term-B Loan を組み込んだ投資商品への旺盛な需要を反映して、契約交渉においては強気となり、借り手にとって有利な契約条項を引き出そうとする[10]。

　近年の米国の leveraged grade の市場では、covenants-lite と呼ばれる、コベナンツの内容を軽減したような案件が一般化してきているが、これも、そうした事情を反映したものである。covenants-lite の案件では、covenants の内容は債券のようになり、一定の財務状況を維持しなければならないといったような financial covenants は軽減されるか、無くなる代わりに、一定の事情が発生した場合（たとえば、一定額以上の債務の負担、買収等）に通知するといったタイプの covenants が残ることになる。その代わりに、借り手の側はプレミアムを支払う[11]。このように、借入人の継続的なモニタリングの機会が限られることから、covenants-lite のローンにおいてデフォルトが発生した場合には、それは直ちに元利金の不払いであることが多く、したがって、ひとたびデフォルトが発生した場合には元利金を失うリスクが高いと考えられている[12]。

---

10) Ryan & Almroth, supra note 6, at 59.
11) Thomas Mellor & Rick Eisenbiegler, USA, in The International Comparative Legal Guide to Lending & Secured Finance 2017, 5th Edition（Global Legal Group, 2017), at 437.
12) Ibid.

また、Borrower-Buy Back という問題がある。これは、2007年から2008年にかけて、ローンの市場での価格が低下した際に、借り手や借り手の関連会社やスポンサーが、市場からローンを買い戻すことができるかどうか、といったかたちで問題となったものである。このような買戻しにより、借り手がより安価で債務を圧縮できたり、関連会社が利益を上げたり、スポンサーが借り手のデフォルト時にデフォルトの治癒のための議決権行使をしたり、といったことが可能になる[13]。このような買戻しに関しては、禁止するというよりも、借り手や借り手の関連会社は一定部分（たとえば、25％くらいまで）を買い戻すことができる、といった規定を置くことがあるようである。ここで割合を制限するのは、借り手の関連会社等の割合があまり大きくなりすぎると、借り手の関連会社等が反対したから多数貸主の意思決定ができないといったような事態になってしまうからである。また、借り手や借り手の関連会社はレンダー・ミーティングに参加させない、といった規定も設けられるようである。

ニューヨーク州法では、契約は原則として譲渡可能であるが、当事者は契約や契約から生じる債権を譲渡禁止とすることに合意することができる[14]。ローン債権を誰に譲渡できるかという条項は、契約交渉で最も重要な条項の一つとなっているようである。特に、investment grade の借り手は譲渡についてセンシティブのようである。また、前述のように借り手の交渉力が強くなっている結果、譲渡に借り手の同意を必要とする旨の条項（デフォルト時を除く。ただし、どのような場合に借り手の同意権が失われるかも交渉対象である）も増えてきているようであり[15]、適格譲渡先（white list）や、たとえば、競合会社等の譲渡禁止先（black list）を設けることもある[16]。なお、契約書において、eligible assignee が、"commercial bank, insurance company, financial institution, institutional

---

13) Bellucci & McCluskey, supra note 8, at 640.
14) Id., at 545.
15) そうした規定の例について、Id., at 544ff.
16) Id., at 554ff.

lender" とされていた事案において、ファンドが financial institution に含まれるかどうかが争われた事案として、Meridian Sunrise Village v. NB Distressed Debt Investment Fund, 2014 U.S. Dist. LEXIS 30833（2014）があるが、裁判所は financial institution にはファンドは含まれないとした。

III　担保取引

　複数債権者のための担保を設定するに際しては、security trust であるとか、パラレル・デッドといったような概念は用いられておらず、agent の法理に従って処理されている。担保を取る際には UCC9 編に従うが、UCC9 編では複数担保権者をエージェント（collateral agent）が代理することを認めており[17]、この制度を使えば足りるからである。Financing Statement にはエージェントの名前だけがでて、参加行の名前は開示されず、参加行が債権を譲渡した場合であっても、Financing Statement には変化はない。

IV　規制

　Leveraged grade のローン市場の拡大については監督当局も関心を持ち、2013 年、銀行の監督を所管する連邦機関である The Office of the Comptroller of the Currency（OCC）、連邦準備銀行、連邦預金保険公社の 3 者が共同で、"Interagency Guidance on Leveraged Lending" を公表した[18]。これは、銀行に対して、leveraged loan を適切に評価し、クレジット・リスクを適切に監視し、借入人の企業価値の変化が自行のポートフォリオに与える影響を理解すること等を求めるものである。また、自行がローンを保有する場合のみならず、ローンを引き受ける（underwrite）場合についても言及されており、銀行は、債務者に返済能力があ

17）たとえば、UCC9-502（a）（2）、503（d）を参照。
18）Federal Register Vol. 78, No. 56, 17766.

ること等を確認することが求められる。さらに、銀行は、経済の悪化等が借入人の財務状況に与える影響を理解していることが求められる[19]。このGuidance はleverage 案件に取り組む銀行に対する行為規範であり、これは、金融危機の際のようなシステミック・リスクを回避しようとするものである。当局としてはファンドを規制対象とすることは難しいが、監督対象である銀行を規制することで、悪質な貸金が増加しないようローンの供給元をコントロールしようとしているのではないかとの見方が存在する。しかし、2018年2月、OCCおよびニューヨーク連銀のトップが、このGuidance はあくまで法的拘束力がないものであり、銀行が十分な資力を有し、健全性に影響を与えない限りは、Guidanceの基準を超えて leveraged grade のローンに取り組むことは問題ない、といった趣旨のスピーチを行った[20]。その後も関連する当局者の発言がなされており、Guidance の今後の実務における位置づけが注目を集めている[21]。

既述のとおり、米国のセカンダリー市場におけるCLOの存在感は大きいが、このCLO との関係で大きな意味を持つのがドッド・フランク法941条におけるRisk Retention に関する規制である[22]。これは、証券化商品等の組成者について face value の5%の保有を義務づけるものであり、これがCLO のファンド・マネージャーについても適用されることになると、小規模のファンドはCLO の組成は困難になるとの見方もあった。この問題について、SEC と連邦準備銀行はRisk Retention 規制がCLO のファンド・マネージャーについても適用されるとしたが、LSTA がこのような解釈の適法性を訴訟で争い、連邦コロンビア巡回区

---

19) Federal Register, Id., at 17767.
20) この発言については、White & Case, Banking Regulators Siganal Movement Away from Leveraged Lending Guidance(March 15, 2018)(available at https://www.white-case.com/publications/alert/banking-regulators-signal-movement-away-leveraged-lending-guidance(accessed on Nov. 13, 2018))を参照。
21) たとえば、LSTA は2018年9月13日時点で今後の動向を注視するとしている(https://www.lsta.org/news-and-resources/news/supervisory-statementsand-leveraged-lending-guidance(accessed on Nov. 13, 2018))。
22) Mellor & Eisenbiegler, supra note 11, at 438.

第 2 章　米国

裁判所は、2018 年 2 月、CLO のファンド・マネージャーについては Risk Retention 規制は適用されないとの判決を下している[23]。

（森下哲朗）

---

[23] United States Court of Appeals for the District of Columbia Circuit (No. 17-5004), The Loan Syndications and Trading Association v. Securities and Exchange Commission, et.al (https://www.cadc.uscourts.gov/internet/opinions.nsf/871D769D4527442A8525822F0052E1E9/$file/17-5004-1717230.pdf)

第3章
香　港

Ⅰ　シンジケート・ローン市場の現状

　香港におけるシンジケート・ローンの歴史は長く、セカンダリーを含め市場が発達している。欧米、日本、地場、中国本土の銀行はもちろん、最近ではインドや台湾の銀行も市場に参入してきている。

　香港シンジケート・ローン市場の特徴は、まさに教科書通りの形でシンジケート・ローンが組成されることが多くみられる点である。つまり、借入人が借入れの希望条件を出し、それ以外の条件についてはアレンジャーに一任する。アレンジャーからローンへの参加の打診を受けた金融機関も、純粋に採算ベースで融資の判断を行う。また、香港では10行以下の銀行で組成するクラブ・ローン（club loan）も用いられ、組成に際してインフォメーションメモランダムを不要とするケースもある。

　セカンダリー市場に関して、市場主導によるシンジケート・ローンの譲渡が日常的に行われている。公開市場での譲渡ではなく、銀行が他の銀行に相対的に打診する形で譲渡が行われ、特にレバレッジド・ファイナンスの場合は譲渡が多く行われている[1]。金融機関は、リスク・リターンの観点から、あるいはポートフォリオ整理の観点から譲渡する。もっとも、財閥系の有力な借入人である場合、銀行が長期関係を築くた

---

1) 香港においては、シンジケート・ローン債権あるいはシンジケート・ローン契約は、債権譲渡（assignment）または更改（novation）によって移転する。Vincent Sum & Naomi Moore, "Hong Kong," *in The International Comparative Legal Guide to: Lending & Secured Finance 2014*, (Global Legal Group Ltd., 2d.ed., 2014), Chapter 38 at 247 参照。債権譲渡と契約の移転については、第3部第3章参照。

めにあえて譲渡しないケースもみられる。

II 契約書

1 標準契約書の使用

　香港では、APLMA（Asia Pacific Loan Market Association）契約書とLMA（Loan Market Association）契約書の両方が使用されている。APLMA契約書は、英国法に準拠したLMA契約書から発展してきたものである。そのうえ、香港、シンガポール、オーストラリアなどAPLMAの支部ごとに独自の条項が加えられている。これらのうち、香港とシンガポールの契約書式は、ほとんどLMAのものと同様であるが、オーストラリアのものは比較的に独自の条項が多い。

　実務でAPLMA契約書とLMA契約書のいずれを使用するかは、当事者次第であるが、銀行側にとって、投資適格（investment grade）であればAPLMA契約書、レバレッジド・ファイナンスであればLMA契約書を使用する傾向がみられる。また、借入人側に関していえば、初めてシンジケート・ローンを借り入れる場合にはAPLMA契約書を利用することが多いが、リピーターの中にはLMA契約書を好む会社や、既存の書式を利用する会社もみられる。

　これらの契約書は、ローカル取引かクロス・ボーダー取引かを問わず使用されている。そもそも香港では厳密なローカル取引はほとんどなく、後述のように規制もないため、規制の多い中国本土関係の取引を除けば、取引がローカルかクロス・ボーダーかの意識はあまりされていない。LMA契約書にみられるいわゆる一方的管轄条項（unilateral jurisdiction clause）[2]は、香港でも広く使用されている。

　なお、利息計算のために、過去には香港銀行間貸出金利（HIBOR）も

　2）一方的管轄条項について、野村美明＝黄軔霆「ローン契約における「一方的管轄条項」の有効性」阪大法学64巻1号1～24頁（2014年）を参照されたい.

シンガポール銀行間貸出金利（SIBOR）も使われていたが、最近の香港では後者はほとんど使われていない。

2 実務における修正点

香港は規制のない自由な市場であるためか、当事者は標準契約書や自身の定型フォームへのこだわりは一般的に少なく、ケース・バイ・ケースで契約書の修正に柔軟に対応する。銀行からみれば、標準契約書と異なる条項を設けるために生じるコスト増は、結局借入人が負担し、銀行にとってリスク増につながる修正は避けられている。また、時には借入人は契約書の詳細な条項にあまり興味が無く、借入れさえ実行されればよいと考えているケースもある。

借入人から銀行に対する修正として要求されることが多いのは、情報の開示、他の貸付人がエージェントに負う補償債務、貸付債権の譲渡可能性などの条項である。交渉力の強い借入人は銀行の交代を好まない場合もあり、譲渡先としてよい銀行とそうでない銀行をリストアップして明示することがある。これに対して、銀行は通常、貸付債権の譲渡を権利として留保したいので、これが契約上制限される場合には、銀行内部の特別な決済を要することになる。また、銀行はエージェント事務や、通知の方式などについて自行のポリシーを持っていることから、関連条項の変更を求めることも少なくない。

英国と米国の銀行は、契約書のコンプライアンス関係条項の修正を求めることが少なくない。これらには、テロ資金対策、マネーロンダリング対策（anti-money laundering or AML undertakings）、外国口座税務コンプライアンス（FATCA, Foreign Account Tax Compliance Act[3]）、環境汚染防止[4]などが含まれる。

借入人が比較的に関心を持つ条項は、MAC（material adverse change、

---

3) 米国納税義務者による米国外の金融口座等を利用した租税回避を防ぐ目的で、米国外の金融機関に対し、顧客が米国納税義務者であるかを確認すること等を求める合衆国の法律。26 U.S. Code Chapter 4 - TAXES TO ENFORCE REPORTING ON CERTAIN FOREIGN ACCOUNT §§ 1471-1474.

4) 特に建設事業関係の融資の場合によくみられる。

重大な事態の変更）条項、表明保証、諸費用（Costs and Expenses）とコベナンツなどである。MAC条項の挿入は、交渉の中で決める問題であるが、借入人の抵抗はそれほど強くはなく、基本的には受け入れている。借入人の中には、MAC条項の意味をよく理解しないまま受け入れることもあるが、その定義をより明確にするよう求めることもある。もっとも、MAC条項が契約書に存在していても、現実にはほとんど使用されていない。MAC条項が問題となるのは、一般的にはすでに借入人がデフォルトしかねない状況であるが、裁判紛争に持ち込まれた場合に、実際に条項の発動に値する状況が生じたかどうかは裁判所が判断する事実問題である。この状況の下で銀行側がMAC条項を発動すると、将来的に裁判で不当な発動であるとして抗弁され、ひいてはこれにより損害を受けたと逆に訴えられるリスクがある。結局現実にMAC条項を発動して契約を変更しようとしても、借入人と新しい契約を締結する必要があり、その意味でMAC条項は法的には有効であるが、実務的には実行できない可能性がある。

　コベナンツ条項に関して、借入人の状況に合わせてコベナンツの内容を調整、修正することがある。たとえば、ネガティブ・プレッジ条項の例外として、担保に供与できる資産を限定したり、担保提供に係る被担保債権額の総量を一定額以下にコントロールしたりすることを挙げることができる。

　また、借入人が重要子会社とされるmaterial subsidiaryないしprincipal subsidiaryの定義について気にすることもある。

Ⅲ　中国本土関係の取引

1　取引の実態

　広い意味でいう中国本土関係の取引の多くは、中国企業の香港現地法人が借入人となってシンジケート・ローンを借り入れる形や、中国の銀行が香港支店を通じて香港市場でシンジケート・ローンに参入する形で

行われている。これらの場合、資金が越境して移動しておらず、契約関係も香港の実務に依拠し、香港市場でなされる他のシンジケート・ローンと本質的な違いはない。

中国本土の企業が借入人となる場合、当該企業が中国の監督規制[5]をクリアーし、海外から融資を受けるための許可を受けていることが、融資実行の前提条件であるが、これらはシンジケート・ローンとは別個の問題であると考えられ、シンジケート・ローン契約書の内容に影響することも一般的にはない。

中国本土企業の財務状況が不透明なことも考えられるが、シンジケート・ローンは社債と異なり、アレンジャーにはデューディリジェンス義務はなく、個々の参加銀行は借入れの目的に応じた信用調査を行う。借入人の一般操業資金として借り入れる場合に、インフォメーションメモランダム自体が非常に簡単なことも多く、銀行は借入人の公開情報に頼る場合がほとんどである。これに対して、プロジェクト・ファイナンスであれば、より充実したインフォメーションメモランダムを求めることになる。

中国本土の銀行が香港市場でシンジケート・ローンに参入する場合には、中国法へのコンプライアンスが必要であるが、一般的に、欧米の銀行ほどコンプライアンス関係に厳しく要求するわけではない。実務で本土の銀行からの比較的に目立つ要求は、むしろビジネスデーの定めに細かく注文する点である。本土と香港は祝祭日が異なるために、香港のビジネスデーで借入人が融資を受けたいとしても、本土の銀行が休日のためこれに応じられないことがあるからである。

2 裁判権免除

中国本土の企業による借入れについて、特に問題となりうるのは国有企業に対する政府免責（Crown Immunity）の問題である。

香港では、政府免責に関するリーディング・ケースは初審裁判所によ

---

5) 次章Ⅲ参照。

る The Hua Tian Long（No. 3）判決[6]である。同判決において、裁判所は 1997 年に香港の主権が中国に返還された後、コモン・ローにおける政府免責の原則は依然として存在し、その対象は英国政府から中国中央政府に変更したに過ぎないこと、政府免責原則では中央政府の行為が商業的性質かどうかを区別せず、絶対的に免責するものであると判示している[7]。

The Hua Tian Long（No. 3）判決は初審裁判所によるものに過ぎず、また同事件における被告は中国の国有企業ではなく、中国交通運輸部に所属する広州サルベージ局であるため、その拘束力と射程は限定されたものとも考えられる。しかしながら、このような判決が存在する以上、中国国有企業が政府免責の対象とされ、香港裁判所の裁判権から免除されるリスクは存在する。

シンジケート・ローン契約において、貸付銀行は借入人である中国の国有企業に対し、裁判権免除（immunity）を事前に放棄する条項を定めるよう求めるのが一般的である。もっとも、このような裁判権免除の事前放棄を定める契約条項がコモン・ロー上果たして有効であるかは疑問である。

裁判権免除の放棄に関する香港の判例は、2011 年の Democratic Republic of Congo and others v. FG Hemisphere Associates LLC 判決[8]である。同判決は外国国家の裁判権免除について判断したものであるが、コモン・ロー上の裁判権免除の放棄に関する判示部分は、政府免責の放棄にも共通すると解される。

イギリスでは、国家が商業的取引行為をなした場合に裁判権免除を認めないいわゆる制限免除主義を定めた State Immunity Act 1978[9] が存在

---

6) ［2010］3 HKC 557, available at http://www.hklii.hk/eng/hk/cases/hkcfi/2010/361.html

7) もっとも、判決は結論的に被告が香港での裁判において政府免責を放棄したと判断している。

8) FACV 5-7/2010, available at http://www.hklii.hk/eng/hk/cases/hkcfa/2011/41_2.html

9) Available at http://www.legislation.gov.uk/ukpga/1978/33/contents

し、香港でも 1997 年まで適用されていた。1997 年以降、香港ではこの点に関する立法がなされなかったため、裁判権免除に関する香港法の立場が不明であった。上記 Democratic Republic of Congo 事件は、ICC 仲裁判断によって確定したコンゴ政府に対する貸付債権を譲り受けた米国のいわゆるハゲタカファンドが、中国企業がコンゴ政府に対して負う金銭債務を対象に、香港で上記仲裁判断の強制執行を求めたものである。香港終審法院は、コンゴ政府が主張した裁判権免除を認めるべきか否かは中国の外交に係る問題であるとして、香港特別行政区基本法158条[10]に基づき、同問題の解釈権を有する中国全国人民代表大会常務委員会に有権解釈を要請した。常務委員会は2011年8月に、香港も中国の領域の一部として統一的に絶対免除主義を採用しなければならないとする旨の解釈を行ったため、香港終審法院はこれに沿う判断をし、コンゴ政府の財産は香港裁判所による強制執行から免除されると判断した。

Democratic Republic of Congo 判決において、香港終審法院は、裁判権免除の放棄に関するコモン・ローのルールについて、放棄は明示かつ明確的に紛争が係属している裁判所に対してなされなければならないと判断した。裁判権免除の放棄を約する合意は当事者間でしか効力を有せず、裁判権免除の事前放棄条項であるか、専属的管轄合意であるかを問わず、それ自体は裁判所に対する裁判権免除の放棄を構成しないとされる。

この問題を打破する方法として、シンジケート・ローン契約の紛争解決方法として仲裁を合意することが一応考えられる。もっとも、仲裁はこれまでのシンジケート・ローンの実務ではないため、多くの銀行が受入れに踏み出さないようである。また、香港が絶対免除主義を採用し、しかもその放棄は裁判所に対して直接になされなければならないと解される以上、銀行側の請求を認める仲裁判断が得られても香港における財

---

10) 同条は同法の解釈権は全国人民代表大会常務委員会に属すると定めたうえ、香港特別行政区の自治範囲内の条文に関する解釈権を香港裁判所に授権しているが、中央政府が管理すべき事務および中央政府と香港政府との関係に関する条文の解釈が判決の結果に影響を及ぼしうる場合に、香港終審裁判所は判決に先立ち当該条文の解釈を常務委員会に要請しなければならないと定めている。

IV その他

　香港は自由貿易港として、シンジケート・ローンに対する政府サイドからの規制はまったくみられない。また、シンジケート・ローンは香港ではすでに成熟した取引形態であるため、最近特に議論が盛んになされている話題はあまりない。

　借入人はデフォルトを起こすことはもちろんあるが、その場合は、淡々と契約にのっとり破産処理をして解決する。アレンジャーやエージェントが訴えられたりする紛争はあまり生じない。

　ところで、イギリスの控訴裁判所における 2007 年の IFE Fund SA v Goldman Sachs International 判決[11] は、インフォメーションメモランダムにおける情報の正確性等についてアレンジャーが責任を負わないとする免責条項を有効と判断し、アレンジャーの黙示の開示義務と注意義務を否定した。この判決は香港でも判例法とされている。ただし、信認義務を排除する条項の有効性を扱った判例はまだない。

（野村美明・黄靱霆）

---

11) ［2007］EWCA Civ 811. この判決については、久保田隆「アレンジャーの情報提供責任と集団行動条項の有効性」シンジケートローン基本判例研究（第 5 回）、ジュリ 1372 号 162 頁以下（2009 年）参照。

第4章
中　国

I　シンジケート・ローン市場の現状

1　第1次市場（プライマリー市場）の規模

　中国（香港、マカオ、台湾を含まない。以下同じ）における最初のシンジケート・ローンは、1986年に広東省大亜湾原発建設プロジェクトのために組成されたものである。しかし、シンジケート・ローン取引が本格的に増加したのは2005年からである。

　中国におけるシンジケート・ローン市場の規模について、2013年度は組成金額ベースでは前年度比21％増の21753億元、組成件数では前年度比245件増の1088件であり、貸付残高は45127億元である。また、2014年度の組成金額は22035億元で、組成件数は1626件で、貸付残高は51849億元である[1]。

　シンジケート・ローンの不良債権比率は、2013年度では0.1％未満で、2014年度では0.39％に増加したとはいえ、依然として同時期における商業銀行の不良債権平均比率よりも大幅に低い[2]。

2　主な市場プレーヤー

(1)　貸出人
　シンジケート・ローン市場の主な貸出人は、5大国有銀行（中国工商銀

---

1) 中国銀行業協会HP掲載の「中国銀団貸款市場2014年度報告（摘要版）」、「2013年我国銀団貸款市場発展情況分析報告（摘要版）」参照。
2) 同上。

行、中国銀行、中国建設銀行、中国農業銀行と中国交通銀行)、3つの政策銀行（国家発展銀行、中国輸出入銀行と中国農業発展銀行）と全国的に事業展開する12行の株式商業銀行である。また、外資系銀行の中国現地法人がシンジケート・ローンに参加し、またはアレンジすることもある。さらに、近年では国内の非銀行金融機関、いわゆるノンバンクの市場参入も増えている。

　アレンジャーは、大型銀行と呼ばれる国有銀行と政策銀行がなることが多い。たとえば、2013年では金額ベースにして86.90%のシンジケート・ローンのアレンジャーは大型銀行である。これに対して、外貨建て貸付を中心に2.02%のシンジケート・ローンでは外銀の現地法人がアレンジャーとなっている。なお、中国では一般的に銀行間の競争が激しく、優良な借入人であれば銀行の融資条件次第で借入先を選択することが多いため、基本的に日本に類似するメインバンク制度はない。

⑵　借入人と融資目的

　シンジケート・ローンの主な借入人は国有企業と上場企業を中心とした大手企業であり、産業別にみれば物流運送業、製造業と不動産業の企業が多い。融資目的は、主に大型インフラ整備のための固定資産取得またはプロジェクトファイナンスである。また、渉外的シンジケート・ローンは、国境を超えた企業の合併買収、造船輸出、輸出与信などに用いられることが多い。

　通常、シンジケート・ローンという融資方式は大型融資に用いられ、1件あたりの借入れが10億元以上であることが多い。5億元程度の比較的に小口のシンジケート・ローンもみられるが、この場合には貸付人は2、3行程度に限られる。これに対して、借入れが100億元以上の案件では、貸付人は10行以上に上る。

3　第2次市場（セカンダリー市場）

　中国では、後述する中国銀行業協会によって、シンジケート・ローン譲渡取引モデル契約書が作成されているが、実際にはセカンダリー市場

はあまり発達していない。2010年に中国銀行と中国郵政儲蓄銀行との間で行われた広州地下鉄3号線関係のシンジケート・ローンの譲渡が、同モデル契約書を使用した最初の譲渡例であり、国内セカンダリー市場での初めての本格的な取引である。

セカンダリー市場での取引が活発ではない主な理由は、上述したようにシンジケート・ローンの不良債権比率は非常に低く、優良債権であるから、銀行にとって譲渡するインセンティブがあまりないからである。また、セカンダリー市場での取引は貸付資産の譲渡であり、通常は銀行の本店権限であるとされ、シンジケート・ローンに実際に参加している地方支店からすれば内部手続が煩雑である点も、積極的に譲渡しない理由であるといわれる。

Ⅱ 契約書

1 中国銀行業協会モデル契約書

中国銀行業協会は、2000年5月に設立された非営利社団であり、外銀の現地法人を含む銀行系金融機関を会員としている。同協会は、APLMA契約書をベースに「シンジケート・ローンモデル契約書」（以下「モデル契約書」という）を作成し公開しており、2018年1月に公開した2017年版は、2007年の第1.0版、2010年の第2.0版と2013年の第3.0版に次ぐ最新版である。なお、JSLAとは異なり、モデル契約書には解説書は用意されていない。

2 実務での使用

外銀の現地法人がシンジケート・ローンのアレンジャーとなる場合は、基本的にモデル契約書を使用しないのに対して、内銀がアレンジャーとなる場合は、ほぼ必ずモデル契約書を使用する。シンジケート・ローンの経験が豊富でない内銀にとって、モデル契約書を使用しなければ、契約書の審査点検コストが非常に高くなるからである。もっと

も、モデル契約書は、上述したように APLMA 契約書をベースとするものであり、他の国際的な標準契約書と比べて、エージェント業務に関する規定がそれほど詳細ではない点を除けば、大きく異なるものではないとされる。

実務上モデル契約書によく加えられる修正点は、案件に応じた融資実行の前提条件、資金用途、支払方法と担保などである。

渉外的シンジケート・ローンの場合、契約準拠法はイギリス法、香港法、シンガポール法などを選択することが多い。また、紛争解決方法について、通常はシンガポールまたは HK での仲裁を指定する。渉外的シンジケート・ローンにおいて、中国法や中国での仲裁を指定することはあまりない。

III 監督規制

1 中国銀行業監督管理委員会と業務ガイドライン

中国銀行業監督管理委員会（一般的に「銀監会」と略称される）は、中央銀行である中国人民銀行の従来の職責のうち、銀行等金融機関の監督管理機能を分離独立して、2003 年に設立した政府機関である。中央政府である国務院に直属し、銀行系金融機関と信託投資会社など非銀行金融機関の監督管理機能を担う政府機関である。2018 年 3 月に、銀監会は保険市場の監督管理を行う中国保険監督管理委員会と合併し、中国銀行保険監督管理委員会となった。

シンジケート・ローンについて、かつては 1997 年に中国人民銀行が制定した「シンジケート・ローン暫定弁法」[3] が監督規範として適用されていたが、すでに廃止され、現在は銀監会が 2007 年 8 月 11 日に制定し、2011 年 8 月 1 日に改正した「シンジケート・ローン業務ガイドライン」（以下「業務ガイドライン」という）[4] が最も重要な監督規範である。

---

3) 銀発〔1997〕415 号。その特徴は、借入人を原則的に国有企業に限定し、また利息以外のフィーの徴収を禁止していた。

2 業務ガイドラインの主な内容

　業務ガイドラインの内容の多くは、銀行にとってシンジケート・ローン業務のベストプラクティスとなる指針を与えるものである。たとえば、アレンジャーがインフォメーションメモランダムを作成する際に、知っていた借入人に関するすべての真実な情報を開示しなければならない（19条）。一方、インフォメーションメモランダムを受け取った金融機関は、「情報の共有、与信の独立審査、自主的な判断、リスクの自己負担」という原則に従い、シンジケート・ローンに参加するかどうかの決定をする（22条）。エージェントは、借入人の財務状況を監視し、融資期間中に発生した企業の合併買収、株式配当、投資、資産譲渡、債務リストラクチャーなど借入人の返済能力に影響する重大事項について、借入人による通知を受け取った後、シンジケート・ローン契約に基づき速やかに各参加金融機関に通知する（12条7号）。参加金融機関は原則的に、シンジケート・ローンの存続する間、これとは別に、同一プロジェクトに対して他の貸付人の利益を害するような融資その他の与信を供与してはならない（34条）。

　業務ガイドラインにおける特徴的な規定は、9条と15条である。まず、15条は1項において、大型融資についてシンジケート・ローンの利用を奨励している。そもそも中国では、シンジケート・ローンは従来の融資方式と比較すれば、参加銀行が利益を共有し、銀行間の過剰な競争と過剰な与信の防止、借入人による詐欺の防止というメリットがある点が重要視されている。15条2項は、各地方の銀監局が現地の経済発展状況に応じて、シンジケート・ローンに適する具体的な融資下限額を定めることができるとしている。たとえば上海銀監局は、原則的に10億元以上の不動産開発プロジェクトである場合、20億元以上のその他のプロジェクトである場合、単一の企業またはプロジェクトに対する融資総額が貸付銀行の資本金の10％を超える場合などについて、シンジケー

4）銀監発〔2011〕85号。

第 4 章 中国

ト・ローン方式を採用すべきとしている[5]。

また、15 条に関連して、9 条は銀行 1 行が単独でアレンジャーを務める場合に、原則として、自らが約束する貸付極度額の割合を総貸付極度額の 20％～50％に限定している。上述したようにシンジケート・ローンは基本的に優良な貸付であり、アレンジャーは一般的に多くの額を貸し付けたいと考えるので、20％の下限は実際には重要ではない。よって本条のポイントは、1 行による融資額を融資総額の 50％以下に限定することであり、その目的は与信リスクの分散である。

実務では、シンジケート・ローンを組成する際に、潜在的な参加金融機関による銀行団会議で実質的な情報の共有がなされる。また、融資の参加は各金融機関が独自に判断するが、銀行は通常の融資と同様な基準で借入人をランク付けして与信を判断し、フィーほしさにリスクを冒すことはしないとされる。要するに、シンジケート・ローンというスキームは、銀行にとって大型融資の与信リスクを分散するために利用され、もっぱらフィーを稼ぐためにシンジケート・ローンを組成するケースはあまりみられない。

3 その他の規制

業務ガイドライン以外に、内銀による融資実行には 1996 年中国人民銀行「貸付通則」が一般的に適用され、外銀の現地法人による融資実行には 2006 年国務院「外資銀行管理条例」が適用される。また、融資の目的に応じて銀監会 2009 年制定の「固定資産貸付管理暫定弁法」、2010 年制定の「流動資金貸付管理暫定弁法」と 2009 年制定の「プロジェクト融資業務ガイドライン」がそれぞれ適用される。さらに、業務ガイドラインは従来の「シンジケート・ローン暫定弁法」と違い、銀行によるフィーの徴収を容認しているが、過剰なフィーの徴収は物価を管理する国務院発展改革委員会によって禁止されている[6]。

5)「関于推進上海地区銀団貸款業務発展的指導意見」(上海地域シンジケート・ローン業務の発展推進に関する指導的意見)(滬銀監通〔2011〕264 号) 3 条。
6) もっとも、フィーの額もしくは幅を具体的に制限する規範があるわけではない。

これらの暫定弁法やガイドラインの法的性格は必ずしも明確ではないが、銀監会の立場は、弁法とガイドラインを部門規章（省令）よりも下位の「規範的文書」と位置づけているようである。もっとも、これらの文書の遵守とフィーの妥当性は銀監会による立ち入り検査の対象であるため、銀行からみれば当然に強制力を持つ規範である[7]。なお、中国の銀行の外国支店はこれらの規制の適用を受けない。

また、国内法人が外国銀行（外銀の中国現地法人を除く）からシンジケート・ローンを借り入れた場合に、2013年外貨管理局「外債登記管理弁法」が適用され、国の外債管理（特に外債の総額規制）のために登記する必要がある。この場合の規制として、資金用途の規制すなわち目的外使用の禁止が重要である。海外からのホットマネーの流入防止が目的であると考えられる。

Ⅳ 担保

国内のシンジケート・ローン契約には、通常必ず何らかの担保が付けられている。抵当権を設定する場合に、複数の債権者を同一順位の抵当権者として登記することが可能であり、また最近では、不動産開発案件で貸し付けがなされるときは、開発中の不動産について抵当権が設定できるようになった。さらに、抵当エージェントを合意し、その者のみを抵当権者として設定する一方、他の債権者の権利を契約で規定する実務も多く行われている。この場合に、他の債権者は中国法上担保物権を取得しないが、そもそもシンジケート・ローンでは貸し倒れはほとんど生じていないうえ、一般的に参加金融機関のうち国有銀行が抵当エージェントとして指定されるため、他の参加銀行に特に不安はないとされる。

他方、各地の地下鉄建設など公共的な性格を有する案件への融資として、シンジケート・ローンが組成されることは少なくないが、仮に貸し倒れとなった場合に、抵当権を実行したとしても実際にどのように処理

---

7) ただし、銀行はシンジケート・ローン契約書を届け出る必要はなく、行政による事前審査の対象ではない。

され、債権を回収できるかは不明である。

V　最近の問題

　シンジケート・ローンの契約実務において、貸付人間にトランシェを設けることができれば、各金融機関の多様なニーズに対応することができ、小規模の銀行などもより参入しやすくなるという意見がある。たとえば、一部の銀行は抵当権が必ずしも要らないとする代わりに、高めの利率を希望する場合がある[8]。また、抵当権よりも保証人を好むように、金融機関の間で担保に関する志向が異なる場合もある。

　しかし、トランシェを含むシンジケート・ローンの組成について、業務ガイドラインが障害となっている。すなわち、業務ガイドライン3条は、シンジケート・ローンとは貸付人が「同一条件」で貸し付けるものと定義しているため、トランシェを含むシンジケート・ローンを組成することが、同条に反し銀監会の立ち入り検査で問題視されるだろうと解する慎重な意見がある。これに対して、3条は単なる定義規定で、トランシェを作ることは同条の解釈上不可能ではないとの積極的な意見もある。さらに、国内金融機関がシンジケート・ローン業務に十分に習熟し複雑な契約をチェックする能力を備えるまでは、トランシェのない単純な契約のほうがむしろ中国におけるシンジケート・ローンの発展に有利であるとして、現時点でトランシェを導入すること自体に対して否定的な意見もある。いずれにしても、トランシェが果たして認められるか、またどの程度であれば許容されるかについて、銀監会の公式見解が示されておらず、不透明である。

VI　その他

　シンジケート・ローンが不良債権化することも稀にあるが、裁判など

---

[8] 一部の商業銀行は国有銀行に比べて融資コストが高いため、ハイリスク・ハイリターン志向である。

第2部　海外のシンジケート・ローン市場

に発展する実際の紛争事例はないとされる。

（黄軔霆）

第5章
フランス

本章では、フランスのシンジケート・ローン実務について紹介する。2017年のフランスでのグローバル・シンジケート・ローン案件数は、欧州第1位の264件、取引金額は、英国、ドイツに次ぐ欧州第3位の1177億ドルである[1]。

I 契約書

1 LMA

フランスでも、一般的に、LMAの契約書が用いられる。LMAの契約書の中でフランス法に準拠するのは、投資適格のローンに関するものだけであり、その他のLMAの文書は英国法準拠のものである。そのため、投資適格ローン以外の取引には英国法準拠の契約書を出発点として用いる。主要な銀行は自行の内部ガイドラインを有しており、それをもとに契約書の修正がされる。しかし、微修正にすぎず根本的な修正はされない。問題となる条項としては、制裁（Sanctions）、増加費用（Increased Costs）、タックス・グロスアップ（Tax Gross Up）、表明保証（Declarations and Warranties）等があげられる。銀行のポリシーの基となるものの1つとして、欧州中央銀行によるガイドラインがある。借手の力が強い状況では、契約書は明確かつ単純になる傾向にある。また、パ

---

1) Thomson Reuters, Global Syndicated Loans Review Managing Underwriters Full Year 2017, https://www.thomsonreuters.co.jp/content/dam/openweb/documents/pdf/japan/market-review/2017/loan-4q-2017-e.pdf（2019.1.6）.

リ以外の地方では、顧客が洗練されていないという理由から、契約書は標準的でかつ単純なものになる。

　LMA 契約書のフランス法準拠版と英国法準拠版の違いは、それほど大きくない。準拠法、管轄、地位の移転、利率、手数料、期限前弁済等に変更が加えられ、後述の "Banking Monopoly" のために、フランス法準拠版では譲渡に関する条項が限定的になる。また、フランス法版では、TEG（Taux Effectif Global: Effective Global Rate）について契約書に記載がある[2]。費用、手数料等を含むあらゆる報酬を利息（TEG）に加えなければならないとするものであり、エージェントから書面によって借入人に通知される。もともとは消費者保護のためであったが、現在は全ての借入人に適用される[3]。これに従わない場合には、罰金等を科される。

　LMA 以外のモデル契約書として、AFTE（Association Francais des Trésoriers d' Entreprise）により、2015 年 5 月末に新たな契約書が公表された[4]。LMA の契約書は貸付人よりとされるが、AFTE の契約書は、貸付人・借入人の両者にとってバランスのとれたものと評価される。しかし、AFTE の契約書は、いまだスタンダードとはいえない。他のモデル契約書として、次の Euro PP の契約書がある。

2　Euro PP

　Euro PP（Euro Private Placement）とは、ローンまたはボンドを用いた中長期的な金融取引である。中小企業は、高格付を得られないために、国際的なボンドマーケットからの資金調達ができない。そこで、Euro PP により銀行借入れ以外の資金調達手段を提供し、資金調達の円滑化

---

2) LMA Convention d'ouverture de credit mustidevises comportant un credit à terme et une ouverture de credit réutilisable, Dec. 2014（以下では、「仏法準拠版 LMA 契約書」とする）, 9.5 条.

3) Art. L. 314-1 à L.314-5 et L. 341-49 du Code de la Consomméation et Art. L. 313-4 du Code monétaire et financier.

4) *L'AFTE Publie un Guide pour Négocier Son Crédit Syndiqué*, OPTION FINANCE, 5 Juin 2015, http://www.optionfinance.fr/actualites/financement-des-entreprises/detail/lafte-publie-un-guide-pour-negocier-son-credit-syndique.html（2019.1.6）.

を促進することが企図された。Euro PP プロジェクトは、フランス銀行、フランス国債庁（Agence France Trésor）、パリ商工会議所の支援を受け、専門機関らによって進められた。特にフランス銀行が中心的な役割を果たしていた。フランス銀行の関心は、中小企業のために標準的なテンプレートを提供することにあった。結果、ボンドとローンの標準契約書が作成された[5]。ローンの標準契約書が公表されたのは 2015 年 1 月であるが、Euro PP による最初のローン案件は Société Générale と Axa により 2012 年 7 月に行われた。Euro PP の平均取引額は時期によって異なるが、4000 万ユーロから 1 億 3000 万ユーロ程度である。2015 年には組成数 103 件、総額 84 億ユーロであったことから[6]、一定程度の成功を収めているといえる。

　Euro PP の契約書は LMA の契約書に類似するが、LMA の契約書が 120 頁強あるのに対し、Euro PP の契約書は 60 頁程度である。Euro PP の契約書作成には、貸付人、アレンジャー、借入人、投資家が参加している。借入人の参加は、バランスのとれた契約書とするために重要であった。借入人である中小企業の利益は、AFTE により代表されていた。

II　国際的なシンジケート・ローン

　国際的なシンジケート・ローンが行われるのは、ローンの規模が大きな場合である。規模が大きければ大きいほど、外国の金融機関が参加行として加わる傾向にある。規模が大きくなれば借入人の力が強くなるため、契約は詳細かつ明確になる。

　国内取引と国際取引とでは、契約にほとんど差異はない。準拠法の問題は生じるが、いずれの国の法が準拠法になろうとも契約の詳細は変わらない。準拠法によるリスクは必ず考慮しなければならない。準拠法を

---

5) これらの標準契約書は、Euro PP のホームページ（http://www.euro-privateplacement.com/index.htm）から、英語版、フランス語版、イタリア語版がダウンロードできる。
6) European Private Placement Review Full Year 2015, https://publishing.dealogic.com/dcm/DealogicEuropeanPrivatePlacementReview-2015.pdf（2019.1.6）。

決めるのは、原則として貸付人であり、国際的なシンジケート・ローンを行う場合には、英国法によることが多い。しかし、契約債務の準拠法に関する欧州共同体規則（Rome I）[7]により、たとえ準拠法を英国法にしたとしても、英国に全く関連しない案件については、他国の強行法規が適用される恐れがある[8]。

フランス政府が借主となるプロジェクト・ファイナンスの場合には、国際取引であったとしても、公共政策の観点からフランス法が準拠法となることがある。これは特異なケースと考えられる。

III Banking Monopoly

フランスでは、融資業務（opérations de crédit）は金融機関のみが行いうる業務であり、金融機関以外の者が行うことはできない（Monopole Bancaire: Banking Monopoly）[9]。融資の実行のみならず、融資の実行されていないローンの譲渡についても、譲受人が借入人に対して融資を行うことになるため許されない[10]。したがって、ヘッジファンドなどがフランスの銀行の融資ポートフォリオを購入することは違法であり、民事上無効となるのみならず刑事罰の対象ともなる[11]。

フランスで融資業務を行うことができるのは、フランスで免許を得た金融機関か、EUの他の国で融資業務の免許を得た金融機関のみである。後者は、シングル・パスポート[12]に基づき、フランスで業務を行いうる[13]。証券化の場合には、例外的に、ビークルや保険会社、年金機構に

---

7) Regulation (EC) No 593/2008 of the European Parliament and of the Council of 17 June 2008 on the law applicable to contractual obligations.
8) Rome I では、原則として当事者による準拠法選択を認めているが、当事者が選択した準拠法所属国よりも、契約締結時の状況により密接な関連を有する国がある時、その国の強行法規の適用が妨げられるものではない（Art. 3 of Rome I）。
9) Art.L.511-6 du Code monétaire et financier.
10) ただし、銀行業務に関連する行為であったとしても単発であれば自由に行うことができ、継続的業務として（a titre de profession habituelle）行うことが禁じられる。Christian Cavalda et Jean Stouffler, Droit Bancaire n° 53, 39（9e ed. 2015）.
11) Art.L.571-3 du Code monétaire et financier.

よるローンの購入も認められる[14]。現在、譲渡対象者の範囲を広げるよう、ロビー活動が行われている。

IV　地位・債権の譲渡

フランスでの譲渡は、次の3種類に分けられる。第1に、債権譲渡（Cession de créance）[15]、第2に、更改（novation）[16]、第3に、契約譲渡（cession de contrat）である。このうち、契約譲渡のみ、制定法上の規定がない。シンジケート・ローン契約上の譲渡が、いずれにあたるかはフランス法上明確ではない。債権譲渡を債務者や第三者に対抗するためには、債務者に対する特定の形式での通知が必要である。このため、契約書には譲渡のためのフォーマットが添付されている。ただし、通常は、対抗要件のための通知は行わない。

多くの場合、借入人は、地位・債権の譲渡を望まない。貸付人である銀行とのつながりを重んじ、銀行と強固な関係を築きたいと考えるためである。飛行機、インフラ、輸出保険の分野ではローンの売買も増加しているが、限られた分野にすぎない。ローン債権の売買のためには、通常、借入人の同意が求められるが[17]、借入人と貸付人の関係の密接さから、同意されることは少ない。ただし、借入人がデフォルト状態になれば、自由に売買が可能となる[18]。ローン債権の譲渡が行われるのは、通常、投資適格にない場合である。2008年の金融危機以降、銀行はバラン

---

12) EUの加盟国においてライセンスを得た金融機関は、他のEU加盟国においても金融サービスの提供をすることができる。Directive 2006/48/EC of the European Parliament and of the Council of 14 June 2006 relating to the taking up and pursuit of the business of credit institutions (recast), Art.23.
13) Banking monopolyの対象となる者の定義については、Art.L.511-1 du Code monétaire et financier.
14) Art.L.511-6 et 511-7 du Code monétaire et financier.
15) Art.1689s du Code Civil.
16) Art.1271s du Code Civil.
17) 仏法準拠版LMA契約書23.2（a）条。
18) 前掲注。

スシートの圧縮のため、融資ポートフォリオを売却しようとした。その際には、上記の Banking Monopoly のため、証券化の方法を用いた。

地位の譲渡の場合にも、貸付と同等の審査が必要である。LMA の契約書は、参加行が自身の基準で審査することを定める[19]。譲渡となれば、どこまで顧客情報を渡すか、機密情報まで渡す必要があるのか問題となる。この点について、2008 年に職業上の秘密（Secret professionnel）に関する法が改正され[20]、銀行が債権を他行に販売する際には情報を提供してもよいこととなった[21]。

地位・債権の譲渡時にも、KYC（know your customers：顧客確認）が問題となる。KYC には、かなりの書類や手続きが必要とされ、時間とコストがかかる。契約書類に署名を行う際に、KYC 書類にも署名する。この時、エージェントにも、譲受人がどのような金融機関であるか KYC が求められる[22]。

V 担保

フランスでは、2007 年の法律により、フランス民法典に信託（fiducie）の規定[23]が設けられた。これにより、担保目的の信託（fiducie）の利用が伸びるかとも思われていたが、実際にはほとんど利用されていない。法的に不確かな部分が多いためである。結果、貸付人それぞれの名前で担保を取得し、登記等を行うのが一般的である。ただし、不動産ファイナンスの場合には、特別な登記制度がある。子会社やグループ会社が担保を提供すること（upstream guarantee）はない。

セキュリティ・トラストやパラレル・デットは、フランス国内の取引では用いられない。他方、外国法を準拠法とする場合には、パラレル・デットを用いることもある。フランスの最高裁が、NY 州法準拠のパラ

---

19) 仏法準拠版 LMA 契約書 23.4（b）条。
20) Loi n° 2008-776 du 4 août 2008 - art. 154.
21) Art. L511-33 du Code monétaire et financier. 仏法準拠版 LMA 契約書 36 条も参照。
22) 仏法準拠版 LMA 契約書 23.5（b）条。
23) Art.2011s du Code Civil.

レル・デットの効力をフランスで承認したためである[24]。これは、フランス法に基づくパラレル・デットが、フランスで認められるということではない。フランス法上、パラレル・デットの有効性に疑義があるのは、担保が、支払債務を担保するものであるのに対し、パラレル・デットにおけるエージェントの債権は、実際の金銭のやりとりがなく、支払債務とは異質のものと考えられるからである。

VI その他

Banking monopoly のため、フランスのローン市場には銀行のみしか参加しえず、さらに、ローン市場は、銀行の中でも数行の主たる銀行により占められる。また、クラブ・ディールが多く、ジェネラル・シンジケート・ローンは少ない。

アレンジャーと参加金融機関との関係は、フランスにおいても問題となる。フランスで、日本の最高裁判例[25]のような事件が起こったとすれば、注意義務や誠実義務（good faith）が問題となるであろう。エージェントの参加金融機関への情報提供に関しては、控訴審の判例がある[26]。本件では、借入人の経営状態の悪化に気づきながら、それを他の貸付人に対して通知しなかった場合、契約条項に規定がなかったとしても、エージェントは、他の貸付人に対して忠実義務（devoir de loyaute）および情報提供義務（devoir d'information）を負うものと判断された。

近年、フランスで注目された話題としては、貸付人に一方的な管轄を認めた契約に関する裁判例があげられる[27]。裁判所は、貸付人に一方的な管轄条項を違法とした。借入人は個人であったが、B to B も射程に入ると考えられる。LMA の条文もこれを受けて修正され[28]、実務に直接

---

24) Cass. com., 13 septembre 2011, 13 septembre 2011, n° 10-25.533, n° 10-25.731,n° 10-25.908.
25) 最判平成 24 年 11 月 27 日集民 242 号 1 頁
26) CA Versaiilles, 5 décembre 2002, n° 01-1203.
27) Cass. civ. 1re, 26 Semptempre 2012, n° 11-26022. 本判決を詳細に検討したものとして、野村美明＝黄軔霆「ローン契約における「一方的管轄条項」の有効性」阪大法学 64 巻 1 号 1 頁（2014 年）。

第 2 部　海外のシンジケート・ローン市場

的に影響があったといえる。

(藤澤尚江)

28) 仏法準拠版の LMA 契約書は、フランス商事裁判所が専属管轄を有するものと規定し、条文に注記を付し、当該判例を紹介している。仏法準拠版 LMA 契約書 38 条。

第 3 部

シンジケート・ローン契約書の比較

第1章
利息・手数料

Ⅰ　はじめに

　シンジケート・ローンにおいて、借入人から貸付人に対して支払われる金銭には、元本と利息とがあることはもちろんである。さらに、それに加えて、いくつかの手数料・清算金も課される。

　本章では、元本・利息と、これらの付加的な手数料等について、LMA契約書とJSLAローン契約書を比較しながら、いくつかの問題を論じていくことにする。また、手数料（フィー）と呼ばれるものの中には、借入人からではなく、参加金融機関からエージェントに対して支払われるものもある。これについても、触れることにしたい。

Ⅱ　利息・元本

1　通常時の利息

　(1)　利息については、変動金利であることが基本であり、LIBOR、EURIBOR、TIBORといった銀行間平均貸出金利が基準となり、それに一定割合を加えることによって定められる。

　LMA契約書では、まず、1.1の（定義）において、LIBORやEURIBORの定義がされている。そして、利ざや（Margin）については、同じく（定義）において、パーセントで定められることになっている。

　そのうえで、9.1は、「利息の算定」と題し、

「各利息期間における各貸付の利息の利率は、適用される以下のもの

第1章　利息・手数料

の合計である年率である。
　　(a)　利ざや
　　(b)　LIBOR（または、ユーロによる貸付については、EURIBOR）（または、LOBOR に関連しない通貨による貸付については、当該通貨のベンチマーク・レート）、
　　(c)　（存在する場合には）強制費用（Mandatory Cost）」
と規定している。

　(2)　これに対して、JSLA ローン契約書では、「利息」と題する第 12 条の第 1 項では、「借入人は、貸付人に対して、貸付人毎の個別貸付の元本金額に、適用利率及び貸付期間の実日数を乗じて算出した利息の合計額を、満期日に、第 18 条の規定に従い支払う。」とのみ規定されている。

　「適用利率」は、第 1 条（定義）の第 42 号に、「『適用利率』とは、基準金利にスプレッドを加算した利率をいう。」と定義され、そこにいう「基準金利」は、同条 16 号において、全銀協の公表する TIBOR によるとされ、同条 32 号において、「スプレッド」が年率で合意されることとなっている。

　(3)　以上のような 2 つの契約書をみるとき、LMA 契約書においては、「強制費用」が規定されていることが注目される。

　「強制費用」とは、貸付人が、金融サービス機構（FSA；Financial Services Authority）に対して監督手数料として支払う額やイングランド銀行やヨーロッパ中央銀行に対してする預金のコストの額など、貸付人に生じる強制的な費用をまかなうためのものであり、通常、LMA から示された一定の数式によって算定されるものである。このような「強制費用」を別立てとして規定することは、英国の銀行が貸付人になるときにはかなり行われていた（他の国では一般的ではない）。

　もっとも、2013 年、LMA は、この算定式を、これ以降、発表しないことにした。貸付人の種類がいろいろであり、一律には定めにくいこと、さらには、種々の要因により算定が複雑になりすぎたことが原因だとされる。現在では、「利ざや」に吸収されている[1]。

103

(4) LIBORに関しては、現在、大きな改革が進行中であり、LMAの契約書も何らかの対応を求められると思われる[2]。同じく、TIBORについても、改革の内容次第では、対応が求められる。

2 遅延利息（遅延損害金）

(1) LMA契約書では、9.3として、借入人による支払遅延があるときは、通常利息より、定められたパーセントだけ高い金利の支払いをしなければならないと定めている。

JSLAローン契約書14条においても、「履行遅滞債務の金額に、［履行遅滞債務の債権者の合理的な調達コスト（当該債権者が合理的に決定した利率による。）に年率○○％を加算した割合または］年率［14］％の割合［のいずれか高い方（但し、法令等に反しない限りとする。）］を乗じて算出した遅延損害金」を支払うべきことを定めている。

(2) イングランド法においては、利息制限はない。しかし、損害賠償額の予定（liquidated damages）と違約罰（penalty）の区別があり、前者は有効であるが、後者は効力を有しないという法理が発達している[3]。

Lordsvale Finance plc v Bank of Zambia [1996] 3 All ER 156 では、通常利率に1％を加えた遅延利息の約定を、損害賠償額の予定（genuine pre-estimate of loss）であるとして有効としたが、Donegal International Ltd v Republic of Zambia [2007] EWHC 197 (Comm) では、8％を加える約定を違約罰だとして、その効力を認めなかった（第2次市場における債権の買取代金の遅滞の事例）。

損害賠償額の予定と違約罰のいずれと判断されるのかは、裁判所による契約の解釈の問題であるとされており、なかなか予測が困難なところがあるが、たとえば、実際に生じうる損害とリンクさせるかたちをとっていることが重要であるとされる[4]。

1) S. Wright, The Handbook of International Loan Documentation 5.002 (2nd ed., 2014).
2) 第2部第1章参照。
3) 木南敦「損害賠償額の予定と違約罰について――アメリカ法を中心にして(1)、(2完)」論叢113巻6号1頁、114巻4号1頁（1983～1984年）、奥田昌道編『新版注釈民法(10)Ⅱ』571～580頁（2011年）〔能見善久＝大澤彩執筆〕参照。

(3) 日本法が準拠法となっている限り、損害賠償額の予定と違約罰の区別はないが、利息制限法の問題がある。この点で、JSLA契約書は、「但し、法令等に反しない限りとする。」とし、最高額が利息制限法の範囲内に納まるようにしている。

しかしながら、「履行遅滞債務の金額に、[履行遅滞債務の債権者の合理的な調達コスト（当該債権者が合理的に決定した利率による。）に年率○○％を加算した割合」とすることは、結局、債権者が決定できる、ということに他ならず、問題があるように思われる。もちろん、「合理的な」という制約があるので、借入人は、決定の合理性を争うことはできる。しかし、損害賠償額の予定が認められるのは、債権者が債務不履行による損害額を証明するのは困難であることによるものであり、その額を債権者が決めることができる、という約定は、その正当化の根拠を逸脱しているように思われる。

そうなると、「[[履行遅滞債務の債権者の合理的な調達コスト（当該債権者が合理的に決定した利率による。）に年率○○％を加算した割合または] 年率 [14] ％の割合 [のいずれか高い方]」という約定は、後者の年率を基本としながら、貸付人がそれ以上の実損を証明できたときには、それによる、というものだと解釈されるべきように思われる。もっとも、JSLAローン契約書解説では、「合理的な調達コストとは、債務履行の遅延日から債務履行日までの期間に相当する貸付人の市場での調達金利（例えば基準金利算出のため貸付人が提示する金利等）を想定しています。」とされている[5]。そして、上記のような解釈をとるときでも、「TIBOR算出のため貸付人が提示する金利」を明らかにすることができれば、実損の証明があったと考えてよく、実務を変更する必要性はなかろう。

---

4) R. Hooley, "Penalty Clauses", ALLEN & OVERY LLP FIRM-WIDE SEMINAR 17 (2008) (www.aoseminars.com/files/seminar_24/Penalty_Clauses.doc)（2018年8月13日現在リンク切れ）.

5) JSLAローン契約書解説44頁。

3 期限前弁済にあたっての清算金

(1) LMA契約書8.4は、借入人の期限前弁済を認めるが、その際、一定額以上に制限するとともに、解約金（Break Costs）の支払義務を課している（11.5）。「解約金」については、1.1に定義があり、支払期日までに得られるはずであった利息から、貸付人が銀行間市場での預金によって得られる利息を差し引いたものとなっている。

これに対して、JSLAローン契約書13条は、全部または一部の期限前弁済を、すべての貸付人およびエージェントの書面による承諾がない限り認めない。そして、承諾が得られたときも、元本以外に「清算金」を支払わなければならないとしている（13条3項）。「清算金」については、第1条33号に定義があり、「元本金額に再運用利率と当該適用利率の差及び残存期間の実日数を乗じて算出される金額をいう。『残存期間』とは、弁済または相殺がなされた日から満期日までの期間をいい、『再運用利率』とは、弁済または相殺がなされた元本金額を残存期間にわたって東京インターバンク市場で再運用すると仮定した場合の利率として貸付人が合理的に決定した利率をいう。」とされている。

(2) 日本においては、利息制限法との関係が問題になる。つまり、年利率7％の3年間、元本額10億円の貸付で、1年で全額を弁済したとする。このとき、再運用利率が2％であるとすると、清算金は1億円となる。そうすると、借入人は、1年間の借り入れで、利息7000万円と清算金1億円を支払うことになり、清算金が利息とみなされると、利率は17％になるのである。

もっとも、改正民法は、591条3項において、「当事者が返還の時期を定めたときにおいて、貸主は、借主がその時期の前に返還をしたことによって損害を受けたときは、借主に対し、その賠償を請求することができる。」としている。そして、この賠償額が、利息制限法との関係で、利息とみなされることはないと思われる。なぜならば、改正民法587条の2第2項は、諾成的消費貸借において、「貸主は、借主から金銭その他の物を受け取るまで、契約の解除をすることができる。この場合にお

第1章　利息・手数料

いて、貸主は、その契約の解除によって損害を受けたときは、借主に対し、その賠償を請求することができる。」としているが、このときは、そもそも利息を観念できないのであり、その賠償金が利息とみなされることはあり得ないところ、591条3項も、同様の趣旨で設けられる規定だと考えられるからである。

　なお、JSLAローン契約書13条が、期限前弁済において貸付人の承諾を要求している点は、改正民法591条2項が、「借主は、返還時期の定めの有無にかかわらず、いつでも返還をすることができる。」としているので、改正法の下では効力が否定されることになると思われる。

III　借入人から支払われる手数料・清算金

1　コミットメント・フィー

　(1)　LMA契約書12.1(a)は、コミットメント・フィーとして、「借入人たる企業は」、「利用可能期間における利用可能な貸出枠に［］％を乗じた額として計算された手数料を［基本通貨によって］エージェントに対して（各貸付人の勘定分として）支払わなければならない。」と規定している。これに対して、平成13年度版のJSLA契約書15条1項前段は、ファシリティ・フィーとして、「借入人は、貸付極度額にファシリティフィー料率及びファシリティフィー計算期間の実日数を乗じて算出した金額をファシリティフィーとして、［発効日］に第18条の規定に従い支払う。」と規定していた。

　LMA契約書が基準としている「利用可能な貸出枠（Available Commitment）」は1.1で定義されており、貸出枠額から、貸付を受けている額を差し引いたものとなっている。これに対して、平成13年度版のJSLA契約書におけるファシリティ・フィーは、貸付額を差し引かない極度額を基準としている。つまり、未使用貸付額を基準に算定するか、貸付極度額を基準に算定するかという違いが存するのである。

　(2)　平成13年度版においても、JSLAは、コミットメント・フィーの

107

形式（未使用枠に対する手数料）による場合の条項案も提示していた[6]。しかし、原則をファシリティ・フィーとしているのは、おそらく、特定融資枠契約に関する法律が、使用分・未使用分とを区別せず、一定の借主に対する融資枠の手数料について、「利息制限法第3条及び第6条並びに出資の受入れ、預り金及び金利等の取締りに関する法律第5条の4第4項の規定は、特定融資枠契約に係る前条第1項の手数料については、適用しない。」としていることと平仄を合わせたものであろう。

しかし、特定融資枠契約に関する法律2条2項の要件を満たさない借入人に対する融資の場合には、少なくとも、現実に実行された貸付に対応する手数料は、利息制限法上のみなし利息に該当すると考えるべきであり、それを避けるためには、コミットメント・フィーの形式の方が妥当であるように思われる。

JSLAローン契約書は、平成25年度版で、コミットメント・フィーの方式を原則とするに至った。その理由としては、コミットメント・フィーの方式の利用が実務上多数になっていることがあげられている[7]。

2 アレンジメント・フィー

(1) LMA契約書12.2は、「借入人たる企業は、手数料付属書で合意された額と時期において、アレンジャーに対して、アレンジメント・フィーを支払わなければならない。」と規定している。アレンジメント・フィーとは、シンジケート・ローンをアレンジしたことに対する対価である。

これに対して、JSLAローン契約書においては、アレンジメント・フィーについて規定はない。JSLAの解説によると、「本契約書案は、借入人、貸付人（参加を決定した投資家）及びエージェントにより調印されることを予定しています。これは、本契約書案が、シンジケートローンの組成段階における権利義務関係ではなく、組成後の権利義務関係を

---

[6] JSLA「リボルビング・クレジット・ファシリティ契約書（JSLA平成13年度版）の解説」32頁（2001年）。
[7] JSLAローン契約書解説47頁。

定めるものとして位置付けられているためです。アレンジャーがエージェントを兼ねる場合が大半を占めますが、本契約におけるエージェントはあくまでもエージェントの立場でのみ本契約を調印することになります。」[8] というのが、その理由となっている。

(2) アレンジメント・フィーは、それが利息制限法や出資法における「みなし利息」に該当するか否かが問題になっている[9]。また、近時、「アレンジメント業務は、借入人と参加金融機関等を引き合わせているという意味で、『媒介』としての側面を内包し得るが、その場合、アレンジメントフィーの一定部分は、法的には、むしろ金銭貸借の媒介に係る手数料としての性質を有する」のであり、これは、出資法4条1項の規制対象であり、5条の4の規制を重畳的に及ぼすことは想定されていないから、「みなし利息」に該当しない、との主張もされている[10]。

貸付契約書には組み入れず、別立ての契約にするというJSLAの姿勢は、このような考え方、つまり、金銭消費貸借の前段階にある、それとは別個の委任契約の問題であるという考え方を前提としているものと評される。

もっとも、いかなる場合にも、アレンジメント・フィーは「みなし利息」に該当しない、ということは困難であると思われ、実質的な判断が要求される状況となっている。

3 エージェンシー・フィー

(1) LMA契約書12.3は、「借入人たる企業は、手数料付属書で合意された額と時期において、エージェントに対して、(その者の勘定のために) エージェンシー・フィーを支払わなければならない。」と規定している。エージェンシー・フィーとは、エージェントの事務的な業務に対する報酬である。JSLAローン契約書16条も同様の規定である。

---

8) JSLAローン契約書解説1頁。
9) 金融法委員会「シンジケートローン取引におけるアレンジメントフィー／エージェントフィーと上限金利規制」金法1877号14頁 (2009年)。
10) 佐藤正謙「利息とそうでないもの——アレンジメントフィーを素材として」金法2023号15頁 (2015年)。

(2) 内容が、別の約定書によることとしている理由を、JSLAは、「借入人とエージェントが別途合意するところによることとし、他の貸付人に対しては開示されない条項としています。勿論、本条において対価等について明示することもできます。」[11] と説明している。

IV 参加行からエージェントに支払われる手数料

LMA契約書24.3は、貸付債権の譲渡があったとき、エージェントに対して、(エージェントの勘定のために) 一定の手数料を支払わなければならないとしており、JSLAローン契約書30条3項後段が、「譲渡人[または譲受人]は、かかる譲渡を行う日までに、かかる譲渡に関連する事務手続等の対価として、1譲受人当たり○○万円を消費税と合わせてエージェントに支払う。」とするのも同様である。

V その他の費用

これ以外にも、LMAの契約書・JSLAローン契約書とともに、契約の修正に要する費用、権利の実行に要する費用等を、借入人に負担させる条項を置いており、その内容には大差はない。

(道垣内弘人)

---

11) JSLAローン契約書解説48頁。

第 2 章
表明保証——コベナンツとの関連において

I 問題の所在

　本章では、シンジケート・ローン契約に含まれる表明保証条項について、関連する他の条項、とりわけローン実行後の情報提供に関するコベナンツ（借入人の確約）にも触れつつ、検討する。検討の対象は、日本の実務で広く参照されている日本ローン債権市場協会（JSLA）のシンジケート・ローン契約書ひな型に含まれた条項と[1]、英国で発達し、国際的に用いられている標準書式に含まれている条項である[2]。

　表明保証は、シンジケート・ローンの実行に当たり、借入人が、所定の事項が真実（かつ正確）である旨を「表明」し、その内容を「保証」するものである。同様の契約条項は、企業のM&A契約（合併等の組織再編を実行する契約や、特定の会社の株式を譲渡する契約）にもほぼ例外なく用いられており、それらをめぐる裁判例も知られるようになってきた。近年の日本の文献の中では、もっぱらM&A契約における表明保証が論じられている状況にある。しかし、本章で詳しく述べるとおり、

---

1) JSLAの契約書ひな型には、コミットメントライン契約書とタームローン契約書に対応したものがあり、いずれも、JSLAのウェブサイト〈https://www.jsla.org/ud0200.php?select_label=%EF%BC%91%EF%BC%8E%E5%A5%91%E7%B4%84%E6%9B%B8〉で公開されている。現在使用されているひな型は、2013年に公表された改訂版であるが、それ以前には、2001年に公表された「リボルビング・クレジット・ファシリティ契約書」ひな型と、2003年に公表された「タームローン契約書」ひな型が用いられていた。

2) 英国におけるシンジケート・ローンの標準契約書としては、Loan Market Association（LMA）の作成に係るものがよく知られているが、それは、LMAの会員外には非公表であり、仮に入手できたとしてもそのまま引用することは許されていない。しかし、実務家向けの手引書であるCampbell & Weaverには、契約条項の文例が掲載されており、その内容は、LMAの標準契約書をふまえたものといわれている。

第3部　シンジケート・ローン契約書の比較

　M&A 契約とシンジケート・ローン契約とでは、表明保証条項の法的な効果や取引における位置づけは、同じではない。したがって、本章は、M&A 契約に関する議論を参照しつつも、あらためてシンジケート・ローン契約における表明保証条項について検討する。

　本章は、第3部の他の章とともに、シンジケート・ローン契約に含まれる重要な条項を取り上げて検討するものであるが、その際に、契約実務と契約の解釈に関する2つの一般的な問題を意識している。その第一は、契約条項の機能的な分析である。商取引・金融取引に新たな手法が生み出されていくにつれて、民法典の典型契約とは大きく異なる契約条項が、紛争の対象となり、裁判所に持ち込まれる機会も増えてくる。裁判所には、契約の司法的な統制という役割が期待される反面で、取引当事者の意図を的確に理解し、それを損なわないような方法で契約条項を解釈し、適用することが求められよう。そのためには、経済理論などをツールとして用いながら、その契約条項がどのような機能を果たすのか、そのためにはどのような前提条件が満たされていなければならないか、といった点を分析する必要があると考えられる[3]。

　第二に、そうした新たな類型の取引の中には海外の実務から生まれたものも多く、契約条項も英米法の概念を前提に書かれていることから、それを日本法の枠組の下でどのように受け止めるべきかという問題が生ずる[4]。これは、伝統的な表現を用いれば、英米法と大陸法の架橋の問題とも言えよう。しかし、法の体系や裁判官の思考方法が異なる中で、当事者が意図する取引内容をどのように実現するかという問題とみれば、契約条項の機能という第一の問題に帰着するとも考えられる。第一の問題において契約条項の機能を把握した上で、その機能をどのように

---

[3] これらの点に関し、小塚荘一郎「商取引の合理性と非合理性――相互信頼と法・裁判」司法研修所論集 127 号 71 頁（2017 年）。

[4] このような問題意識として、たとえば、江平享「表明・保証の意義と瑕疵担保責任との関係」弥永真生＝山田剛志＝大杉謙一編『現代企業法・金融法の諸問題』82 頁（弘文堂、2004 年）、青山大樹「英米型契約の日本法的解釈に関する覚書――「前提条件」、「表明保証」、「誓約」とは何か（上）（下）」NBL894 号 7 頁、895 号 73 頁（2008 年）、潮見佳男「表明保証と債権法改正論」銀行法務 21・719 号 20 頁（2010 年）。

実現するかが第二の問題であるといってもよい。

　以下では、このような問題意識にもとづいて、次の順序で検討を進める。まず、標準契約における表明保証条項の内容を、その効果など関連する条項とともに概観する（Ⅱ）。次に、その機能について、法律書などに通常説かれているところと、金融取引の経済理論による説明とを対比しつつ検討する（Ⅲ）。その上で、表明保証の対象となる具体的な事項について、JSLA の標準契約には含まれていないが英国などの標準書式には多くみられる事項とも対比しつつ、表明保証条項の適用について考察する（Ⅳ）。そして、最後に、上記 2 つの問題意識に立ち戻りつつ、簡単なまとめを述べる（Ⅴ）。

Ⅱ　標準的な契約条項

1　「表明保証」と題された条項

　表明保証条項は、JSLA の契約書ひな型（2013 年改訂版）では、コミットメントライン契約書の 20 条（タームローン契約書では 16 条）に定められている。

「第 20 条（借入人による表明及び保証）
借入人は、貸付人及びエージェントに対し、本契約の締結日及び個別貸付の実行時点毎において（但し、次の各号において特に時点が特定されている場合には当該時点において）、次の各号に記載された事項が真実に相違ないことを表明及び保証する。
　……」

　日本法の問題として考えたとき、所定の事項について「真実に相違ないことを表明及び保証する」と約することの意味は、まったく明らかではない。「表明及び保証する」という文言が用いられてはいるものの、それにより、保証された内容を実現する債務が成立し、貸付人はその履

行を請求できるという趣旨でないことには、疑いがないからである[5]。

このような問題を生ずる理由は、表明保証条項が、英米法に準拠した契約書の慣用的な条項を日本語にそのまま置き換えたものだからである[6]。英国の標準契約書では、たとえば、以下のような文言が用いられる[7]。

"REPRESENTATIONS
Each Obligor makes the representations and warranties set out in this Clause ** to each Finance Party on the date of this Agreement."

このような柱書に続いて、表明ないし保証される具体的な事項が列挙される。その内容は、個別の取引において当事者（貸付人を代表するアレンジャーと借入人）が交渉し、決定すべきものであるが、標準契約書には、通常、必要になると考えられる事項が掲げられている。JSLAのシンジケート・ローン契約書ひな型の場合は（コミットメントライン契約書、タームローン契約書とも）、列挙された表明保証の対象事項は、10項目である。それらは、

(a) 借入人に対する契約書の拘束力に関する事項（借入人の法人としての存在、法人の能力及び代表者の権限の有効性、契約内容の適法性）
(b) 借入人の信用に関する事項（財務諸表の適正性、義務の履行に重大な影響を与える事由の不存在、期限の利益喪失事由に該当する事情の不

---

5) 青山・前掲注4)（下）NBL895号73頁、79頁。
6) 表明保証条項の起源は英国の契約実務にあり、そこでは、表明（representation）は事実の表示であり、他方、保証（warranty）は契約条項の一種であるという相違が存在した。伝統的な英国法では、事実に関する不実表示は詐欺的な場合に限って不法行為訴訟の対象となったが、契約であれば、表意者の故意・過失を問わず契約違反を追及することが可能であったため、この相違は重要であった。しかし、英国でも、不実表示法（Misrepresentation Act 1967）の立法により、この相違は重要性を失ったと言われる。これらの点については、髙橋美加「表明保証条項違反に関する雑感」立教法学76号122頁、128〜130頁（2009年）。米国では、これに近い問題が現在も残っているようである（ブルース A. オートワイン（久保淳一訳）「契約に含まれる表明保証についての考察」金法1826号40頁、42頁（2008年）参照）。
7) Campbell & Weaver, 400.

第 2 章 表明保証——コベナンツとの関連において

存在)
(c) 規制法上の要請を担保する事項（反社会的勢力との関係の不存在）の 3 類型に大別される[8]。

英国の標準契約書をこれと比較すると、英国では、より多くの事項が表明保証の対象として定められている。そして、その中には、JSLA のひな型で定められた表明保証の対象が、(c) に属する反社会的勢力との関係に関する事項を除いて、すべて含まれている（個々の条項の意味については、後述Ⅳ）。

2 表明保証違反の効果

次に、表明保証条項に反して、所定の事情が真実ではなかった場合の効果をみよう。まず、貸付けの実行前であれば、貸付けが行われない（貸付人が貸付けを行わないことが債務不履行にならない）。このことは、JSLA のコミットメントライン契約書ひな型では 6 条（タームローン契約書ひな型では 4 条）に、これも英米法上の概念である「前提条件」という用語を用いて、次のように定められている。

第 6 条（貸付実行の前提条件）
　貸付人は、コミットメント期間中、次の各号に定める条件が個別貸付実行時点において全て充足されることを条件に（……）個別貸付を実行する。なお、かかる条件充足の判断は貸付人毎に行い、他の貸付人及びエージェントは、当該貸付人の判断及び個別貸付の不実行について一切の責任を負わない。
　③　第 20 条各号記載の事項がいずれも真実かつ正確であること。

貸付けの実行後は、多数貸付人の意思にもとづいて、貸付けにつき期限の利益を喪失させることができるものとされる。JSLA のコミットメントライン契約書ひな型では 22 条（タームローン契約書では 18 条）に、次のとおり規定されている。

---
[8] 文献の中には、(a)を「契約有効性基礎付け事由」、(b)を「取引障害実行事由」および「回収可能性基礎付け事由」と呼ぶものもある（井上聡「金融取引における表明保証」金融法研究 30 号 3 頁、10〜11 頁（2014 年））。

第3部　シンジケート・ローン契約書の比較

第22条（期限の利益喪失事由）
　(2)　借入人について次の各号に定める事由が一つでも発生した場合には、多数貸付人の請求に基づくエージェントの借入人に対する通知により、借入人は全貸付人及びエージェントに対する本契約上の全ての債務について期限の利益を失い、直ちに本貸付の元本並びに利息及び清算金その他本契約に基づき借入人が支払義務を負担する全ての金員を第18条の規定に従い支払い、かつ、全貸付人の貸付義務は消滅する。
　②　第20条各号の一つでも真実でないことが判明したとき。

英国の標準契約書は、JSLAの契約書ひな型と同様に、表明保証の対象事項が真実であることが「前提条件」とされるほか、表明された事項が真実に反していたと判明したことを、デフォルト事由（event of default）として規定する。たとえば、次のような表現が用いられる。

EVENTS OF DEFAULT
Each of the events or circumstances set out in this Clause ** is an Event of Default（save for ***）

Any representation or statement made or deemed to be made by an Obligor in the Finance Documents or any other document delivered by or on behalf of any Obligor under or in connection with any Finance Document is or proves to have been incorrect or misleading in any material respect when made or deemed to be made.

「デフォルト事由」が発生すると、すでに実行されている貸付けについて、エージェントが期限の利益の喪失（acceleration）を宣言できるほか、貸付けが一部のみ実行されていた場合、残額についての貸付け契約を取消すことができる。いずれも、そうした措置をとるかどうかは、多数貸付人の意思により決定される。そこで、英国では、表明保証違反に対する契約内在的な救済は、「前提条件」条項による貸付けの実行の停止、未実行の貸付けの取消し、および期限の利益喪失の3つであると言われる[9]。

第 2 章　表明保証——コベナンツとの関連において

　さらに、事後的な救済として、相手方の補償請求権を発生させることも定められる。表明保証条項が M&A の契約書の中で用いられる場合には、いったん実行された M&A の効力をさかのぼって効力を否定することが現実的ではないため、補償請求による対価の事後的な調整が、実際にも多く利用されている[10]。シンジケート・ローン契約の場合、貸付債権を存続させつつ借入人に補償を行わせることにどれほどの意味があるのかという疑問もあるが、JSLA の契約書ひな型では、「一般規定」の中で、「借入人が本契約の条項に違反したことまたは第 20 条各号の一つでも真実でないこと」を「借入人義務違反等」と定義した上で、以下のように定められている（コミットメントライン契約書ひな型 33 条、タームローン契約書ひな型 28 条）。

第 33 条（一般規定）
(2)　危険負担、免責並びに賠償及び補償
　③　……。また、借入人義務違反等により、または第 25 条第 4 項の規定に基づく補償を貸付人が行わないことにより、貸付人もしくはエージェントに発生した損害等については、借入人がこれを負担する。

3　コベナンツ条項（借入人の確約）

　シンジケート・ローンに関する英国の文献では、表明保証と並んで借入人の確約（undertakings）を論じ、これらの条項とデフォルト事由を定めた条項を合わせて「3 点セット」（trio of terms）と表現している[11]。借入人の確約は、広い意味では、財務に関する確約（いわゆるコベナンツ条項）や担保不提供の確約（ネガティヴ・プレッジ条項）なども含むが、表明保証条項と性質が近いものは、貸付け実行後の情報提供に関する確約である。JSLA のコミットメントライン契約書ひな型では 21 条

---

9) Campbell & Weaver, 399.
10) 森・濱田松本法律事務所編『M&A 法体系』246 頁以下〔塩田尚也〕（有斐閣、2015 年）.
11) Agasha Mugasha, *The Law of Multi-bank Financing*, para.5.56 (2007, Oxford University Press).

117

(タームローン契約書ひな型では17条）では、以下のように規定している。

第21条（借入人の確約）
(1) 借入人は、本契約締結日以降、コミットメント期間が終了し、かつ、借入人が貸付人及びエージェントに対する本契約上の全ての債務の履行を完了するまで、次の各号について自らの費用で行うことを確約する。

　そして、具体的な確約の内容として、①期限の利益喪失事由が発生した場合に、その旨の報告、②有価証券報告書等を作成した場合に、その提供、③エージェントまたは貸付人が請求する場合に、借入人・子会社・関連会社の財産、経営、業況についての報告、④借入人・子会社・関連会社の財産・経営・業況に重大な変化が発生した場合、および契約上の義務の履行に重大な影響を及ぼす訴訟、仲裁等が開始された場合に、その事実の報告、⑤格付に変化が発生した場合に、その旨の報告、⑥表明保証を行った事項が真実でないと判明した場合に、その旨の報告が列挙されている。これらの報告や提供を行う相手は、エージェントおよび全貸付人である。

　この条項に定める確約は、借入人の契約上の義務であり、その違反があると、多数貸付人の請求によりエージェントが期限の利益を喪失させる事由となる。その点で、違反の効果も、表明保証条項と共通している。これらの条項については、英国の標準契約書も、ほぼ同一である。

III　表明保証条項の機能

1　法律学の文献における説明

　表明保証条項の役割について、法律家が書いた文献には、リスクの分配機能と情報開示促進機能を持つと説明するものが多い[12]。このうちリスクの分配機能とは、表明保証された内容については表明保証を行った

第 2 章　表明保証——コベナンツとの関連において

当事者がリスクを負担し、それ以外の事項については、想定外の事態が事後的に発見されるリスクを相手方が負担するという意味である。その結果、当事者間では、対価等の取引条件が表明保証の内容を前提として交渉され、事後的にその真実性または正確性が否定された場合には、「前提条件」条項にもとづく取引の停止や、補償請求による対価の調整が行われるが、それ以外の場合には取引が合意どおりに実行される。他方、情報開示促進機能とは、表明保証違反となる場合の不利益を回避しようとして、表明保証を行った側の当事者が、自発的に情報開示を行うインセンティヴを持つという意味で言われる。具体的には、表明保証の内容を交渉する過程で、表明保証する当事者も確信をもって真実とは言えない点が発見された場合には、それを「除外事項」として申告し、相手方に開示する。相手方からみれば、積極的な審査（シンジケート・ローンの場合には与信審査、M&A の場合にはデューディリジェンス）を行うよりも容易に、問題となりそうな情報を入手できるというわけである。

2　金融論における情報非対称と表明保証

しかし、このような説明は、とりわけシンジケート・ローン契約の場合には、説得力が乏しいように思われる[13]。その理由は、貸付け（与信）契約における主要な問題は、貸付人と借入人の間に存在する情報の非対称であるにもかかわらず、上記の説明が、情報非対称の理論と整合的ではないからである。

金融論の分野で、貸付け（与信）契約における情報の非対象と言われ

---

12) 西村総合法律事務所編『M&A 法大全』523〜524 頁〔新川麻〕（商事法務研究会、2001 年）、宮下尚幸「表明保証に関する近時の裁判例と実務上の諸問題」『田原睦夫先生古稀・最高裁判事退官記念論文集・現代民事法の実務と理論（上巻）』380 頁、384 頁（金融財政事情研究会、2013 年）、井上聡「金融取引における表明保証」金法 1975 号 45 頁、47〜51 頁（2013 年）、飯田秀総ほか「表明・保証」論究ジュリスト 15 号 102〜103 頁〔大石篤史発言〕(2015)〔藤田友敬編著『M&A 契約研究』53〜55 頁（有斐閣、2018 年）〕、松下憲「M&A 等における表明保証と情報開示」金法 2067 号 14 頁（2017 年）。英国でも、法律家の文献はほぼ同様の記述である。Mugasha (fn 11), para. 5.56.
13) M&A 契約における表明保証条項についても、実は、同様の問題がある。星明男＝藤田友敬「M&A 契約の検討」私法 78 号 97 頁（2016 年）、飯田ほか・前掲注 12) 121〜122 頁〔藤田友敬発言〕〔藤田・前掲注 12) 83 頁〕。

る問題は、借入人の信用（弁済の可能性）や、貸し付けられる金銭の使途（事業計画）に関して、借入人は十分に知っているが、貸付人は、完全には知り得ない可能性があるということである[14]。より正確に言えば、そこには、貸付けの実行前から存在している事実（たとえば隠れた債務負担の存在）を借入人が秘匿したり、貸付人に伝えなかったりするという「事前の情報非対称」の問題と、貸付けの実行後に、借入人が事業計画を変更したり、借り入れた資金を他の用途に流用したりするという「事後の情報非対称」の問題があるが、表明保証が問題となる段階は、契約締結前であるから、ここでの問題は、事前の情報非対称である。

　このとき、借入人には、積極的に情報を開示するインセンティヴがある。貸付人に対して、自らが信用にかかわる情報を持たない「よい借入人」であると伝えられれば、金利や担保等の条件において有利な貸付けを受けられるからである。この限りでは、表明保証条項により情報開示を「促進」する理由は、存在しない。借入人による情報開示が貸付人にそのまま受け取られる状況では、そもそも、金融論にいうところの「情報の非対称」は存在しないのである。

　ところが、信用にかかわる情報を有する「悪い借入人」もまた、そうした情報を秘匿して「よい借入人」であると装い、有利な貸付け条件を受けようとする。このとき、貸付人が、「よい借入人」と「悪い借入人」を区別することができなければ、情報非対称の問題が発生する。貸付人としては、情報開示をしているという事実だけでは、借入人の信用状態を判断することができないため、有利な貸付け条件の適用を控えるからである（いわゆる逆選択）。そこで、秘匿された情報がない旨の「表明」を借入人に「保証」させ、その表明が虚偽であれば制裁として期限の利益を喪失するという仕組みにより、こうした問題を解決することが考えられる。「悪い借入人」にとっては、情報を秘匿して貸付けを受けても、真実が明らかになると期限の利益を失い、貸し付けられた資金を奪われ

---

14) 以下の説明については、清水克俊＝堀内昭義『インセンティブの経済学』76頁（有斐閣、2003年）、内田浩史『金融』71頁以下（有斐閣、2016年）などを参照。

るのでは、意味がない。その結果、開示された情報に虚偽がないという自信を有する「よい借入人」のみがそうした表明保証を行うことになり、「よい借入人」と「悪い借入人」の区別が可能になるのである。これは、金融論の用語では、スクリーニングの仕組みによる事前の情報非対称の解決とよばれる[15]。

　このような説明は、金融論からみると標準的なものであるが、いくつかの留保が必要だと思われる。第一に、表明保証によって「よい借入人」が見分けられるための条件は、期限の利益の喪失が制裁として働くことである。言いかえれば、すでに信用が悪化している借入人や、貸し付けられた金銭をただちに流用して姿を消すような悪質な借入人に対しては効果がないと考えられる[16]。貸付人からみれば、そうした状況ではないことは、与信の審査において確認しなければならないわけである。

　第二に、よりコストの小さな方法で対象となる事項が確認できる場合には、あえて表明保証の方法をとる必要性は乏しいように思われる。たとえば、法人の実在性や代表者の権限については、日本の場合、商業登記によって確認することが容易であり、実際にも、通常の貸付けに際してはそれで十分であると判断されてきた。これらの事項について、シンジケート・ローンの場合に限って、表明保証を利用しなければならない必然性は、疑わしい。もっとも、逆にこれらの事項を表明保証の対象としていることから生ずる追加的なコストも特段に大きくないので、いずれにせよ問題ではないとも考えられる。

　第三に、表明保証が借入人のスクリーニングの機能を持つという理解は、他の機能が併せて存在することを排除するものではない。たとえば、財務諸表に関して、借入人（の経営者）自身も気づいていない問題が存在するという場合があり得る。借入人も貸付人も問題の事実を知らないとすれば、そこに「情報の非対称」はないわけであるが、表明保証の対象とされると、期限の利益の喪失を避けるために、借入人が改めて

---

15) 清水＝堀内・前掲注14) 204頁、内田・前掲注14) 113〜116頁参照、飯田ほか・前掲注13) 116〜117頁〔星明男発言〕。
16) 井上・前掲注12) 50頁、井上・前掲注8) 13頁。

調査を行い、財務情報の誤りを発見できるかもしれない。それは、貸付人のみならず借入人にとっても、誤った前提にもとづく借入れを回避できるという意味で、有益であろう。言いかえれば、表明保証は情報生産のインセンティヴにもなるのであり、法律家の文献が情報開示促進機能と呼ぶものの実質はこれではないかとも考えられる[17]。

3 コベナンツ（借入人の確約）の機能

前述のとおり、表明保証は借入人の確約と併せて議論される場合もあり、実際にも、いずれの違反も期限の利益喪失事由となる。しかし、表明保証とは異なり、借入人の確約は、貸付けの実行後にかかわる。貸付けの実行後にも情報非対称の問題は発生するが、それは、貸付けの時点で想定されていた事業計画や事業遂行上の注意水準を借入人が変更し、事後的にリスクを大きくしてしまうという危険性（モラル・ハザード）である[18]。そして、貸付人は、貸付け実行後の借入人の行動（モラル・ハザード）に対して、モニタリングによって対処する。借入人の確約のうち、先に掲げたような貸付け実行後の情報提供に関する条項は、そうしたモニタリングを行う上で必要となる情報の提供を担保する目的で規定されていると理解することができよう。このように考えると、表明保証と借入人の確約は、異なる種類の情報非対称に対するものではあるが、デフォルト（日本では期限の利益喪失事由）という契約技術を用いて情報の非対称から生ずる問題を解決しようとする点で共通したところがあると言える。表明保証、借入人の確約およびデフォルトに係る条項が「3点セット」であると述べる文献の趣旨は、このように理解することができる。

---

17) 飯田ほか・前掲注12) 123頁〔藤田友敬発言、星明男発言〕〔藤田・前掲注12) 86～87頁〕。
18) 内田・前掲注14) 74～80頁。

第 2 章　表明保証――コベナンツとの関連において

Ⅳ　条項の解釈と日本における適用

1　表明保証される事項

　これまでに述べてきた表明保証の機能は、いわば抽象的な理論であるが、実際にそうした機能が発揮されているか否かは、表明保証の対象となる個々の事項について検討しなければならない。すでに述べたとおり、JSLA のひな型に定められている表明保証の対象事項は、おおむね 3 つの類型に分けることができるので、その順序に従って、個別的な表明保証の対象事項を検討しよう。

(1)　借入人に対する拘束力

　借入人に対する契約書の拘束力に関する事項としては、第一に、借入人が「日本法に準拠して適法に設立され、かつ、現在有効に存続する株式会社であること」が掲げられている。もっとも、これについては、表明保証事項とする意味が疑わしいように思われる。法人の実在を偽るほどに悪質な主体は、貸し付けられた金銭をいつまでも保持しているとは考えられないから、期限の利益喪失というメカニズムには、実質的にも有効性が乏しい。他方で、法人が適法に設立されているか否かは、日本では商業登記によって容易に知ることができるから、表明保証に依拠する必要性もないであろう[19]。

　次に、取引の有効性に関する表明保証として、当該シンジケート・ローン契約について、「借入人の会社の目的の範囲内の行為」であること、法令・定款・社内規則により必要とされる手続が完了していること、さらに、法令・社内規則・第三者との契約によって禁じられた取引ではないこと、が掲げられている[20]。これらは、借入人の社内規則や内部手続に関する情報を含むので、借入人と貸付人との間に情報の非対称

---

19)　井上・前掲注 8) 29 頁〔山中眞人弁護士の質問〕参照。

が生じやすい事項であるといえる。貸付人も、貸付けの審査に当たって社内規則や取締役会議事録の写しを提出させる等の手段によりこうした事実を確認するであろうが、表明保証は、情報の真実性を担保する有効なメカニズムとして機能する。

さらに、契約書に署名する者が借入人を代表する権限を有すること、および契約が借入人に対して「適法で有効な拘束力」を有し、執行可能であることが表明保証の対象とされている。「適法で有効な拘束力」が日本法上、厳密に何を意味するかは明確ではないところもあるが、たとえば、借入人の行為は非顕名の代理（商法504条）であり契約の効果帰属を受けるべき当事者は別に存在する等として拘束力を否定する主張を封じるといった意味があるとも考えられる。これらの事項も、借入人の会社内部における手続や借入人（の代表者）の意思に関係するため、貸付人との間には情報の非対称があり、表明保証の対象とすることには意義が認められよう。

(2) 財務上の信用

JSLAのひな型が定める表明保証の第二の類型は、借入人の財務上の信用に関する事項である。まず、財務諸表が「一般に公正妥当と認められている会計基準に照らして正確で、かつ、適法に」作成されていること、法令等により監査を義務づけられているときは監査を受けていることがこれに含まれる。次に、最終の決算または監査以降に、「借入人の本契約に基づく義務の履行に重大な影響を与える可能性がある重要な変更」が発生していないことの表明保証が定められる。さらに、「本契約上の義務の履行に重大な悪影響を及ぼす、または及ぼす可能性のあるいかなる訴訟、仲裁、行政手続その他の紛争も開始されておらず、開始されるおそれのないこと」についても、同様に表明保証が要求される。これらに関連して、破産等の手続の申立てや担保権の実行、別口債務のデ

---

20) このほか、コミットメントライン契約書ひな型の場合には、借入人が特定融資枠契約に関する法律の適用を受ける法人（同法2条各号所定の法人）にあたる旨も表明保証の対象とされる。

第 2 章　表明保証――コベナンツとの関連において

フォルト（期限の利益喪失）など、期限の利益喪失事由が発生していないことも表明保証の対象になっている。

　以上に述べた事項は、いずれも、借入人の弁済能力に関する情報であり、金融取引における情報非対称が典型的に発生する状況であるといえる。その意味で、この類型の表明保証は、「よい借入人」が自らを識別する仕組みとして機能している可能性が高い。しかし、同時に、会計の適正性や借入人の事業等に関して生じた変更の重要性、さらには訴訟等が開始される「おそれ」は、いずれも借入人による判断を必要とし、一義的に確定できる性質の問題ではない。その意味で、情報の非対称を前提とせず、むしろ借入人に改めて注意を尽くした調査を促し、借入人自身も把握していなかった情報を生産させる上での有効性もまた、この類型の事項については大きい可能性がある。いずれの機能がもっぱらであるかは、個別の取引において、情報の非対称が発生しているか否かによるので、一概には断定できない。

　その点と関連して、M&A 契約の表明保証に関しては、表明保証をする者（株式の売主等）が、表明保証した事項が真実ではないと知らず、その知らなかったことについて過失または重過失が認められるような場合、表明保証違反の効果が発生するかという問題が論じられている[21]。一般論としていえば、表明保証が情報非対称の問題を解決する仕組み（スクリーニング）として用いられている限り、個別の事案における事情を理由として契約に定められた効果を否定することは、好ましくない。スクリーニングとは、合意が文字どおりに実行されれば不利益を被るこ

---

21) 表明保証の相手方（M&A 取引の買主）が悪意または重過失であれば、表明保証違反の効果が否定されるとした（またはその趣旨に解される）裁判例として、東京地判平成 18 年 1 月 17 日判時 1920 号 136 頁、東京地判平成 23 年 4 月 15 日（判例集未登載）、東京地判平成 27 年 11 月 4 日（D1-Law 判例 ID 29015316）。竹平征吾「買主の故意・重過失と表明保証責任」伊藤眞ほか編『石川正先生古稀記念論文集・経済社会と法の役割』847 頁（商事法務、2013 年）、辰巳郁「表明保証と当事者の主観的事情（上）・（下）」商事 1998 号 88 頁、1999 号 35 頁（2013 年）、中山龍太郎「表明保証条項のデフォルト・ルールに関する一考察」岩原紳作＝山下友信＝神田秀樹編集代表『会社・金融・法（下）』1 頁（商事法務、2013 年）、宮下央＝田中健太郎「表明保証の除外事由としての「開示」の意味」金法 2021 号 71 頁（2015 年）参照。

とをあえて引き受け、そうした不利益を免れようとする（仮想的な）他の者と自己を差別化するという仕組みであるから、個別的な事情を主張すれば不利益を免れる可能性があるという事実は、不利益を主張する意思を持たない（表明保証の違反がないという自信のある）当事者にとって、迷惑になるからである。シンジケート・ローン契約の表明保証をめぐっては、そもそも、相手方である貸付人の主観によって表明保証違反の効果が左右されるという議論はあまり聞かれていないが、その理由は、表明保証違反による期限の利益の喪失が、当然に発生するのではなく、貸付人（多数貸付人）の意思にもとづくエージェントの請求を要件として発生するとされているためであろう。すなわち、貸付人が、期限の利益を喪失させるか否かについての判断を行う際に、借入人の主観的態様を適切に勘案すると期待されているわけである。もっとも、たとえば公正妥当な会計基準の内容が不確定であったところ、後になって、借入人が依拠した考え方が否定されたという場合などに、形式的に表明保証の違反を主張して期限の利益を喪失させる請求ができるかといった形で、(多数）貸付人の判断の適切さが争われる余地も、皆無ではないように思われる。

(3) 規制の遵守

規制の遵守を確認するための表明保証としては、JSLAのひな型は、反社会的勢力との関係がないことのみを掲げている。この点を確認する必要があることはいうまでもないが、この事項については、法人の実在性に関する表明保証と同じように、実効性は疑わしい。反社会的勢力と関係しているにもかかわらず、それを偽るような借入人に対しては、後日、真相が露見したときに表明保証の違反を指摘し、期限の利益を喪失させても実効性は期待できないからである。

ところで、英国の標準契約書に含まれている表明保証は、JSLAのひな型よりも長く、多くの事項を含んでいるが、その大半は、上記第三の類型に属する規制法の遵守（コンプライアンス）に関するものである。英国のローン市場では、国際的なシンジケート・ローンも多く組成され

るので、各国の環境規制や反テロリズム法、米国のERISA法（従業員退職所得保障法）などの遵守が要求される。反社会的勢力との関係とは異なり、これらの法令には解釈の幅がある場合も想定され、その遵守の有無は、借入人の方が貸付人よりも判断しやすい立場にあるであろう。そうだとすれば、そこには情報の非対称が存在し、それを解決するメカニズムとして表明保証には有益性が認められると思われる。

2　英米法起源の契約と日本法

　このように検討すると、一部に、表明保証のメカニズムが有効に機能しないのではないかと思われる事項もあるものの、ひな型が定める表明保証のほとんどは、理論的に想定される機能を有効に果たすと期待される[22]。したがって、これに文言どおりの効力を認めることが適切であると考えられるが、日本法上の法概念として「表明保証」が存在しないため、その点について、理論的にはどのように説明できるかという問題が、従来から議論されている。もっとも、シンジケート・ローン契約における表明保証は、主として期限の利益喪失という形で担保されるため、「表明保証」という概念それ自体を性質決定するまでもなく、表明保証された事項を期限の利益喪失事由と位置づければ足りるともいえそうである[23]。そうだとすれば、この問題は、あまり深刻ではないと考えられよう。

　しかし、そのようにいうことは、逆に、問題の本質を覆い隠してしま

---

[22] なお、契約に署名する者の権限等に関する表明保証の場合には、表明保証された事項が事実ではなかった場合、そもそもシンジケート・ローン契約が借入人に有効に帰属しないので、法的な効果がないのではないかという疑問があり得るかもしれない（井上・前掲注8）26頁〔道垣内弘人教授の質問〕）。そのような場合には、無権代理となっていたわけであるから、シンジケート・ローン契約じたいも、また表明保証についても、無権代理人が責任を負うことになり、期限の利益喪失が決定された場合に貸付金を弁済する義務も、無権代理行為を行った署名者が負うことになる。これは、自らの権限の有効性を十分に確認した上で契約締結に臨む強いインセンティヴを代表者に与えることになろう。それとは別に、貸し付けられた金銭が借入人と表示された者（会社）に渡っていた場合には、契約が会社に帰属していないわけであるから、不当利得となって返還義務を生ずると考えられる。

[23] 井上聡「金融取引における表明保証」金法1975号52頁（2013年）。

うという危険もないわけではない。そもそも英米法にもとづく取引では、当事者が合意により一定の内容を取り決めると（「私的な取り決め（private arrangement）」といわれる）、それに対して原則的に拘束力が認められ（実行可能性（enforceability））、その違反に対して救済（remedies）が与えられる。救済の内容についても、当事者が合意によって取り決められることが原則である。これは、一見すると英米法に特有の構造にみえるが、大陸法系に属するドイツでも、英米法的な書き方で作られた契約書について、コモンローの概念によって契約書を作成したという当事者の意図をふまえると、英国法の下でその契約が有する意味と同じ内容を持つものとして解釈されるべきであることが、判例として確立されている[24]。英米法と大陸法における契約書の書き方の相違については、ヨーロッパでも関心が向けられているが、そこでは、任意規定による補充を予定した大陸法型の契約書を英国の裁判所が取り扱う場合に、法令による補充が期待できないという問題や、信義則やドイツの定型約款規制により、英国法を準拠法として作成された事業者間の契約であっても一部の条項が無効とされるリスクを負うという問題が、もっぱら論じられている[25]。

　これに対して、日本法では、そもそも合意の内容を既知の概念や類型に当てはめて説明することが強く求められる傾向にある。これは、英米法と大陸法の相違というよりは、日本法において、とりわけ裁判実務が、「類型」的発想を強く持っていることに由来するように思われる[26]。そうした発想が定着したことには、それなりに理由があると考えられるが[27]、シンジケート・ローン契約をはじめとして国際的に発展してきた

---

24) RG 22. Mai 1897, RGZ 39, 65.
25) Giuditta Cordero Moss, 'International Contracts between Common Law and Civil Law: Is Non-state Law to Be Preferred? The Difficulty of Interpreting Legal Standards Such as Good Faith', *Global Jurist（Advances）* Vol.7, Issue 1, Article 3（2007）; Gerhard Dannemann, 'Common law-based contracts under German law', in Giuditta Cordero Moss (ed), *Boilerplate Clauses, International Commercial Contracts and the Applicable Law* (Cambridge University Press, 2011) 62.
26) 道垣内弘人ほか「表明保証条項違反を理由とする損害賠償請求訴訟」論究ジュリ22号156頁（2017年）参照。

標準契約が利用されている場合には、経済理論や金融論等に照らしてその合理性が説明されるならば、当事者者間の合意にそのまま効力を認めることが考えられてよいのではないかと思われる。

Ⅴ　結語

　シンジケート・ローン契約では、一定の事項について、借入人が「表明保証」を行う条項がほぼ例外なく含まれている。JSLAのひな型は、この点に関しては、英国の標準契約書とほとんど相違がない。表明保証条項については、近時、M&A契約における意義や効力をもっぱら対象として議論が行われるようになっているが、シンジケート・ローン契約の場合も、基本的な機能は共通であると考えられる。すなわち、情報非対称の問題を解決するためのスクリーニングの仕組みとしての機能が基本であり、場合によっては、情報の非対称は発生していないにもかかわらず、有益な情報の生産（借入人による調査）に対してインセンティヴを与える機能を有する可能性がある。

　シンジケート・ローン契約では、M&A契約とは異なり、表明保証の実効性を担保するメカニズムは、もっぱら期限の利益の喪失である。したがって、表明保証の法的性質については、これまで、それ自体としてはあまり議論がなされず、表明保証された個々の事項が期限の利益喪失事由として解されてきた。実務的には、それでも支障がないであろうが、本来的には、その機能が正当に認められる限りで、表明保証条項の効力が直截に肯定されるべきであろう。

　この問題は、広くいえば、英米法由来の契約条項を日本法の体系においてどのように受け止めるべきかという比較法的な課題の一環である。そのような観点から、第一に、金融法の分野に閉じることなく、たとえ

27) このような日本の裁判所の考え方には、要件事実教育が大きな役割を果たしていると思われる。その社会的な意義について、Souichirou Kozuka, ' "Closing the Gap" between Legal Education and Courtroom Practice in Japan: *Yōken Jijitsu* Teaching and the Role of Judiciary' in Andrew Harding, Jiangxiang Hu and Maartje de Visser (eds), Legal Education in Asia (Brill Nijhoff 2018) 156.

ば海上運送契約や保険契約（とりわけ企業保険や再保険の契約）、資源開発契約等をも視野に収めた総合的な検討が求められる[28]。第二に、仮に契約作成者の意図と裁判所による契約解釈のズレが埋まらないといった事態が生ずるならば（シンジケート・ローンについてはその可能性は小さいが）、当該分野に通じた専門家による仲裁を利用した紛争解決なども考慮されてよいのではないか[29]。本章の主題は、そうした大きな課題にもつながっている点を、最後に、指摘しておきたい。

（小塚荘一郎）

---

28) See Dannemann (fn 25) 67 ff.
29) Moss (fn 25), p.37.

第3章
貸付人間の関係

Ⅰ　はじめに

　シンジケート・ローンは、借入人の委託（マンデート）を受けた金融機関（以下では「アレンジャー」という）が複数の金融機関によるシンジケート団を組成し、すべての参加金融機関が借入人との間で1つの契約書によって融資契約を締結する取引である[1]。

　シンジケート・ローンにおいては、アレンジャーが借入人のためにローンの組成を主導する。ローンの組成は、(ⅰ)融資の基本条件の協議・交渉、(ⅱ)マンデートの付与、(ⅲ)参加金融機関の招聘、(ⅳ)融資金額の割当から(ⅴ)シンジケート・ローン契約の交渉・締結にいたるプロセスを経る。

　ローン契約締結後はエージェント（アレンジャーがエージェントとなる場合が多い）が他の貸付人のためにローンの期間中の元利金支払いなどの事務に当たる。

　以上のようなシンジケート・ローンの仕組みは、日本の国内市場と外国およびオフショア市場とを区別しないで説明され、グローバルな慣行となっているといえる[2]。シンジケート・ローンの契約書についても標

---

1) 本稿は、野村美明「シンジケートローン契約におけるエージェントの免責規定はどこまで有効か」松浦好治＝松川正毅＝千葉恵美子編『市民法の新たな挑戦（加賀山茂先生還暦記念）』549～556頁（信山社、2013年）の比較法に基づいた比較契約条項の方法論を発展させ、最近のシンジケート・ローン契約書の条項の比較分析に応用したものである。
2) 神田ほか第5章〔新田真紀〕、松岡博編『レクチャー国際取引法〔第2版〕』第8章〔野村美明〕（法律文化社、2018年）参照。

準化が進んでいる。

　本章では、アレンジャーとエージェントが借入人から特別のフィーを受け取る地位にある一方、自らも主要な貸付人となる場合が多いことに着目して、標準的な契約書式や契約条項がアレンジャーおよびエージェントと貸付人との間の関係をどのように規律しているかを検討する。貸付人間の関係は、特に当事者が契約で合意した以上の義務をアレンジャーまたはエージェントに課すことができるかをめぐって問題となることが多い[3]。そこで本章ではアレンジャーまたはエージェントの他の貸付人に対する免責条項[4]を手がかりに、貸付人間の法的関係を分析することにしたい。

II　信認義務と免責条項

　英米法では、エージェントと本人との間には信認義務（fiduciary duty）の存在が推認される[5]。このため、後述するように、英米法を準拠法とするローン契約書には、当事者が契約で定めた以外（法定）の義務が裁判所によって課されるリスクを回避するために、信認義務を排除するための規定が設けられている。

　これに対して、日本法では、エージェントが貸付人の委託を受けて業務を行う点に着目すれば、エージェントは貸付人に対して「善管注意義

---

[3]　アレンジャーとエージェントの法的責任をめぐる問題については、「シンジケートローン基本判例研究（Ⅰ－Ⅷ）」ジュリ1368号－1375号（2008年－2009年）、特に道垣内弘人「Ⅰ　アレンジャー、エージェントの法的責任(1)──インフォメーション・メモランダムの意味をめぐって」1368号97頁以下、森下哲朗「Ⅱ　アレンジャー、エージェントの法的責任(2)」1369号88頁以下、黄靱霆「Ⅲ　アレンジャー、エージェントの法的責任(3)」1370号228頁以下および野村美明「Ⅶ　シンジケートローン債権者間の多数決問題」1374号80頁以下参照。

[4]　厳密には義務を排除または制限する条項と責任を制限または免除する条項は区別すべきであるが、以下では一般に免責条項という場合がある。

[5]　英国法については、Mugasha 9-19（411-412頁）（2007）; Ross Cranston, *Principles of Banking Law* (Oxford, 3d ed., 2017) 273-275頁; Philip R. Wood, International Loans, Bonds, Guarantees, Legal Opinions, Law and Practice of International Finance Series, Volume 3, (Sweet & Maxwell, 2007), 7-006, 122頁ご参照。米国法については、*Restatement of the Law, Third, Agency* §8.01, §1.01（2006）参照。

務」を負う（民法 644 条参照）こととなる。ところが、あとでみるように、日本ローン債権市場協会（以下では「JSLA」という）[6]のシンジケート・ローンの「契約書（案）」には信認義務についての免責規定はなく、さらにエージェントは「善管注意義務」を負うと積極的に規定している。

　グローバルな慣行にしたがうシンジケート・ローン取引の契約書にこのような相違が存在するのは、契約が準拠する法が異なるからなのだろうか。

　信認義務（fiduciary duty）とは、「当事者間に信認関係（fiduciary relation）があると認められるとき、一方当事者の信頼を受けた側の当事者に課される義務であり、もっぱら相手方の利益を図るために最高度の信義誠実を尽くして行動しなければならない義務のことである」[7]。

　米国代理第 3 次リステイトメント（以下「リステイトメント」という）は、代理人が負う一般的な信任原則を次のように表現する。「代理人は、代理関係に関連するあらゆる事項において、本人の利益のために忠実に行動する（act loyally）信認義務（a fiduciary duty）を負う[8]。」リステイトメントの注釈は次のように述べる。「代理人の利益は本人の利益としばしば併存するが、本条の一般的信任原則は、代理関係に関連するあらゆる事項について代理人が自分の利益を本人の利益よりも下位におき本人の利益を優先させることを要求する[9]。」

　Ⅲでは、シンジケート・ローン契約書に含まれるエージェントの免責条項を比較分析することによって、契約条項によってアレンジャーまたはエージェントの権利義務がどのように規律されるかを検討する。

---

[6] http://www.jsla.org/
[7] 道垣内・前掲注 3）ジュリ 1368 号 98 頁。
[8] 「8.01 条 一般的な信任原則」である。リステイトメント、前掲注 5）§8.01,（2006）.
[9] リステイトメント、前掲注 5）8.01 条注釈 b。

第3部　シンジケート・ローン契約書の比較

Ⅲ　モデル契約書・モデル条項と契約書例

1　検討対象と方法

　アレンジャーまたはエージェントの権利義務を契約書中の免責条項を手がかりに分析するために、まずシンジケート・ローンに関する英国のローンマーケット・アソシエイション（Loan Market Association）（以下では「LMA」という）[10]の推奨契約書式[11]、米国のローン・シンジケーション＆トレーディング・アソシエイション（Loan Syndications and Trading Association）（以下では、「LSTA」という）[12]のモデル契約条項[13]およびJSLAの契約書案を検討する。

　モデル契約書[14]・契約条項を手がかりとするのは、入手が比較的容易であって、かつ、解説や分析の対象とされることが多いからである。同じ理由で、モデル契約書の比較にあたっては英米法および日本法を準拠法とするものを主な対象とする。以上に加えて、ドイツ法、フランス法など他の法域の法を準拠法とするモデル契約書にも留意することとしたい。

　さらに、実際のシンジケート・ローン契約においてモデル契約書・契約条項がどのように用いられているかもできる限り考慮することによって[15]、実際に意味のある比較・分析となるように工夫する。

---

10) LMAについては、次のウェブサイトを参照。http://www.lma.eu.com/
11) LMAの各種契約書式の中心は、後述するように、"The LMA Recommended Form of Primary Documents"と呼ばれる貸出市場での利用を予定した推奨契約書である。
12) LSTAについては、つぎのウェブサイトを参照。http://www.lsta.org/
13) モデルローン契約条項（Model Credit Agreement Provisions）と呼ばれる。
14) 本文のLMAの「推奨契約書式」およびJSLAの「契約書（案）」という用語はそれぞれの団体が用いる呼称であるが、これらはいずれも契約としての法的拘束力がなく、個別の取引における契約書作成に当たっては、取引の特性に合わせて修正することが予定されている。以下ではこれらを便宜上「モデル契約書」ということがある。

2 LSTA モデル契約条項と実際の契約書例

(1) LSTA モデル契約条項

米国の LSTA のモデル条項は、「エージェンシー」という標題の章で 10 のセクション[16]からなる詳細な規定をおいている[17]。その中でセクション 3 は「免責条項（Exculpatory Provisions）という見出しのもとに、(a)項本文および(i)号で次のように定めている[18]。

Section 3. Exculpatory Provisions. (a) The Administrative Agent shall not have any duties or obligations except those expressly set forth herein and in the other Loan Documents., and its duties hereunder shall be administrative in nature. Without limiting the generality of the foregoing, the Administrative Agent:

(i) shall not be subject to any fiduciary or other implied duties, regardless of whether a Default has occurred and is continuing;

セクション 3 (a)項本文は、エージェントはローン契約書で明示的に定

---

15) 2012 年以前にシンジケート・ローン契約の実例を収集したときは、SEC の EDGAR データベース（https://www.sec.gov/edgar.shtml）や The CORI K-Base（http://cori.missouri.edu/pages/ksearch.htm）を用いたが、2016 年 3 月以降では EDGAR データベースを整理した law insider（https://www.lawinsider.com/）とグーグル検索で比較的容易に収集することができる。もっとも、日々新しい契約がファイリングされているので、人力による収集・分析には限界がある。法学者による契約書分析にも新しい方法論が必要だと思われる。

16) モデル条項やモデル契約書におけるセクションなどの条名は、関連する条項全体の中での規定の位置や個々の規定の並べ方などを比較するために、「条」とは翻訳せず、それぞれの元のセクション名を用いて引用・参照する。条の各部分は引用の便宜上適宜「項」「号」ということがある。

17) 以下では Michael Bellucci & Jerome McCluskey, *The LSTA's Complete Credit Agreement Guide* (2d., ed., 2017)（以下「LSTA ガイド」という）660 頁以下所収の 2014 年版モデル条項を用いる。モデル条項には 2005 年版と 2011 年版があるが、2011 年版は参照できなかった。2005 年版については Richard Wight with Warren Cooke & Richard Gray, *The LSTA's Complete Credit Agreement Guide* (2009)、609 頁以下参照。

18) LSTA ガイド、前掲注 17) 679 頁。

められたものを除きいかなる義務をも負わず、しかもその義務の性質は事務的なもの（administrative in nature）であると一般的に規定し、さらにこれを前提として(i)号で、デフォルト（債務不履行状態）が発生し、継続しているか否かを問わず、［エージェントは］いかなる信認義務その他の黙示的な義務（any fiduciary or other implied duties）も負わないと定めている。「事務エージェント」（Administrative Agent）という用語を用いるのは、本文を受けて、エージェントの業務が事務的、機械的な業務に限定される趣旨を表現するものである。

　LSTAガイドによれば、エージェンシーの一般原則のもとではエージェントは本人に対する忠実義務（duty of loyalty）を負うが[19]、第1項(a)はこの原則を修正して事務エージェントに忠実義務が課されないようにする趣旨である[20]。

　モデル条項「エージェンシー」セクション3(a)項は、(ii)号および(iii)号で、本来なら受託者が受益者に対して負うべき義務を明示的に排除している。(ii)号は裁量的行為をしたり裁量的権限を行使したりする義務を排除する。(iii)号は、契約に明示の定めがない限り、事務エージェントは「借入人又は関連人（Affiliates）［親会社、子会社または関連会社[21]］に関する情報であって、資格の如何を問わず（in any capacity）、事務エージェントを務める者又はその者の関連人に対して伝えられ又はその者によって得られたいかなる情報も開示する義務を負わず、そのような情報を開示しないことに対して責任を負わない」と定めている。

　LSTAガイドによれば、借入人らに関する情報に関して、事務エージェントが「その資格のいかんを問わず（in any capacity）」得たものと定めることの効果は、事務エージェントが果たす可能性があるあらゆる役割を網羅することであり、エージェント、貸付人、アレンジャー、フィナンシャル・アドバイザー、デリバティブ・カウンターパーティな

---

19) LSTAガイド、前掲注17）セクション10.1.2、488頁。このガイドにおいてはエージェンシーの一般原則の説明は、前掲注8) 9）の本文で引用した米国代理第3次リステイトメントに依拠している。
20) LSTAガイド、前掲注17）セクション10.1.3、489頁参照。
21) モデル条項における"Affiliate"の定義による。LSTAガイド、前掲注17) 663頁参照。

どを含むという[22]。

　モデル条項「エージェンシー」セクション3(b)項は、事務エージェントが、(i)多数貸付人の同意又は指示に基づいてした作為又は不作為若しくは(ii)事務エージェントの重大な過失又は故意の非行（gross negligence or willful misconduct）に基づかないでした作為又は不作為についての責任を負わないと規定している。(ii)において、事務エージェントの重大な過失又は故意の非行は、「権限ある裁判所の終局的で控訴できない判決により認定されたとき」に限定される[23]。

　モデル条項「エージェンシー」セクション3(c)項は、事務エージェントが表明保証や確約条項（コベナンツ）の遵守を確認・調査（ローンをモニタリング）する責任（後述3(1)参照）を免除する。

　モデル条項「エージェンシー」のセクション2「貸付人としての権利」は[24]、「この契約に従い事務エージェントを務める者は、貸付人としての資格で他の貸付人と同様の権利及び権限を有するものとし、その権利及び権限をあたかも事務エージェントではないかのように行使することができる……」と規定している。

　LSTAガイドは、リステイトメントに依拠しつつ、①エージェントの忠実義務には本人との競業避止義務が含まれるが、これは本人の同意によって免除でき[25]、②この規定は、事務エージェントが本来なら忠実義務違反となる行為に携わることに対して本人たる貸付人が同意したものであると説明している[26]。

　つぎにモデル条項「エージェンシー」セクション5「義務の委任（Delegation of Duties）」は、復エージェントの選任に関する定めである。事務エージェントは、契約に定められたいかなる義務の履行もいかなる権

---

22) LSTAガイド、前掲注17) セクション10.1.4、494頁参照。
23) これに対して、2005年版のモデル条項では事務エージェントが免責されない「重大な過失又は故意の非行」を限定する文言がないので、2014年版によるよりも免責されない範囲が広く解される可能性がある。Wight、前掲注17) 617頁参照。
24) LSTAガイド、前掲注17) 679頁。
25) リステイトメント、前掲注5) §8.04 競業（Competition）および§8.06 本人の同意（Principal's Consent）参照。
26) LSTAガイド、前掲注17) 10.1.2、487〜488頁参照。

利または権限の行使も、自らが選任した1人またはそれ以上の復エージェントによって行うことができると定め、エージェントに関する本章に定められた免責規定が復エージェントなどに適用される旨を定める[27]。

ニューヨーク州法の一般ルールは、純粋の覊束事項（matters that are purely ministerial）を除き、エージェントは、その責任を本人による個別的な権限の授与なしに他人に委任することはできないというものである。このセクションは以上の一般ルールを修正する趣旨であるという[28]。

セクション5はさらに、事務エージェントは復エージェントの過失または非行（negligence or misconduct）に対する責任を負わないと定めている。復エージェントの過失または非行については、「復エージェントの選任において事務エージェントに重大な過失又は故意の非行があったことが、権限のある裁判所の終局的で控訴できない判決において決定された場合を除き」責任を負わないと定めている[29]。

これに対して、LSTAモデル条項2005年版「エージェンシー」セクション5は、エージェンシー章が定める免責規定は復エージェントにも準用されると規定するのみであった[30]。LSTAガイドの初版は、この規定に対して、事務エージェントの責任をさらに制限するつぎのような条項例がありうるとコメントしている。すなわち、事務エージェントは、合理的な注意をもって誠実に復エージェントを選任したときは、復エージェントの過失または非行について責任を負わないという条項である[31]。

2014年版モデル条項セクション5は事務エージェントの免責の要件として復エージェント選任において事務エージェントに重大な過失または故意の非行のないことを求めるが、現行のLSTAガイドは、これを

---

27) LSTAガイド、前掲注17) 680頁参照。
28) LSTAガイド、前掲注17) 10.1.6、497〜498頁参照。
29) LSTAガイド、前掲注17) 680頁参照。
30) Wight、前掲注17) 617頁参照。
31) Wight、前掲注17) 471頁参照。

「合理的な注意をもって誠実に復エージェントを選任したとき」と同じ趣旨であると説明している[32]。2014年版モデル条項は2005年版と比べると、事務エージェントの復エージェントの行為に対する責任を限定する趣旨を明確にしたものといえる。

つぎに、LSTAの2014年版モデル条項に含まれた以上のような免責条項が実際の契約書においてどのように用いられているかを、いくつかの契約書を例にみてみよう[33]。

(2) 契約書例1

契約書例1は、デラウェア州の有限責任会社（limited liability company）を借入人とするリボルビング・ローンである[34]。契約書例1のセクション9.02は、「免責条項」という見出しも構造もモデル条項「エージェンシー」セクション3とほとんど同じである。セクション9.02(a)項(i)号は、モデル条項「エージェンシー」セクション3(a)項(i)号の内容とまったく同じである。さらに契約書例1の「免責条項」セクションの1つ前のセクション9.01(a)は、「選任及び権限」という見出しも内容も、事務エージェントの会社名を除き、モデル条項とほとんど異ならない。セクション9.01(a)の後半部分では、モデル条項と同様、この契約書におけるエージェントという用語は、「適用されるべき法のエージェンシー法理のもとで生じる信認義務その他の黙示的な義務を含む意図」ではなく、「市場慣行として用いられている（as a matter of market custom）」と

---

[32] LSTAガイド、前掲注17) 10.1.6、497～498頁参照。

[33] 2015年から2016年に締結されたシンジケート・ローン契約でLSTAのモデルローン条項のエージェンシーに関する章に含まれる免責条項と類似の構造を持つ12件のなかから、明らかにモデル条項を採用したと思われるもの7件を選択し、さらにベンチマークとなりそうな特徴的な例を2つ選んだ。

[34] "REVOLVING CREDIT AGREEMENT Dated as of March 14, 2016 among WESTERN GAS EQUITY PARTNERS, LP, As the Borrower, WELLS FARGO BANK, NATIONAL ASSOCIATION, As Administrative Agent, PNC BANK, NATIONAL ASSOCIATION, As Syndication Agent, TORONTO DOMINION TEXAS) LLC, As Documentation Agent and THE LENDERS SIGNATORY HERETO," Section 9.02 Exculpatory Provisions" at https://www.lawinsider.com/contracts/3ckqzp5Zm6YmV9yb58Ol85/western-gas-equity-partners-lp/exec1312482/2016-03-16. ローン契約の準拠法はニューヨーク州法である。

第3部　シンジケート・ローン契約書の比較

説明している。

契約書例1は、セクション9.02(a)項(ⅱ)号および(ⅲ)号において、事務エージェントの裁量的行為・裁量的権限行使の義務および借入人情報の開示義務についても、モデル条項「エージェンシー」セクション3(a)項(ⅱ)号および(ⅲ)号と同様の規定をおいて、これらを排除している。セクション9.02(a)項(ⅲ)号の情報開示義務に関する免責は事務エージェントがその資格の如何に関わらず得た情報を対象とするから、モデル条項と同じように事務エージェントがアレンジャー等として行為した場合にも適用されるといえよう[35]。

契約書例1のセクション9.02(b)項は、モデル条項「エージェンシー」セクション3(b)項と同様に、事務エージェントは、自身の重大な過失または故意の非行（gross negligence or willful misconduct）がない場合には、その作為または不作為について責任を負わないと規定している。自身の重大な過失または故意の非行は、「権限ある裁判所の終局的で控訴できない判決により認定されたとき」に限定されるから、事務エージェントが免責される場合を広く定めているといえる[36]。

契約書例1のセクション9.02(c)項は、モデル条項セクション3(c)項のローンのモニタリング責任の免除とほぼ同様の規定である[37]。

- [35] 前掲注22) およびその本文参照。
- [36] 前掲注23) 参照。
- [37] 次の例の免責規定は、担保についてのモニタリング責任の免責を追加している以外は、契約書例1のモデル条項セクション3に該当する免責条項とほぼ同じ内容である。"CREDIT AGREEMENT dated as of March 1, 2016 among TREDEGAR CORPORATION The Lenders Party Hereto JPMORGAN CHASE BANK, N.A. as Administrative Agent..." viewed at https://www.lawinsider.com/contracts/eNYOxaxD4BLd3cpdhniFA/tredegar-industries/new-york/2016-03-03. ローン契約の準拠法はニューヨーク州法である。さらに次の例の免責条項は、契約書例1よりも2005年版のモデル条項に近い。"US$400,000,000 FIVEYEAR REVOLVING CREDIT FACILITY AGREEMENT dated as of June 18, 2015, among ALBANY INTERNATIONAL CORP., ALBANY INTERNATIONAL HOLDING (SWITZERLAND) AG, ALBANY INTERNATIONAL EUROPE GMBH and ALBANY INTERNATIONAL CANADA CORP., as Borrowers ... and JPMORGAN CHASE BANK, N.A., as Administrative Agent..." viewed at https://www.lawinsider.com/contracts/4Bed2oAM9tshxzr0RPjfCL/albany-intl-corp-cl-a/819793/2015-06-24. ローン契約の準拠法はニューヨーク州法である。

第3章　貸付人間の関係

このように、契約書例1のセクション9.02はモデル条項のセクション3と類似の構造を持つが、不適格機関（Disqualified Institutions）、典型的には不適格貸付人についての免責を定めるモデル条項3(d)項に直接該当する規定はない。この規定の趣旨は、ローン債権の譲渡やパーティシペーションにおいて相手方として相応しくないとされる機関について、調査、モニタリング、排除に関する事務エージェントの免責を定めることである。借入人の競争相手は不適格な貸付人の典型例である[38]。

借入人にとって都合の悪い貸付人は、たとえば債権譲渡について原則として借入人の同意を要件とすれば排除することは可能である（契約書例1のセクション10.04(b)項(i)号はこの旨の規定である）。しかし、借入人がデフォルトのときは同意が不要とされる[39]。これに対してモデル条項においては、借入人がデフォルトのときであってもあらかじめ不適格機関としてリストされた機関に対しては債権譲渡等をすることができず、借入人が特定の譲渡等について書面で同意をした場合に限りその譲渡等の相手方は不適格機関とはみなされないことになる[40]。

契約書例1セクション9.04は、モデル条項「エージェンシー」のセクション5「義務の委任」と同様に[41]、まず自らの義務の履行と権利の行使を復エージェントを通じて行うことを認め、さらに復エージェントの過失または非行に対する事務エージェントの免責も広く認める規定を設けている。契約書例1セクション9.04は2014年版モデル条項セクション5と同様の規定であるから、同様に解釈される可能性が高い。

契約書例1のセクション9.06は、上で検討したモデル条項「エージェンシー」セクション2「貸付人としての権利」[42]とは記載の順番は

38) LSTAガイド、前掲注17) 11.2.3、557頁参照。
39) 契約書例1のセクション10.04「承継人（Successors and Assigns）」(b)項(i)号（A）およびモデル条項「承継人（Successors and Assigns）」(b)項(iii)号（A）、前掲注17) 686頁参照。
40) モデル条項「承継」(h)項(i)、前掲注17) 690頁参照。不適格機関についての規定はモデル条項の2014年版で導入されたといわれる。Zachary K. Barnett & Kristin M. Rylko, "Limitations on Lender Assignments to Competitors in Subscription Credit Facilities and Other Fund Financings," Mayer Brown, Winter 2015, p.2.
41) 前掲注27) 本文参照。

異なるものの、まったく同じ規定をもうけている。

(3) 契約書例2

契約書例2は、デラウェア州法により設立された有限責任組合（limited partnership）を借入人とする契約である[43]。この契約書はセクション9.2において、モデル条項セクション3(a)項(i)号の「デフォルト（債務不履行状態）が発生し、継続しているか否かを問わず、［エージェントは］いかなる信認義務その他の黙示的な義務も負わない」という部分に、「又はデフォルトの原因となる事由」（or an Event of Default）を追加している。これは、実際にデフォルトは宣言されていないが、すでにその原因となる事由が発生しているような場合でも、エージェントは契約に定められた以上の義務を負わないことを明らかにしている点で、エージェントが免責される範囲を広げたものと理解できる。

契約書例2においても、契約書例1と同じように、事務エージェントの裁量的行為・裁量的権限行使の義務および借入人情報の開示義務について、モデル条項セクション3(a)項(ii)号および(iii)号と同様の規定をおいてこれらを排除している（契約書例2セクション9.2）。情報開示義務に関する免責が、モデル条項と同じようにアレンジャーにも適用されると解釈される点は、契約書例1と同じである。

事務エージェントの重大な過失または故意に基づかないでした作為または不作為に関する免責については、契約書例2ではモデル条項「エージェンシー」セクション3(b)項の「権限ある裁判所の終局的で控訴できない判決により認定されたとき」に限定する文言がない[44]。したがっ

---

[42] 前掲注24）本文参照。

[43] "REVOLVING CREDIT AGREEMENT dated as of August 3, 2015 among COWEN FINANCE HOLDINGS LLC, COWEN STRUCTURED HOLDINGS LLC, RCG LV PEARL, LLC and RAMIUS LLC, as Borrowers THE LENDERS FROM TIME TO TIME PARTY HERETO and SUNTRUST BANK, as Administrative Agent and Swingline Lender," "Section 9.2. Nature of Duties of Administrative Agent" viewed at https://www.lawinsider.com/contracts/4uD1bKsvtvxtPDMyUttnK6/cowen-group-inc/revolving-credit-agreement/2015-08-04. ローン契約の準拠法はニューヨーク州法である。

[44] 前掲注23）およびその本文参照。

て、契約書例2はモデル条項セクション3(b)項に比べて事務エージェントが免責される場合は狭く解釈されると思われる。

契約書例2はローンのモニタリング責任の免除について、モデル条項セクション3(c)項と同様の規定をおく。しかし、不適格な貸付人に関する調査等について免責を定めるモデル条項「エージェンシー」3(d)項に直接該当する規定はない。これは契約書例1と同様である[45]。

契約書例2は、「貸付人としての権利」について、モデル条項「エージェンシー」セクション2と同旨を定めているが、契約書例1ほどの一致はみられない[46]。なお、事務エージェントは貸付人としての資格で「権利及び権限をあたかも事務エージェントではないかのように行使し<u>又は行使を控える</u>［下線筆者］ことができる」（セクション9.6）と定めているなどの相違がみられる。

契約書例2は、モデル条項「エージェンシー」セクション5「義務の委任」と同内容の条項を事務エージェントに関する章の冒頭（セクション9.1）においており、さらに上でみたモデル条項「エージェンシー」セクション3の免責規定に対応する部分（セクション9.2）に、「事務エージェントは、合理的な注意をもって復エージェントを選任したときは、復エージェントの過失又は不正行為について責任を負わない」との規定を追加している。しかしながら、モデル条項「エージェンシー」セクション5や契約書例1のような復エージェントの責任を制限する詳細な規定はない[47]。

以上のように、契約書例2は、モデル条項や契約書例1と比較すると、検討した限りでは事務エージェントの免責が認められる範囲が限定的であるようにみえる。契約書例2と同様の例は他にもみられる[48]。

(4) モデルローン条項と契約書例——まとめ

以上の2つの契約書例はいずれもニューヨーク州法を契約の準拠法と

---

45) 前掲注38）およびその本文参照。
46) 前掲注42）本文参照。
47) 前掲注29-32）本文および前掲注41）本文参照。

して選択し、LSTA のモデルローン条項を採用している。しかし、2 つの契約書には不適格貸付人についての免責を定める 2014 年版モデル条項 3 (d) 項に直接該当する規定はない。他方、契約書例 2 は、2014 年版モデル条項や契約書例 1 と比較すると、事務エージェントの免責が認められる範囲が限定的に解釈される余地がある。

以上に対して、免責条項と義務の委任について 2005 年版モデル条項と規定の並べ方も内容もまったく同じ契約書がある[49]。この契約書は、2014 年版モデル条項や契約書例 1 にみられるエージェントの免責[50] および復エージェントの行為に関するエージェントの免責[51] をさらに限

---

48) 次の契約書は、事務エージェントの免責条項について、契約書例 2 のセクション 9.1-9.8 に対応するセクション 8.1-8.8 で定めており、内容もほぼ同じである。"REVOLVING CREDIT AGREEMENT dated as of September 25, 2015 among ATMOS ENERGY CORPORATION, as Borrower, THE LENDERS FROM TIME TO TIME PARTY HERETO, CRÉDIT AGRICOLE CORPORATE AND INVESTMENT BANK as Administrative Agent, MIZUHO BANK, LTD., as Syndication Agent,.." viewed at http://www.investquest.com/iq/a/ato/fin/8k/ato8k100115.htm. ローン契約の準拠法はニューヨーク州法である。次の契約書も、契約書例 2 と同様にデフォルト事由が存在する際の免責を追加してエージェントの免責範囲を若干広げてはいるが、重大な過失または故意に基づかないでした作為または不作為に関する免責について規定を置かず、また復エージェントの選任に関しての注意義務についても特段の規定を置いていないなど、免責に関するエージェントの立場が弱いように思われる。364-DAY REVOLVING CREDIT AGREEMENT dated as of January 19, 2016 among ANADARKO PETROLEUM CORPORATION, The LENDERS Party Hereto and JPMORGAN CHASE BANK, N.A., as Administrative Agent WELLS FARGO BANK, NATIONAL ASSOCIATION, as Syndication Agent and BANK OF AMERICA, N.A., THE BANK OF TOKYO-MITSUBISHI UFJ, LTD., CITIBANK, N.A., and MIZUHO BANK, LTD., as Co-Documentation Agents, viewed at https://www.lawinsider.com/contracts/2kv3sMEZrSWVuijAPNLYzZ/anadarko-petroleum/new-york/2016-01-25. ローン契約の準拠法はニューヨーク州法である。

49) $400,000,000 REVOLVING CREDIT FACILITY CREDIT AGREEMENT by and among CNX COAL RESOURCES LP and THE GUARANTORS PARTY HERETO FROM TIME TO TIME, and THE LENDERS PARTY HERETO and PNC BANK, NATIONAL ASSOCIATION, as Administrative Agent BANK OF AMERICA, N.A., as Syndication Agent and PNC CAPITAL MARKETS LLC and MERRILL LYNCH, PIERCE, FENNER & SMITH INCORPORATED, as Joint Lead Arrangers and Joint Bookrunners, Dated as of July 7, viewed at 2015 https://www.sec.gov/Archives/edgar/data/1637558/000119312515251176/d15080dex1010.htm. ニューヨーク州法を契約の準拠法として選択している。

50) 前掲注 23) および本文参照。

51) 前掲注 29) 本文参照。

定する条項がおかれていない点で、契約書例2と同様である。他方、見出しなど一見モデル条項と類似の構造を持ち同じ事項について定めたエージェンシー条項を持ちながら、内容的には独自にドラフトされたと考えられる例もある[52]。

　2つの契約書例と脚注で参照した例からも明らかなように、LSTAのモデルローン条項はローン契約がニューヨーク州法に準拠することを前提としている[53]。しかし、デラウェア州会社を借入人としてジョージア州法を契約準拠法として選択（さらにジョージア州所在の裁判所の専属管轄を合意）する例もある[54]。契約をいずれの法域の法によらせるか（あるいはいずれの裁判所の裁判管轄に合意するか）は、契約当事者の関係を含めた取引の特徴によるというべきだろう[55]。

3　LMA契約書と実際の契約例

(1)　LMAの推奨契約書式

　LMAは1998年から、銀行等が契約書を一から作成したりシンジケート・ローンの参加者がドラフトを検討したりするための時間と労力および弁護士費用などの費用を節約して効率化をはかることを目的として、推奨書式（The Recommended Form）を作成するプロジェクトを開始した。1999年に最初の書式が公表され、その後も改訂版が公表されている[56]。これらの書式は一般に"The LMA Recommended Form of Primary

---

[52] 前掲注33) の方法で選択した12例のうちの4件がそうであった。
[53] LSTAガイド・前掲注17) 548頁, 623頁脚注13参照。
[54] "REVOLVING CREDIT AGREEMENT dated as of October 31, 2012 among ROLLINS, INC., as Borrower, THE LENDERS FROM TIME TO TIME PARTY HERETO, SUNTRUST BANK, as Administrative Agent and BANK OF AMERICA, N.A., as Syndication Agent" at https://www.lawinsider.com/contracts/2bOp2QoMnvN3NWixuhWcWy/rollins-inc/revolving-credit-agreement/2012-11-02.
[55] 前掲注54) のRollins契約と前掲注43) 契約例2（Cowen）のエージェントはいずれもジョージア州に本拠を置く金融機関であり、いずれの契約書でもエージェントの免責を"Section 9.2. Nature of Duties of Administrative Agent"で定めており、条項見出しも内容も、本文でみた部分については同じであるが、Rollins契約ではジョージア法を準拠法として選択しジョージア州の連邦および州の裁判所の管轄に非専属的に合意しているのに対し、契約例2ではニューヨーク州法を選択し、ニューヨーク州および連邦の裁判所の管轄に非専属的に合意する条項をおいている。

第 3 部　シンジケート・ローン契約書の比較

Documents" と呼ばれ、その中心は、シンジケート・ローンの貸出市場での利用を予定した各種のモデル契約書である[57]。

以下で検討の対象とするのは、投資適格借入人向け契約書（Investment Grade Agreement）[58] のうち、多通貨ターム・レボルビング・ローン契約書（Multicurrency Term and Revolving Facilities Agreement）[59] である[60]。投資適格借入人向けの他の契約書式においても、主要な条項は共通している[61]。

この契約書は、英国法（English law）に準拠する書式が標準的とされるが、フランス法およびドイツ法に準拠する書式がそれぞれ 2002 年と 2007 年に公表された[62]。以下では英国法版を基本として、フランス法版とドイツ法版を適宜注記、補足しつつ、LSTA モデル契約条項とも比

[56] Campbell & Weaver、180 頁、329 頁、*LMA Users Guide to the Recommended Form of Primary Documents* (updated, November 2014)（以下「LMA ガイド」という）2～3 頁参照。
[57] 貸出（組成）市場とは、ローン債権の流通市場（第 2 次市場）に対する第 1 次市場（primary market）を意味する。
[58] 投資適格性が低い（sub-investment grade）借入人向けの契約書は、"Leveraged Facilities Agreement" と呼ばれる。
[59] この契約書式では、一定の返済期間（ターム）に返済するターム・ローンの貸付形態（facility）と各参加金融機関がそれぞれ設定したコミットメント（信用供与約束）の総額の枠内で借入・返済・再借入を繰り返すことができるリボルビング・クレジット・ファシリティと呼ばれる貸付形態がセットになっており、借入人はいずれかの形態とあらかじめ約定された通貨の種類などを特定して貸付を求めることができる。後者の貸付形態を日本では「コミットメントライン（融資枠契約）」と呼ぶが、後述するように和製英語である。用語については、松岡・前掲注 2) 161～162 頁、166 頁参照。
[60] 以下では 2014 年 12 月 11 日版による。この契約書式を検討対象としたのは、借入人の立場から書かれたガイドが入手可能であり、また前掲注 56) の LMA ガイドにおいてももっとも多くのページが割かれているからである。借入人の視点からのガイドは、企業財務担当者協会（Association of Corporate Treasurers、ACT）によるもので適宜補遺版が発行されたり改定が加えられたりしている。*The ACT Borrower's Guide to LMA Loan Documentation for Investment Grade Borrowers* (September 2017)（以下「ACT ガイド」という）, at https://www.slaughterandmay.com/media/2536372/the-act-borrowers-guide-to-the-lmas-investment-grade-agreements.pdf.
[61] ACT ガイド・前掲注 60) 29 頁参照。
[62] Nigel Houghton "Loan Market Association - An Overview", in *The International Comparative Legal Guide to: Lending & Secured Finance 2015* (3rd Ed., 2015) chapter 2, viewed at: https://www.iclg.co.uk/practice-areas/lending-and-secured-finance/lending-and-secured-finance-2015.

較する。

　LMA 契約書では、貸付人間の関係を規律する規定は「貸付人その他の当事者」(THE FINANCE PARTIES) というセクション（セクション 10）の 26 項[63]「エージェント及びアレンジャーの役割」に収められている。「貸付人その他の当事者」とは、エージェント、アレンジャーおよび貸付人のことである[64]。アレンジャーも契約当事者としながら、アレンジャーは貸付契約書に関していかなる当事者に対してもいかなる義務も負わないと定めている（26.4 項）[65]。このセクションでアレンジャーに言及するのは、アレンジャーに免責条項による保護を与えるためだといわれている[66]。

　その中の 26.5 項は、信認義務を排除する規定を有する。

　No fiduciary duties
　(a) Nothing in any Finance Document constitutes the Agent or the Arranger as a trustee or fiduciary of any other person.
　(b) Neither the Agent nor the Arranger shall be bound to account to any Lender for any sum or the profit element of any sum received by it for its own account.

　この条項の(a)は、この契約のいかなる部分も、エージェントまたはアレンジャーをその他の者の受託者（trustee）または受任者（fiduciary）とするものではないと規定する[67]。

　受託者（trustee）とは信託における受託者のことである。たとえば、英国法を準拠法とする債券発行においては、発行者は投資家（社債権者）保護のために、受託者との間で投資家を受益者とする信託証書（trust deed）を取り交わす慣行がある。受託者は、投資家に対して信認

---

63) 個々の規定は項（clause）と呼ばれる。
64) モデル契約書式セクション 1 の 1.1 項の定義による。
65) フランス法版では 25.4 項、ドイツ法版では 26.4 項に該当する。
66) Sue Wright, *International Loan Documentation* (Palgrave Macmillan, 2nd ed. 2014) 271 頁参照。

義務を負い、発行者が債券の条項を遵守しているかを監視（モニタリング）し、債務不履行事由の存在を発見したときは投資家全員のために債務不履行を宣言すべきかどうか等を判断し、適切な措置をとらなければならない。

以上のような英国法上の債券発行の際の受託者の義務は、事務的、機械的な業務を行なう権限・義務しか有さないシンジケート・ローンのエージェントとは大きく異なる[68]。LMAの推奨契約書式は、エージェントの義務を定める26.3項に、貸付契約におけるエージェントの義務は本質的に機械的かつ事務的なものであるという規定をおいている（26.3項(a)）[69]。

エージェントが信認義務を負うと解釈されると、信託の受託者のように、もっぱら相手方の利益を図るために最高度の信義誠実をつくして行動することが求められる。このような結果は、シンジケート・ローンは参加者が貸付けのプロであり、対等な当事者として独立の義務を負いつつ同一の条件で1つの契約書に締結したという建前に反する。通常の注意義務を超えて相手方の利益のために行動する義務（信託法30条の忠実義務参照）が課されると、貸付人は各自独立して個別的に責任を負担するという一般的なシンジケート・ローンの考え方とも矛盾することになる。

LMA契約書式は、26.5項(a)で信認義務を排除したうえで、(b)でエージェントまたはアレンジャーが自己のために（for its own account）受け取った金額または利益についてはいかなる貸付人に対しても説明する義

---

67) フランス法版は25.5項(a)、後述するドイツ法版は26.5(a)で同旨を定める。なお、LMAとの提携により作成されたアジア太平洋ローンマーケット・アソシエイション（Asia Pacific Loan Market Association）（以下ではAPLMAという）によるオーストラリア支部作成の2013年版の契約書式は、LMAの従来版で用いられていた"this Agreement"としている以外は、まったく同じ条項を有している。"MULTICURRENCY TERM AND REVOLVING SYNDICATED FACILITY AGREEMENT［2013 REVISION］APLMA (Australian Branch) SYNDICATED FACILITY AGREEMEN."

68) 日本法では信託の受託者の義務は信託法29条以下に詳細に定められているが、社債に関しては、担保付社債の受託会社の義務または社債管理者の義務（会社法704条1項、担保付社債信託法35条）と対比される。

69) フランス法版は25.2項(a)、ドイツ法版は26.3項(a)で同様に定められている。

務を負わないと規定し、自己が稼いだ利益を保持することを認めている[70]。さらに、借入人との取引（Business with the Group）（26.6）[71]や復エージェントへの委任（26.7項(f)）[72]が認められている。これらは、LSTAモデル契約条項のセクション2「貸付人としての権利」およびセクション5「義務の委任」に該当する[73]。

このように、エージェントの信認義務を一般的に排除する条項を置き、さらにコモンロー上の信認義務の下では義務違反となりうる行為を可能とする具体的な規定をおく方法は[74]、2(1)で検討したLSTAのモデル条項の規定方法と同じである。

ところで、2008年の国際金融危機以降、貸付人の同意や貸付条件の変更をめぐって融資契約の解釈上数々の困難な問題が発生したことから、2014年には推奨契約書式のエージェントの責任に関する条項に全般的な改定が加えられることになった[75]。これにより、投資適格借入人向け契約書式のエージェンシー条項の内容は、2012年に作成された投資適格性が低い（sub-investment grade）借入人向けの契約書[76]の定めるところに近づいたと評されている[77]。

もっとも、エージェントの免責に関する従前のLMA契約書式が不十分だったというわけではない。たとえば、*Torre Asset Funding*[78]は不動産会社に対するローンが債務不履行となったため貸付金が回収不能となった貸付人の一部がエージェント銀行を訴えた事件であるが、イングランドの高等法院はLMA契約書式26項「エージェント及びアレンジャーの役割」とほぼ同じ構造を持つ当該契約書26項やその前後の条

---

70) Wright・前掲注66) 274頁およびMugasha・前掲注5) 9.64（432頁）参照。
71) フランス法版は25.6項、ドイツ法版は26.6項に同様の規定がある。
72) フランス法版は25.6項、ドイツ法版は26.7項(f)で認めている。
73) 前掲注24) から32) 本文参照。
74) Wright・前掲注66) 274頁参照。
75) ACTガイド・前掲注60) 118頁参照。
76) 前掲注58) 参照。
77) ACTガイド・前掲注60) *June 2014 Supplement* 11頁参照。
78) Torre Asset Funding Ltd & Anor v The Royal Bank of Scotland plc [2013] EWHC 2670 (Ch). 判決は次のサイトから入手可能。http://www.bailii.org/ew/cases/EWHC/Ch/2013/2670.html

項を詳細に引用し解釈した上で、次のように述べて、エージェントには本人に適切な情報を提供するコモンロー上の義務があるという原告の主張を退け、エージェントの責任を否定した（［　］内は筆者）。

　146 段落　エージェントの義務（obligations）のなかには信認義務の性質を持つものがある［引用略］。しかし［本件契約］26.4 項はエージェントが貸付人の受任者ではないことを明確に述べている。
　147 段落　……当事者が本件で問題とされる類いの詳細な商業的契約を締結している場合には、当事者が、契約書自体に定められた義務（duties）を超えて曖昧で不特定な義務を潜在的、付加的に適用する意図を有していたと考えるのは現実的とはいえない。
　148 段落　エージェントたる RBS は原告らに対して、本件シンジケート・ローン契約書と貸付人間契約の適切な解釈によって見いだされる相応の義務以上の義務を負っていなかったと解するのが相当である。

　2014 年版 LMA 推奨契約書式は、以前のバージョンとは異なる文言を用いたり、長くしたりしており、見た目は異なっている。しかし、加えられた修正の多くは、従来の一般原則を修正してエージェントが責任を負う範囲を狭めたというわけではなく、これを具体的に書き直して明確化しただけであると指摘されている[79]。
　「指図（Instruction）」については、多数貸付人による指図に関する従来の規定[80]が拡張修正され、新しい 26.2 項が設けられた。エージェントが貸付契約の定めるところにより貸付人全員または多数貸付人による指図に従って権利、権限等を行使しまたは行使しなかったときは、その

---

79) ACT ガイド・前掲注 60) 118 頁参照。
80) 2009 年版推奨契約書式、Multicurrency Term and Revolving Facilities Agreement（LMA, April 2009）では "26.7 Majority Lenders' instruction" を置いていた。従来の LMA 書式に従った多数貸付人による指図の規定は、Tony Rhodes & Mark Chapman, *Syndicated Lending: Practice and Documentation*（Euromoney, 5th. ed., 2009）第 5 章の書式で参照可能である。

作為または不作為について責任を負わないと定め（26.2(a)）[81]、さらに単独または複数の貸付人による指図についてもエージェントを保護する規定が設けられている（26.2(d)-(f)）。

　責任の排除（Exclusion of liability）の項（26.10）は以前より詳細かつ具体的に修正されたが、指図による行為に関するエージェントの免責規定は、この項の重大な過失または故意以外は権利、権限等の行使・不行使について責任を負わないという規定（26.10(a)(i), (ii)）[82]に結びつけられている。以上の規定内容は、上でみたLSTAモデル契約条項がセクション3第2項で以前から定めていた内容と同じである。

　また、エージェントは債務不履行事由の発生があったかどうかなどをモニターする義務はないとする規定も新設された（26.9項 No duty to monitor）[83]。これは、LSTAモデル契約条項セクション3(c)で、後述の貸付実行のための前提条件の充足に関する確認義務を含め、すでに定められていた内容である。

　以上に対して、エージェントの責任範囲を実質的に限定したものと解釈される改正がある[84]。

　第1に、従来からエージェントは貸付の実行のための前提条件が充足されたことを借入人および貸付人に通知する義務を負う規定（4.1(a)）があったが、これに加えて、エージェントはその通知をしたことから生じいかなる損害および費用等について責任を負わない旨の規定が追加された（4.1(b)）[85]。

　第2に、責任の排除（Exclusion of liability）の項（26.10）に、貸付契約から生じるエージェントの責任は現実の損害に限定され、得べかりし利

---

81) フランス法版は25.2項(a)、ドイツ法版は26.2項(a)で追加されている。
82) フランス法版では25.10項(a)(i), (ii)、ドイツ法版では26.10項(a)(i), (ii)に関連づけられている。2009年版推奨契約書式26.9項の責任排除条項は次のように規定していた。「エージェントは、本契約のもとで行ったいかなる行為についても責任を負わない。ただしエージェントに重大な過失又は故意があった場合はこの限りでない。」
83) モニタリング義務は、フランス法版では25.9項、ドイツ法版では26.9項でそれぞれ排除されている。
84) ACTガイド・前掲注60) 118頁参照。
85) フランス法版では4.1項(b)、ドイツ法版では4.1項(b)で免責されている。

第3部　シンジケート・ローン契約書の比較

益や特別、懲罰的、間接または結果損害については、エージェントが損害の可能性を知っているか否かに関わらず（whether or not the Agent has been advised of the possibility of such loss or damages）、責任を負わないとの規定が追加された 26.10(e)[86]。

なお、以上のLMA契約書ではアレンジャーも当事者としながら、貸付契約書に関していかなる当事者に対してもいかなる義務も負わないと定めている（26.4項）[87]。

英国法に準拠するLMA契約書のエージェントに関する免責規定については、フランス法およびドイツ法に準拠する契約書式にも同内容の規定があることを注記した。そのいずれにおいても、エージェント（およびアレンジャー）の信認義務を一般的に排除しながら、信認義務の下では義務違反となるような個別の行為について、エージェントの責任・義務を排除する具体的な規定をおくという共通の構造がみられる。

最後に契約書式の比較について、若干の指摘をしたい。

第1に、フランス法版LMA契約書は保証人（guarantor）を契約当事者に含めながら、英国法版およびドイツ法版では18項に規定されている「保証及び補償（Guarantee and Indemnity）」に該当する項が存在しない。

第2に、信認義務の排除に関する一般規定は、ドイツ法版LMA契約書ではつぎのように英語の規定ぶりが異なっており、またドイツ語で補足されている（26.5項）。

> No fiduciary duties
>
> (a) Nothing in any Finance Document constitutes the Agent or the Arranger as a trustee（Treuhänder）of any other person. Neither the Agent nor the Arranger has any financial or commercial duty of care（Vermögensfürsorgepflicht）for any person.

---

86) フランス法版では25.10項(e)、ドイツ法版では26.10項(e)が免責規定である。
87) フランス法版では25.4項、ドイツ法版では26.4項に該当する。

第3章　貸付人間の関係

　第1文では、英国法版では「エージェント又はアレンジャーをその他の者の受託者（trustee）又は受任者（fiduciary）とするものではない」と定めていたが、ドイツ法版では第1文には「受任者（fiduciary）」という言葉がなく、「受託者（trustee）とするものではない」と定めている。また、受託者（trustee）という英語をかっこ書きでドイツ語のTreuhänderと補足している。

　ドイツ法版では英国法版には存在しない第2文が追加されており、「エージェント又はアレンジャーは、いかなる者に対しても財産上の注意義務を負わない」と定めている。「財産上の注意義務を負わない」という文言は、括弧内で"*Vermögensfürsorgepflicht*"と補足されているが、これはドイツ法で他人の財産上の利益を保護する義務を意味する[88]。したがって、この第2文が、英国法準拠版の「受任者（fiduciary）」とするものではないという部分に該当すると考えられる。

　契約条項に関する本格的な比較法的検討は、今後の課題にしたい。

　⑵では、LMA契約書を採用した実際の契約書例について若干の検討を加える。英国法に準拠する実際の契約例では、LMAの推奨契約書式がどのように用いられているのだろうか。

(2) 英国法による契約書例1

　契約書例1は[89]、買収先企業の株式公開買付けのために英国で設立された[90]原借入人とロンドンを中心とする原貸付人ら（アレンジャー）が英国のHSBC銀行をエージェントとして締結した英国法に準拠したローン契約（ポンド建てのターム・ローン、多通貨リボルビング・ローンや

---

88) ドイツ刑法典266条背任（Untreue）は、「又は、法規、官庁の委任、法律行為若しくは信任関係に基づいて負担する、他人の財産上の利益を守る義務に違反し（oder die ihm kraft Gesetzes, behördlichen Auftrags, Rechtsgeschäfts oder eines Treueverhältnisses obliegende Pflicht, fremde Vermögensinteressen wahrzunehmen, verletzt）」と定める。ドイツ民法典1353条夫婦共同体1項第2文参照。
89) "BELL FINCO LIMITED (as the Parent) and BELL BIDDER LIMITED (as the Company) and BARCLAYS BANK PLC,.. (as Arrangers) and HSBC BANK PLC (as Agent)...SENIOR TERM AND REVOLVING FACILITIES AGREEMENT, Dated 30 September 9 2015."

単一の貸付人による融資が、買収資金、借り換え、一般的な運転資金などの目的に応じて組み合わされている）である。

まず、アレンジャーはこの契約上いかなる義務も負わないとしている(32.4)点は、LMA 契約書式と同じである。同様に、エージェントの義務は機械的かつ事務的なものであると定めている (32.5(a))。

32.5 項(a)ではエージェントおよびアレンジャーに加えて、スタンドバイ信用状発行銀行についても信認義務を排除している。同(b)ではLMA 契約書式と同様にエージェントらに自己が稼いだ利益を保持することを認めている。さらに LMA 契約書式にはない(c)が設けられているが、これはエージェントが貸付人らまたは借入人・保証人との取引で利益を得た場合であって、この契約に基づいてエージェントに対して支払うべき手数料等は減額されないとするものである。さらに、LMA 契約書式と同様に、エージェントらの借入人との取引 (32.5) を認めて、エージェントによる復エージェントへの委任 (26.5.4) を認めている。

契約書例 1 では、指図の項は多数貸付人に加えて特別多数貸付人を加えている以外は、定められた数の貸付人による指図に従った作為または不作為についてエージェントは責任を負わない旨を LMA 契約書式とまったく同じ文言で定めている (32.2)。責任の排除の項 (32.10) ではエージェントらは過失（negligence）その他のあらゆる責任類型を問わず、列挙された事項について責任を負わないと規定し、(ii)で権利、権限等の行使・不行使があげられている。LMA 契約書式の定めでは、(ii)の場合には故意または重過失による免責は認めないが[91]、契約書例 1 も同趣旨であると思われる。

債務者の履行をモニターする義務は、修正後の LMA 契約書式と同様に定められている。

LMA 契約書式においてエージェントの責任範囲を実質的に限定した

90) "Chime Communications Agrees To GBP374 Million WPP-Providence Takeover" viewed at: http://www.morningstar.co.uk/uk/news/AN_1438328269257821800/chime-communications-agrees-to-gbp374-million-wpp-providence-takeover.aspx#sthash.vdXk-t4P4.dpuf.

91) 前掲注 82) 以下の本文参照。

ものと解釈された点[92]については、第1に貸付実行の前提条件の充足に係る通知義務についてもLMA契約書式と同じように、通知をしたことによる損害についての免責が定められている（4.1(b)）。第2に、責任の排除の項で、2014年版LMA契約書式における追加が反映され、エージェントの責任の現実損害への限定、得べかりし利益や間接損害等の免責が規定されている（32.10(e)）。

以上から、契約書例1はエージェントの免責についてLMA契約書式と変わらない規定を設けているといえる。

(3) 英国法による契約書例2

契約書例2は[93]、借入人のオランダ法人、その親会社で保証人のイスラエル法人、複数のアレンジャーおよびエージェントの三井住友銀行ヨーロッパ子会社を同時に貸付人とする、米ドルまたはユーロの2通貨選択制のレボルビング・ローン（契約準拠法は英国法）である。

この契約書では、26項はエージェントの役割についてのみ規定し、アレンジャーについての規定は免責条項を含めて存在しない。まず、エージェントの義務は機械的かつ事務的なものであると定めている（26.2.5）点は、LMA契約書式と同じである。

26.3.1項ではエージェントについてのみ信認義務を排除し、26.3.2ではLMA契約書式と同様に自己が稼いだ利益を保持することを認めている。同様に、借入人との取引（26.4）や復エージェントへの委任（26.5.4）も認めている。

多数貸付人の指図の項では、多数貸付人の指図に従った作為または不作為について責任を負わないと定め（26.6.1）、責任の排除（Exclusion of liability）の項（26.8）では、エージェントが貸付契約に従って行った行為については重大な過失または故意以外について責任を負わないと一般的に（権限の行使・不行使についてではなく）定める（26.8.1）など、LMA契約書式とは少し異なる。

---

92) 前掲注85)以下の本文参照。
93) "US$1,705,000,000 Revolving Credit Facility Agreement Dated 23 March 2015."

第 3 部　シンジケート・ローン契約書の比較

　契約書例 2 では、LMA 契約書でみられた債務者の履行をモニターする義務は定められていない。

　最後に、LMA 契約書式でエージェントの免責範囲を広げたとされる事項について、契約書例 2 では第 1 に貸付実行の前提条件の充足に係る通知義務の規定はあるが（4.1）、通知をしたことによる損害についての免責は定められていない。第 2 に、責任の排除の項（26.8）やその他の項には、得べかりし利益や特別、懲罰的、間接または結果損害に関するエージェントの免責規定はみられない。これに対して、間接損害の賠償責任の放棄（Waiver of Consequential Damages）の項では、借入人に対する貸付人の間接、結果または懲罰的損害に関する責任を免責する規定は置いている（26.17）。

　以上からは、契約書例 2 では信認義務の排除を具体化したモニタリング義務の排除が定められておらず、また LMA 契約書式でエージェントの責任範囲を実質的に限定したものと解釈された免責条項も設けられていないことがわかる。よって、契約書例 2 は、契約書例 1 よりもエージェントの責任が認められる範囲が広くなる可能性がある。

　以上の検討の結果、契約書例 1 がエージェントの免責について、LMA 契約書と同程度に規定していると考えられるのに対して、契約書例 2 は 2014 年版 LMA 契約書式で追加されたエージェントの免責条項の一部を欠いている。2 つの例の比較からはこの相違を説明することはできない。ここでは契約書例 1 が企業買収の器（vehicle[94]）を借入人とする複雑な仕組みを持つのに対して、契約書例 2 は借入人自体の運転資金や借り換え資金のための比較的シンプルな 2 通貨選択制レボルビング・ローンであること、および 3(1)でみたように、LMA 契約書の投資家向け書式より投資適格が低い借入人向け（レバレッジド・ローン）書式のほうが詳細なエージェント条項を置いていることを指摘するにとどめる。

---

94) Morningstar・前掲注 90) 参照。

第 3 章　貸付人間の関係

(4)　英国法以外による契約書例

最後に英国法以外の法に準拠する契約書例をみておく。

第 1 に、つぎのようなドイツ法を準拠法とする契約書例がある。ドイツの有限責任会社が借入人となり、ドイツの銀行をアレンジャー、エージェントとして、この銀行とロンドンに支店を有する 3 行が貸付人となって締結されたユーロ建てのリボルビング・ローンである[95]。

この契約書で特徴的なことは、エージェントがドイツ民法典 181 条により課されうる自己契約と双方代理の禁止（日本民法 108 条参照）を、アレンジャー、借入人および保証書発行銀行が免除する規定があることである。アレンジャーについては、LMA 契約書式と同様に、この契約上の義務を一切負わないと規定している（27.3）。つぎに、LMA 契約書式が追加したエージェントの義務は機械的かつ事務的なものであるとの規定はみあたらない（27.2 項参照）。

ドイツ法準拠の契約書例は、上で検討したドイツ語版 LMA 契約書式と同様に、エージェント（契約書例ではアレンジャー及び／又は保証書発行銀行が加わる）は受託者（Treuhänder）ではなく、他人の財産上の利益を保護する義務（Vermögensfürsorgepflicht）を負わないと定め（27.4.1）、同時に自己が稼いだ利益を保持することを認めている（27.4.2）。借入人との取引を許容する条項はみあたらないが（この契約は貸付人一般の自己の業務を行う権利を妨げないという 28.1 項は LMA 契約書式と同趣旨である）、復エージェントへの委任（27.5.7）は認めている。

この契約書例は、2014 年版推奨契約書式の一般的な指図の規定とは異なり、2009 年版と同様の「多数貸付人の指図」という項を置き[96]、エージェントは多数貸付人の指図に従った作為または不作為について責任を負わないと定めている（26.6.1）。つぎに責任の排除の項（27.8）では、エージェントらの貸付契約に従った権限の行使・不行使による責任につ

---

95) "Revolving Credit Facility Agreement dated November 25, 2014 among Zellstoff Stendal GmbH, UniCredit Bank AG, Credit Suisse AG, London Branch, Royal Bank of Canada and Barclays Bank PLC."

96) 前掲注 80) および本文参照。

第3部　シンジケート・ローン契約書の比較

いては故意または重大な過失がない限りこれを負わないとして（27.9.1）、LMA契約書式と同様の定め方をしている。

このドイツ法準拠の契約書例では、英語版、ドイツ語版LMA契約書と同様に、債務者の履行をモニターするエージェントの義務が排除されている。

貸付実行の前提条件に関する通知義務や免責についての規定がないのは、この契約が最上位の親会社からの融資等の実施等を条件としているからだと思われる。また、責任の排除の項はアレンジャーと保証書発行銀行も対象となっているが、本件契約から生じる損害賠償責任については、エージェントの責任のみ現実損害に限定されている（27.9.5）。

第2に、つぎのフランス法に準拠する契約例[97]はエネルギー会社の再編のための企業買収に関する60億ユーロのターム・ローンであり、フランス法人の親会社（保証人を兼ねる）とベルギー法人の子会社が借入人となっている。この例はLMA契約書が2014年に改定される以前のものであり、上でみたエージェントの免責範囲を広げるものと解釈されている条項はみあたらない。まず、貸付実行の前提条件の充足に係る通知義務も通知による損害に関する免責も定められていない。つぎに、責任の排除の項（23.9）やその他の項には、エージェントの損害賠償責任を現実損害に限定する免責規定もみられない。もっともこの契約書例では保証人（guarantor）が重要な役割を果たすが、フランス法版LMA契約書と同じく「保証及び補償」の項がなく、別途フランス法に準拠する英文の独立保証契約書（independent guarantee agreement）を締結している[98]。

LMA契約書での日本法に準拠する契約例はみつかりにくいが、存在

[97] " € 6,000,000,000 CREDIT FACILITIES AGREEMENT 4 MAY 2012 GDF SUEZ S.A.and ELECTRABEL SA/NV as Borrowers arranged by BANC OF AMERICA SECURITIES LIMITED…with BNP PARIBAS as Facility Agent."

[98] "Guarantee means the autonomous guarantee（garantie autonome）granted by the Guarantor in favour of the Facility Agent and the Finance Parties under the French law English language independent guarantee agreement…" フランス法準拠契約書例、前掲注97) 1.1 Definitions 参照。

する。まず少し古い例であるが、日本企業を借入人とする製造設備の購入などを目的とする円建てのターム・ローンの例（以下「日本法による契約例1」という）がある[99]。この例では、エージェントを事務エージェント、担保エージェントおよび支払エージェントに分けている点に留意する必要がある。

この例は古いので、LMA契約書でエージェントの免責範囲を広げたとされる改訂について、第1に貸付実行の前提条件の充足に係る通知義務は定められているものの（4.1）、通知をしたことによる損害についての免責は定められていない。第2に、責任の排除の項（24.10）やその他の項には、エージェントの損害賠償責任を現実損害等に限定する免責規定はみられない[100]。

その他の点では、日本法による契約書例1はエージェントの責任・義務について次のように定めている。すなわち、事務エージェントと支払代理人の義務（担保代理人の義務を除く）を機械的、事務的なものとすること、アレンジャーを契約義務から原則的に排除すること、アレンジャーとエージェントの信認義務を一般的に排除し（24.5(a)）自己のために得た利益の保持を許容すること（24.5(b)）、エージェントとアレンジャーによる借入人との取引を許容すること（24.6）、担保エージェントに本件契約上の権限を復エージェントに委任できる広範な権利（復エージェントがさらに復エージェントを選任することを含む）を認めその場合の違法行為または不履行による損害の免責が定められていることである。以上の点では、復エージェントへの権限委任の広さを除けば、現在のLMA契約書式と大差はないといえる。

これに対して、日本法による契約例1には貸付人からの指図に基づく

---

99) "SENIOR FACILITY AGREEMENT dated 30 March 2007 for SPANSION JAPAN LIMITED arranged by GE CAPITAL LEASING CORPORATION as Mandated Lead Arranger and SUMISHO LEASE CO., LTD. and MITSUI LEASING & DEVELOPMENT, LTD.as Sub-Arrangers WITH GE CAPITAL LEASING CORPORATION acting as Administrative Agent RESONA BANK, LIMITED acting as Paying Agent and GE CAPITAL LEASING CORPORATION acting as Security Agent."

100) 2009年版LMA契約書、前掲注80）の26.9項の責任排除条項とほぼ同様の定めをおいている。

行為・不行為による損害賠償責任の免責やエージェントのモニタリング義務の排除規定はみられない。結局、この契約書例には2014年版LMA契約書で採用された修正点は反映されていないが、それ以前のLMA契約書式には準拠しているといえる[101]。

最後に、日本の電機メーカーが借入人となった日本法を準拠法とする多通貨選択型ターム・ローンの例（以下「日本法による契約例2」という）に少しふれておく[102]。この2番目の例は、当初の貸付人が米国系銀行のロンドン支店でありエージェントが同じ銀行の日本法人という、形式面ではシンジケート・ローンではなく、単独行による貸付といえるものである。それにもかかわらず、シンジケート・ローンを前提とするLMA契約書によっており、上の(1)で検討した新しいLMA契約書のエージェントに関する条項をほぼそのまま採用している点に特徴がある。

日本法による契約例2のもう1つの特徴は、セクション9の貸付人の変更において、債権の譲渡（assign any of its rights）または更改による契約の地位の移転（transfer by novation any of its rights and obligation）には原則として借入人の同意が必要とされる（24.2）のに対して、貸付人はローン契約上の権利や契約上の地位を銀行その他の金融機関またはトラスト、ファンドなどに譲渡・移転することができ（22.1(a)）（「新貸付人」の範囲についてはLMA契約書式（24.1）と同じ）、その譲渡・移転には原則として借入人の同意は必要ない（22.2）という点にみられる。

日本法による契約例2は、単独または複数の新貸付人に権利や地位を移転することを前提にしているので、複数の貸付人のためのLMA契約書を利用したものと思われる。

---

101) 前掲注80）から87）の本文参照。
102) "BROTHER INDUSTRIES, LTD. AS THE BORROWER WITH CITIBANK JAPAN LTD. ACTING AS AGENT AND OTHERS £1,073,000,000 TERM FACILITY AGREEMENT." 2015年3月10日付。

第3章　貸付人間の関係

(5)　LMA契約書式と実際の契約例——まとめ

　英国法に準拠するLMA契約書のエージェントに関する免責規定については、フランス法およびドイツ法に準拠する契約書式にも同内容の規定があることは(1)でみた。ドイツ法版書式だけが「受託者（trustee）又は受任者（fiduciary）とするものではない」という部分の規定ぶりを2つの文章に分け、第1文では、「受託者trusteeすなわちTreuhänderとなるものではないと規定し、第2文では受任者（fiduciary）の部分を「いかなる財産上の注意義務（他人の財産上の利益を保護する義務 *Vermögensfürsorgepflicht*"）も負わない」と規定していることは、契約準拠法による契約の規定ぶりの変容を表すものといえる。

　英国法、フランス法およびドイツ法のいずれの準拠版においても、エージェント（およびアレンジャー）の信認義務を一般的に排除しながら、信認義務の下では義務違反となるような個別の行為について、エージェントの責任・義務を排除する具体的な規定をおくという共通の構造がみられる。

　この構造は、(2)の英国法による契約書例1および(3)の契約書例2に共通している。さらに、(4)で分析したドイツ法による契約例、フランス法による契約例、日本法による契約例1および日本法による契約例2においても、LMA契約書と同じエージェント条項の構造がみられる。ドイツ法による契約書例では、ドイツ法版LMA契約書と同様に、規定ぶりをドイツ法に合致するように変容させている。

　以上の信認義務を排除する基本構造のなかで、2014年以降に締結された契約書例は、英国法またはそれ以外の国の法に準拠するか否かを問わず、LMA契約書がエージェントの免責条項を詳細で具体的なものに改訂したことの影響を受けていることがわかった。しかしながら、当然予想されるように、LMA契約書式の具体的な免責規定がどの程度実際の契約書例に採用されるかは、取引の特徴によって異なっている。

　(4)で検討したドイツ法による契約例では、ドイツ民法典181条による自己契約と双方代理の禁止を本人の同意により排除しているが、これはLMA契約書式の具体的な免責規定を準拠法によって変容させたものと

いえる。日本法も民法108条に類似の規定を有するが、日本法による契約書例1でも2でも、この規定による影響はみられない。

4　JSLA 契約書

(1)　JSLA 契約条項におけるエージェントの義務と責任

JSLA は、日本国内で組成されるシンジケート・ローン契約のために 2013 年（平成 25 年）に「コミットメントライン契約書（案）[103]（以下「C 契約書」という）と「タームローン契約書（案）」以下「T 契約書」という）を作成した。エージェントの権利義務に関する C 契約書 25 条が定める内容は、T 契約書 21 条についても同じであるので[104]、以下では C 契約書を中心に検討する。なお、LMA 契約書とは異なり、JSLA の契約書はシンジケート・ローンの組成が完了するとアレンジャーの役目が終わるからという理由で、アレンジャーを契約当事者から除外している[105]。

C 契約書 25 条 1 項は、エージェントの権利義務を明示的に定められたものに限定し、同 25 条 3 項は契約上の責務を果たし権限を行使するにあたっての義務を善管注意義務（民法 644 条参照）に限定している。さらに C 契約書 25 条 4 項は、エージェントの責任を故意または［重］過失の場合に制限している[106]。

C 契約書 25 条 1 項は、次のように定める。

103）平成13年（2001年）版では「リボルビング・クレジット・ファシリティ契約書」と呼ばれていた。「コミットメントライン」という用語は日本独自の用法である。少なくとも上で検討したLSTAのモデル条項およびLMAの推奨契約書の考え方では、「コミットメント（信用供与約束）」はリボルビング・ローンに限らず、タームローンでも当然存在する。シンジケート・ローンに限らず、一定の金額を貸す約束（コミットメント）のもとで返済・再借入を認めることによって、コミットメントの額が「融資枠」として機能するだけである。

104）JSLAローン契約書解説145頁参照。

105）JSLAローン契約書解説2頁参照。

106）JSLAローン契約書解説84頁は、軽過失に基づくエージェントの責任を免責するか否かについては実務上両様の事例が多数みられるため、選択式の規定としていると説明する。平成13年度版、前掲注103）では、この選択肢は規定されていなかった。

エージェントは、全貸付人の委託に基づき、全貸付人のためにエージェント業務を行い、権限を行使し、エージェント業務を行うに際し、通常必要または適切とエージェントが認める権限を行使する。エージェントは、本契約の各条項に明示的に定められた義務以外の義務を負わず、また、貸付人が本契約に基づく義務を履行しないことについて一切責任を負わない。また、エージェントは貸付人の代理人であり、別段の定めのない限り借入人の代理人とはならない。

C契約書25条3項は次のように定める。

エージェントは、本契約に定める責務を果たし権限を行使するにあたり、善良な管理者としての注意を払う。

同25条4項前段は次のとおりである。

エージェントまたはその取締役、従業員もしくは代理人は、本契約に基づいて、または本契約に関連する行為、不作為について、故意もしくは［重］過失がない限り、貸付人に対して一切の責を負わない。

C契約書25条1項のエージェントが本契約の各条項に明示的に定められた義務以外の義務を負わないということについては、社債管理会社（社債管理者）の責任と比較して、JSLAローン契約書解説はつぎのように説明している[107]。

受任者が負う善管注意義務の内容は、当事者間の知識・才能・手腕の格差、委任者の受任者に対する信頼の程度等に応じて判断されると解されている[108]。また、大きな権限を与えられた受任者程大きな責任を負い、さらに、委任者によるコントロールが受任者に及びにくい程大きな

---

107) JSLAローン契約書解説 83 頁。
108) JSLAローン契約書解説 83 頁の脚注 30 では、内田貴『民法 II 債権各論〔第 3 版〕』291 頁（東京大学出版会、2011 年）が参照されている。

責任を負うと考えられる[109]。この点、C契約書においてエージェントが、①主として事務的、機械的な業務に関する権限を付与されていること、②各貸付人が金融機関という貸付の専門家であり、多数貸付人がエージェントを解任できること（C契約書26条2項参照）とされているので、エージェントの責任は社債管理会社等の責任よりも相当程度軽いものと考えることが可能である[110]。

結局、エージェントの義務を「本契約の各条項に明示的に定められた義務」に限定したのは、エージェントの義務を可及的に明確化する趣旨だという。

JSLAローン契約書解説は、エージェントと社債管理者の責任との比較をさらにつぎのように説明する。

社債の場合は、社債権者は法定代理人である社債管理会社を通じて権利行使をするより方法はなく、社債権者は社債管理会社に対する依存の度合が極めて高いために、社債管理会社は公平誠実義務（会社法704条1項）を課されているものと考えられる。これに対し、シンジケート・ローンにおいては貸付人の個別権利行使が原則とされているので、エージェントに対する依存の度合は契約上相当に低い。したがって、エージェントの義務は社債管理会社の義務とは異なる[111]。

また、JSLAローン契約書解説は総論部分において「本契約書案は、エージェントは貸付人の代理人として、貸付人に対して善管注意義務を負い、エージェント業務に関して貸付人に対して故意のほか過失または重過失（本コミットメントライン契約書案第25条4項、本タームローン

---

109) JSLAローン契約書解説の脚注31では、樋口範雄『フィデュシャリー［信認］の時代――信託と契約』131頁（有斐閣、1999年）が参照されている。

110) JSLAローン契約書解説の脚注32では、「金融取引におけるフィデュシャリー」に関する法律問題研究会「金融取引の展開と信認の諸相」金融研究第29巻第4号179～264頁（2010年10月）が参照されている。その222～234頁は「6．社債管理者に関する問題――シンジケート・ローンにおけるエージェントとの比較を含む」ものであり、231頁で社債における会社法710条2項のような責任をエージェントに課す必要はないと考えられるという。森下哲朗「シンジケート・ローンにおけるアレンジャー、エージェントの責任」上智法学論集51巻2号1～76頁、71頁（2007年）参照。

111) JSLAローン契約書解説88頁の脚注29。牛嶋將二＝佐藤正樹＝塩澤和彦ほか「シンジケート・ローン実務の法的側面」金法1591号34頁が参照されている。

契約書案第 21 条第 4 項参照）による責任を負うものとして作成されています」[112]と説明している。また、C 契約書 25 条 3 項の解説でも、同条「第 1 項の定めにより、エージェントは本契約上明定される義務以外を負担しておりません。従って、本項は、本契約上明定された義務を遵守する場合の義務の程度として善管注意義務を想定している旨明定したものです（傍点筆者）。」[113]と説明している。

JSLA ローン契約書解説の以上の説明は、エージェントの責任は、C 契約書 25 条 1 項、3 項および 4 項の条項によって、善管注意義務違反の場合に限定され、社債管理者が公平・誠実義務[114]（会社法 704 条 1 項）によって負う責任より「相当程度軽いもの」であり、それは社債管理者の公平・誠実義務とは「異なる」と整理できる。

社債管理者は会社法 704 条 1 項により公平かつ誠実に社債を管理する義務を負うが、ここで公平義務とは、多数の社債権者を公平に取り扱う義務をいう。誠実義務とは、自己または第三者の利益と社債権者の利益が相反する場合に、社債管理者は自己または第三者の利益をはかって社債権者の利益を害することは許されないという意味である。この誠実義務とは、株式会社の取締役について定められている忠実義務（会社法 355 条）と同様の義務と解されている[115]。

Ⅱで検討したように、忠実義務はエージェントに課される信認義務の中核をなす。判例は、取締役の忠実義務（会社法 355 条）と善管注意義務（民法 644 条）が同じ内容だという論理を採用する[116]。最近では、信託の受託者について認められる忠実義務や公平義務をすべての受任者に

---

112) JSLA 契約書解説 2 頁。
113) JSLA 契約書解説 84 頁。
114) 会社法 704 条は、社債管理者の義務に関する規定である。1 項は「社債管理者は、社債権者のために、公平かつ誠実に社債の管理を行わなければならない。」と規定し、社債管理者が公平・誠実義務を負うことを明らかにしている。なお、同条 2 項は、「社債管理者は、社債権者に対し、善良な管理者の注意をもって社債の管理を行わなければならない。」と規定し、善管注意義務を定めている。
115) 上柳克郎＝鴻常夫＝竹内昭夫編『新版注釈会社法　第 2 補巻　平成 5 年改正』171 頁〔神田秀樹〕（有斐閣、1996 年）参照。
116) 最判昭和 45 年 6 月 24 日民集 24 巻 6 号 625 頁参照。

ついて善管注意義務の内容として認めようという見解[117]や委任契約の受任者にも信託類似の義務（信認義務）を認めうるという見解[118]も主張されている。

これらの見解のように、もし受任者の善管注意義務に信認義務の中核となる忠実義務が含まれるとすれば、JSLA の C 契約書 25 条 1 項、3 項および 4 項の条項だけでは、エージェントは信認義務を免れることはできないのではないかとも考えられる。

まず、C 契約書 25 条 3 項が定める責務を果たし権限を行使する際の善管注意義務について。

民法 644 条によれば、受任者は、委任の本旨に従い、善良な管理者の注意をもって、委任事務を処理する義務を負う。この「善管注意義務」とは、受任者と同様な職業・地位にある者に対して一般に期待される水準の注意義務であると説明される[119]。この考え方によれば、シンジケート・ローンのエージェントには、「排他的な忠誠」を要求できるほどの忠実義務は本来期待されないと思われる。

また、委任契約の当事者としてのエージェントは、あくまでも「委任の本旨に従い」委任事務を処理する義務を負うに過ぎない。エージェントが信認義務を負うと解釈されると、もっぱら相手方の利益を図るために最高度の信義誠実を尽くして行動することが求められる。このような結果は、シンジケート・ローン契約が、参加者が貸付けのプロであり、対等な当事者として独立の義務を負いつつ同一の条件で一つの契約書に締結したという建前と矛盾することになる。さらに通常の注意義務を超えて相手方の利益のために行動する義務（信託法 30 条の忠実義務参照）が課されると、貸付人は各自独立して個別的に責任を負担する（C 契約書 2 条(2)、(3)、LMA 契約書 2.2 参照）という一般的なシンジケート・ローンの考え方とも矛盾することになる[120]。

117) 道垣内弘人『信託法理と私法体系』170〜173 頁参照（有斐閣、1996 年）。
118) 大村敦志「現代における委任契約──「契約と制度」をめぐる断章」中田裕康＝道垣内弘人編『金融取引と民法法理』95 頁以下（有斐閣、2000 年）参照。
119) 内田・前掲注 108) 291 頁参照。
120) 松岡・前掲注 2) 166〜167 頁参照。

以上のように、①シンジケート・ローンのエージェントに対して一般に期待される水準の注意義務という点および②ローン契約に含まれる委任の本旨をなすエージェントとその他の貸付人の対等性と独立性を考慮すれば、JSLAのC契約書25条3項が定める「善管注意義務」の内容[121]には、忠実義務に代表されるような信認義務は含まれないと解釈できる。

次に、エージェントの責任を故意または過失の場合に限定するC契約書25条4項について。

ここで具体的に考えるために、米国のChemical Bank事件判決[122]の考え方を参考にする。この事件では、被告銀行はエージェントとなったことで信認義務を負担し、被告には信認義務に違反する行為があったと認定されながら、「エージェントは自己の重大な過失または故意の非行（gross negligence or willful misconduct）」による以外の責任を負わないという条項によって、エージェントは免責された。

この判決の考え方に従えば、エージェントの行為がたとえⅢでみたような、もっぱら相手方の利益を図るために最高度の信義誠実を尽くして行動しなければならない義務、すなわち信認義務に違反するとしても、エージェントの責任を故意または［重］過失の場合に制限するC契約書25条4項は、信認義務違反の結果を免責する効果を有するといえるだろう。

以上のように、JSLAのC契約書25条1項、3項および4項の条項を一体的に解釈すれば、シンジケート・ローンのエージェントは他の貸付人に対する信認義務を免れることができるといえる。

結局、JSLA契約書に規定されたエージェントの義務は、契約上の権限・義務への限定（25条1項）、責務の履行・権限行使の際の善管注意義務（25条2項）および故意または重過失以外の免責（25条4項）を一

---

121) 道垣内弘人「善管注意義務をめぐって」法教305号37頁以下（2006年）は、従来「善管注意義務」といわれてきたのは、「善良な管理者の注意」という基準によって具体的に定まった委任事務処理義務の内容に、受任者が違反していることであるという。
122) 20 F.3d 375 (9th Cir., 1994). この判決については、黄・前掲注3) 231〜232頁参照。

般的な枠組みとしていると整理できる。

(2) LSTAモデル契約条項およびLMA契約書との比較

　JSLA契約書は、以上のエージェントの義務の一般的な枠組みのなかで、①復代理等の許容[123]、②借入人との取引の許容、③本契約外取引からの借入人情報の開示義務の免除および④本契約外の取引における借入人からの支払の分配義務の排除を定めている（C契約書25条8項）。

　上の2および3で検討したように、①の復代理等の許容については、LSTAモデル契約条項モデル条項のエージェント章セクション5およびLMA契約書26.7項(f)、②借入人との取引の許容についてはLSTAモデル契約条項セクション2およびLMA契約書26.6、③の借入人情報の開示義務の排除と免責についてはLSTAモデル契約条項セクション3の1項(c)が、そして④の自己利益の保持の許容についてはLMA契約書26.5項(b)がそれぞれ対応する。

　ところで、LSTAモデル契約条項およびLMA契約書のエージェンシーに関する条項は、エージェントの信認義務を一般的に排除し、信認義務の下では義務違反となるような行為を認める具体的な規定をおく構造を共通して有していた（3(1)参照）。これに対してJSLA契約書が信認義務の一般的排除と具体的許容規定という構造を採用しないのは、日本法の代理に関する法とLSTAモデル契約条項およびLMA契約書が対象とする州や国（法域）の法におけるエージェントに関する規律が異なるからだろうか。

　JSLAローン契約書解説はその8項で、「エージェントは貸付人の代理人とされるので、エージェントが借入人との間で本契約に基づく取引以外の取引を行う場合には、受任者としての忠実義務に基づき、利益相反の問題を生じ得る」が「本人である他の貸付人からの同意により」上記②、③および④について「エージェントの忠実義務との関係で免責を得ることが可能」と説明している。これは、Ⅱでみたエージェントには英

---

123) C契約書25条4項は、「エージェントまたはその取締役、従業員もしくは代理人は……、貸付人に対して一切の責を負わない」と定める。

米法における信認義務が推定されるとの考え方と同じである。

　日本法においても本人と代理人の間には一般的に信認関係が存在し、そこから忠実義務が課されると考えるなら[124]、JSLAの採用する契約上の義務への限定、義務の履行の際の善管注意義務および故意または重過失以外の免責と個別的な行為の許容・義務の排除という定め方より、LSTAモデル契約条項およびLMA契約書のようなエージェントの信認義務を排除してその効果を個別的な行為の許容・義務の排除で具体化する方法のほうが構造的にスッキリしている。3(4)で検討したように、LMA契約書のドイツ法版が、信認義務を排除する際にドイツ法の用語で説明し、さらに、代理人がドイツ法のもとで課される自己契約と双方代理の禁止（民法108条参照）を免除している契約例の存在が参考になるだろう。

Ⅳ　おわりに

　この章では、シンジケート・ローンのエージェントの義務に関してLSTAモデル契約条項およびフランス法およびドイツ法準拠版を含むLMA契約書とJSLAの契約書案を比較し、LSTA－LMAのような信認義務を一般的に排除する条項をおくほうが免責条項の構造が明確になることを示した。LSTAモデル契約条項を採用した契約書例およびLMA書式による実際の契約書例（英国法以外の法に準拠するものを含む）の検討からも、LSTA－LMA型のエージェント免責条項の構造は維持されていることがわかる[125]。

　以上の他、エージェントの免責条項の基本構造がグローバルに統一さ

---

[124] 四宮和夫＝能見善久『民法総則〔第9版〕』350〜351頁（弘文堂、2018年）参照。潮見佳男『民法総則講義』350頁（有斐閣、2005年）は、「本人と代理人には、信認関係（fiduciary relationship）が存在する」と英語を補って説明している。

[125] JSLA契約書案に依拠する契約書例は、日本学生支援機構を借入人とする「金銭消費貸借契約書（雛形）」のようなものしか公開されていない。LSTAモデル条項やLMA契約書のように実際の契約例がたくさん公開されてこそ、実務の切磋琢磨や試行錯誤による予見可能性の拡大によって契約書のマーケットも拡大するのではないだろうか。

れることによって、①免責条項を解釈するためのコストが低くなる、②信認義務を一般的に排除する条項を設けることによって個別の行為についての免責条項ではカバーできない場合の義務や責任を課されるリスクが減少するというメリットが考えられる[126]。

なお、LMA 契約書では明文で、LSTA モデル契約条項ではエージェントの「資格のいかんを問わず」の解釈として（Ⅲ2(1)）、エージェントの免責規定がアレンジャーにも適用されることとされている。Ⅲ4(1)でみたように、JSLA 契約書はシンジケート・ローンの組成が完了するとアレンジャーの役目が終わるという理屈でアレンジャーを除外しているが、もう少し実際的に考えてもよいように思われる。

もっとも、日本法を準拠法とするシンジケート・ローン契約にエージェントの信認義務を排除する条項を置いたとしても、信義則上の義務は排除できないと考えられる[127]。この場合には、当事者が契約で定めた以上の義務が裁判所により信義則を介して課せられることになり、予見可能性を欠くことになる[128]。アレンジャーの責任のように、信義則上の義務違反が不法行為とされる場合はなおさらである[129]。

(野村美明)

---

126) 野村・前掲注1) 564～566 頁参照。
127) 田澤元章「アレンジャーの利益相反行為（特集シンジケート・ローンをめぐる問題点）」ジュリ1471 号37～42 頁、42 頁（2014 年）参照。
128) JSLA「ローン・シンジケーション取引における行為規範」8 頁および12 頁注15 参照（2003 年）。
129) 最判平成24 年11 月27 日集民242 号1 頁参照。

第4章
当事者の交替

I　はじめに

　本章では、シンジケート・ローンの当事者の交替について、各契約書の比較を行う。比較対象とする契約書は、JSLA ローン契約書、LMA の英法準拠版契約書[1]、独法準拠版契約書[2]、仏法準拠版契約書[3]、そして、米国の LSTA モデル契約条項[4]である。

　当事者の交替として、契約書には、借入人の交替と貸付人の交替のそれぞれについて規定がある。そこで、まず、借入人の交替が、次に貸付人の交替が、それぞれの契約書にどのように記載されているか、その要件と効果を中心にみていく（II）。そして、借入人の交替については各契約書にほぼ差異がないことから、貸付人の交替に焦点を当てて比較し、各契約書上の当事者の交替に関する規定の差異について示したい（III）。

---

1) LMA Multicurrency Term and Revolving Facilities Agreement（11 Dec. 2014）.
2) German Law LMA Multicurrency Term and Revolving Facility Agreement（11 Dec. 2014）.
3) Convention d'Ouverture de Crédit Multidevises Comportant Un Crédit à Terme et Une Ouverture de Crédit Réutilisable（12 Nov. 2014）（仏語版）; Multicurrency Term and Revolving Facilities Agreement（11 Nov. 2014）（英語版）.
4) Bellucci and McCluskey, pp.659-707.

第3部　シンジケート・ローン契約書の比較

II　要件と効果

1　借入人の交替

まず、借入人の交替に関して、各契約書の規定を比較する。借入人の交替について、JSLA ローン契約書では、29 条の「地位譲渡」の第 1 項に借入人に関する地位または権利義務の譲渡について規定する。当該規定によれば、借入人は、「全貸付人及びエージェントが書面により事前に承諾しない限り」、「契約上の地位または権利義務を第三者に譲渡」できない。同様に、米国の LSTA モデル契約条項でも、借入人は、各貸付人およびエージェントの書面による事前承諾のない限り、契約上の権利ないし義務を譲渡（assign）または移転（transfer）できない、と規定する（Successors and Assigns (a)）。すなわち、JSLA ローン契約書と LSTA モデル契約条項とはともに、全貸付人とエージェントによる事前承諾を要件に、借入人の交代を認めるものと解される。

他方、LMA の契約書では、英法準拠版（25.1 条）、仏法準拠版（24.1 条）、独法準拠版（25.1 条）のいずれにも「借入人等の交替（Changes to the Obligors[5]）」の項目が設けられ、原則として、借入人等は、契約上の権利を譲渡（assign）すること、または契約上の権利ないし義務を移転（transfer）することができない、と規定される。

以上を図示すると、借入人の交替に関しては次の通りとなる。

---

[5] "Obligor" は借入人（Borrower）または保証人（Guarantor）を意味する（LMA 英法準拠版 1.1 条、独法準拠版 1.1 条、仏法準拠版 1.1 条）。仏法準拠版 24 条 1 項（英語版）は、標題では、「借入人等（Obligors）による譲渡および移転」としながら、その本文では、「借入人（Borrower）」の譲渡または移転として規定する。しかし、同規定の仏語版では、標題・本文ともに「借入人（Débiteur）」の語が用いられる。

172

第4章　当事者の交替

JSLAローン契約書 (29条1項)	LMA契約書 (英25.1、仏24.1、 独25.1)	LSTAモデル契約条項, (Successions and Assigns(a))
全貸付人およびエージェントの書面による事前承諾	契約上の権利の譲渡、または、契約上の権利ないし義務の移転はできない	各貸付人およびエージェントの書面による事前承諾
契約上の地位または権利義務の譲渡		契約上の権利ないし義務の譲渡または移転

　以上から、JSLAローン契約書・LSTAモデル契約条項とLMAの各契約書とでは、そもそも借入人の交替を認めるか否かの点で差異があるとわかる。他方で、JSLAローン契約書とLSTAモデル契約条項とでは、譲渡の要件およびその効果のいずれも類似する。借入人の交替については、JSLA、LSTA、LMAの契約書の比較からは、借入人の地位の交替を認めるか否か以上の違いをみて取ることはできない。したがって、本章では、以降、貸付人の交替に焦点を当ててみていくこととする。

2　貸付人の交替

　続いて、貸付人の交替について、それぞれの契約書の主たる要件および効果をみる。

(1)　JSLAローン契約書

　JSLAの契約書では、貸付人の交替については、「地位譲渡」(JSLAローン契約書29条（以下の条文は全てJSLAローン契約書のものとする））と「貸付債権の譲渡」(30条)とを規定する。地位譲渡については、①借入人およびエージェントの書面による事前承諾(29条2項柱書)[6]、②債権が譲渡される場合には、当該債権の譲渡に対する借入人の承諾と確定日付の取得(29条2項1号)[7]、③地位譲受人が特定の業種等であること(29条2項3号)、④地位の一部譲渡の場合の金額の制限(29条2項4

---

　6) これらの承諾は、合理的な理由なく拒むことができない(29条2項なお書以下)。

173

号)、⑤借入人の支払利息額が増加しないこと (29条2項5号) 等が要件としてあげられる。これらを充足すれば、本契約上の地位およびこれに伴う権利義務の全部または一部が譲渡される (29条2項柱書)。

他方、貸付債権の譲渡については、①譲受人が本契約の貸付債権に関連する各条項に拘束され (30条1項1号)、②地位譲受人が特定の業種等であり (30条1項2号)、③分割譲渡の場合の金額の制限 (30条1項3号)、④譲受人に対する借入人の支払利息額が増加しないこと (30条1項4号) が要件としてあげられる。さらに、譲渡の当事者は、⑤債権譲渡に関する第三者対抗要件および債務者対抗要件を具備し (30条2項第1文)、⑥エージェントに対して債権譲渡の事実を通知し (30条2項第1文)、借入人は、⑦「かかる譲受人への権利の移転及び譲受人による義務の負担につき、予め承諾するものとする」(30条2項第1文)[8]こと、が規定される。貸付債権の譲渡により、①譲受人には、本契約上の譲渡人の権利および義務のうち、譲渡される貸付債権に関連する一切の権利および義務が移転され (30条2項第2文)、②譲受人は、「貸付債権についての本契約の適用にあたっては、……契約上の貸付人として取り扱」われる (30条2項第3文)。

以上を図示すると次の通りとなる。

---

7) 本要件は、旧民法の下、民法467条の債権譲渡の第三者対抗要件具備のために設けられた (JSLAローン契約書解説97頁)。新法では、契約上の地位の移転に関し、新たな規定 (改正民法539の2) が設けられた。新法下でも契約上の地位に債権が含まれるときには、当該権利に係る第三者対抗要件の具備が求められることがある (潮見佳男『新債権総論Ⅱ』533～534頁 (信山社、2017年))。他方、債務者対抗要件については、シンジケート・ローン契約に別途規定する必要はないとされる。本項に従った契約上の地位の移転については、そもそも借入人による承諾が要件とされるためである (JSLAローン契約書解説98頁)。

8) 貸付債権の譲渡は、借入人への通知のみで行うことができ、借入人からの承諾までは不要とも解される (坂井158頁〔小幡映未子〕)。他方、実務上は、対抗要件具備のため、借入人の承諾を徴求することが多いとされる (ファイナンス法大全 (上) 431頁〔上野正裕〕)。

地位譲渡（29 条）	貸付債権の譲渡（30 条）
①借入人およびエージェントの書面による事前承諾 ②債権が譲渡される場合には、当該債権の譲渡に対する借入人の承諾と確定日付の取得 ③地位譲受人が特定の業種等 ④金額の制限 ⑤借入人の支払利息額が増加しない	①譲受人が本契約の貸付債権に関連する各条項に拘束される ②地位譲受人が特定の業種等 ③金額の制限 ④借入人の支払利息が増加しない ⑤債権譲渡に関する第三者対抗要件および債務者対抗要件の具備 ⑥エージェントに対する債権譲渡の通知 ⑦借入人は権利および義務の移転に関し予め承諾するものとする
本契約上の地位およびこれに伴う権利義務の全部または一部が譲渡	①譲受人に、本契約上の貸付債権に関連する譲渡人の権利および義務が移転（貸付義務を除く） ②譲受人を、「貸付債権についての本契約の適用にあたっては、……契約上の貸付人として取り扱」う

(2) LMA 契約書

次に、LMA 契約書の貸付人の交替について、英法準拠版、独法準拠版、仏法準拠版をみていく。

① 英法準拠版

英法準拠版の LMA 契約書では、貸付人の交替について、24 条を「貸付人の交替（Changes to the Lenders）」とし、そこで、貸付人は、「(a)権利の譲渡（assign）」と「(b)更改（novation）[9]による権利および義務の移転（transfer）」（以下では「権利および義務の移転」とする）とが可能である旨規定する（英法準拠版 LMA 契約書 24.1（以下の条文は全て、英法準拠版 LMA 契約書のものとする））。ただし、譲渡および移転先は、「他の銀

---

[9]「更改（Novation）」とは、「現存する契約を失効させ、新たな債権債務関係を創設する」契約とされ、「債務者が交代し、新たな債務者のみが債務を引き受ける契約がその典型」とされる田中英夫編『英米法辞典』（東京大学出版会、1991 年）。また、英国における貸付債権の譲渡の方法について説明した日本の文献として、森下哲朗「ローン債権市場の意義と法的問題」金法 1626 号 29 頁以下（2001 年）も参照。

行または金融機関であるか、ローン、証券ないしその他の金融資産の組成、購入ないし、投資を目的として設立ないし常時従事する（regularly engaged in）、信託、ファンドまたはその他の事業体」とされる（24.1）。

「権利の譲渡」、「権利および義務の移転」にはともに、①借入人の承諾が求められる（24.2(a)）。ただし、次の場合は例外とされる。すなわち、譲渡または移転が、(i)他の貸付人または貸付人の関連会社（Affiliate）に対してされる場合や(ii)デフォルト事由の継続する時点でなされる場合である（24.2(a)）。借入人の承諾は、不当に遅滞させたりこれを行わなかったりすることはできず、貸付人が譲渡や移転を求めてから5営業日以内に、借入人により明示的な拒否がされない限り、承諾されたものとみなされる（24.2(b)）。

「権利および義務の移転」には、さらに、②エージェントが移転証書（Transfer Certificate）に署名（execute）すること（24.5））も求められる。当該署名は、譲受人に対する移転に関し、あらゆる規制および法において必要な顧客確認（know your customer check）[10]またはその他の同様の基準を充足する場合にのみ、エージェントがこれを行う義務を負う（24.5(b)）。これにより、①譲渡人と借入人等（Obligors）は、移転証書で譲渡人が求める限りにおいて、本契約上の相互の権利を失い、追加的な義務から免責され（24.5(c)(i)）、②譲受人と借入人等は、譲渡人と借入人等に代わり譲受人と借入人等が取得しまたは負う限りにおいて、①の権利義務とは異なる権利および義務を相互に取得し、負うこととなり（24.5(c)(ii)）、③エージェント、アレンジャー、譲受人、そしてその他の貸付人は、譲受人が譲渡人であれば有したであろう権利および義務に等しい権利を取得し、義務を負い、その範囲において、アレンジャー、エージェントおよび譲渡人は、契約上の相互の追加的な義務から免責され（24.5(c)(iii)）、④譲受人は、貸付人（Lender）として契約の当事者とな

---

10) 顧客確認（know your customer check）とは、マネーロンダリングのリスクを最小化することを目的とし、借入人や投資家に関する適切な調査を行わせるものである（Wright at 361, Campbell at 557）。顧客確認に関しては、LMA英法版契約書20.7条、独法版契約書20.7条、仏法版契約書19.7条に規定がある。

る（24.5(c)(iv)）。

　他方、「権利の譲渡」については、①借入人の承諾（24.2(a)）に加え、②譲受人が、譲渡人であれば負うであろう義務に等しい義務を他の当事者に対して負うことにつき、文書による確認をエージェントが受領し（24.2(d)(i)）、③エージェントが、譲受人に対する譲渡に関し、あらゆる規制および法において必要な顧客確認またはその他の同様の確認を行い、その完了を譲渡人および譲受人に迅速に通知し（24.2(d)(ii)）、③それらの顧客確認を前提に（24.6(b)）、エージェントが譲渡契約書（Assignment Agreement）へ署名すること（24.6(a)）が必要である。これにより、①譲渡契約書において譲渡の対象として明示された本契約上の権利が、譲渡人から譲受人に完全に（absolutely）譲渡され（24.6(c)(i)）、②譲渡人は、譲渡人が借入人等（Obligors）、その他の契約当事者に対して負う義務で、譲渡契約書において免責の対象として明示されたものから免責される（24.6(c)(ii)）。そして、③譲受人は、貸付人（Lender）として契約の当事者となり、譲渡人が免責されたのに等しい義務を負う（24.6(c)(iii)）。

　以上を図示すると次の通りとなる。

権利および義務の移転（Transfer）	権利の譲渡（Assignment）
①借入人による承諾 ②顧客確認等を前提に、エージェントが移転証書へ署名 ③譲渡先の制限	①借入人による承諾 ②譲受人が他の当事者に対して義務を負うことにつき、文書による確認 ③エージェントによる顧客確認および確認完了の譲渡当事者への通知 ④顧客確認等を前提に、エージェントが譲渡契約書へ署名 ⑤譲渡先の制限
①譲渡人と借入人等は本契約上の相互の権利義務を失う ②譲受人と借入人等が相互に権利取得・義務負担 ③譲受人、エージェント、アレンジャー、その他の貸付人が権利取	①本契約上の権利が譲渡人から譲受人に移転 ②譲渡人と借入人等・その他の契約当事者等の間の本契約上の義務から免責 ③譲受人は、貸付人として契約の当

得・義務負担、エージェント、アレンジャーおよび譲渡人は相互の追加的な義務から免責 ④譲受人が貸付人として契約の当事者となる	事者となり、義務を負う

② 独法準拠版

　独法準拠版の LMA 契約書では、貸付人の交替について、24 条を「貸付人の交替（Changes to the Lenders）」とし、そこで、貸付人は、「(a)権利の譲渡（assign）」と「(b)契約引受（Vertragsübernahme）による権利および義務の譲渡および移転」（以下では「契約引受」とする）とが可能である旨規定する（独法準拠版 LMA 契約書 24.1（以下の条文は全て、独法準拠版 LMA 契約書のものとする））。ただし、譲渡および移転先は、「他の銀行または金融機関であるか、ローン、証券ないしその他の金融資産の組成、購入ないし投資を目的として設立ないし常時従事する（regularly engaged in）、信託、ファンドまたはその他の事業体」とされる（24.1）。

　「権利の譲渡」、「契約引受（Vertragsübernahme）」にはともに、①借入人の承諾が求められる（24.2(a)）。ただし、次の場合は例外とされる。すなわち、譲渡または契約引受が、(i)他の貸付人または貸付人の関連会社（Affiliate）に対してされる場合や(ii)デフォルト事由の継続する時点でなされる場合である（24.2(a)）。借入人の承諾は、不当に遅滞させたりこれを行わなかったりすることはできず、貸付人が譲渡や契約引受を求めてから 5 営業日以内に、借入人により明示的な拒否がされない限り、承諾されたものとみなされる（24.2(b)）。

　「契約引受」には、さらに、②エージェントが移転証書（Transfer Certificate）に署名（execute）することも求められる（24.5(a)）。当該署名は、譲受人に対する移転に関し、あらゆる規制および法において必要な顧客確認（know your customer check）またはその他の同様の基準を充足する場合にのみ、エージェントがこれを行う義務を負う（24.5(b)）。これにより、①譲渡人と借入人等（Obligors）は、移転証書で譲渡人が求める限りにおいて、本契約上の相互の権利を失い、追加的な義務から免

責され、(24.5(c)(i))、②譲受人と借入人等は、譲渡人と借入人等に代わり譲受人と借入人等が取得し（または）負う限りにおいて、①の権利義務とは異なる権利義務を相互に取得し、負うこととなり（24.5(c)(ii)）、③エージェント、アレンジャー、譲受人、そして、その他の貸付人は、譲受人が譲渡人であれば有したであろう権利および義務に等しい権利を取得し義務を負うこととなり、その範囲において、アレンジャー、エージェントおよび譲渡人は、契約上の相互の追加的な義務から免責され（24.5(c)(iii)）、④譲受人は、貸付人（Lender）として契約の当事者となる（24.5(c)(iv)）。

次に、「権利の譲渡」については、①借入人の承諾（24.2(a)）に加え、②譲受人が、譲渡人であれば負うであろう義務に等しい義務を他の当事者に対して負うことにつき、文書による確認をエージェントが受領し（24.2(d)(i)）、③エージェントが、譲受人に対する譲渡に関し、あらゆる規制および法において必要な顧客確認またはその他の同様の確認を行い、その完了を譲渡人および譲受人へ迅速に通知すること（24.2(d)(ii)）が必要である。権利の譲渡によりいかなる効果が生じるのかは、契約書に明記されていない。

以上を図示すると次の通りとなる。

契約引受（Vertragsübernahme）	権利の譲渡（Assignment）
①借入人による承諾 ②顧客確認を充足することを前提に、エージェントが移転証書に署名 ③譲渡先の制限	①借入人による承諾 ②譲受人が他の当事者に対して義務を負うことにつき、文書による確認 ③エージェントによる顧客確認および、その完了の譲渡当事者への通知 ④譲渡先の制限
①譲渡人と借入人等は本契約上の相互の権利義務を失う ②譲受人と借入人等が、相互に権利取得・義務負担 ③譲受人、エージェント、アレンジャー、その他の貸付人が、権利の取得・	

第3部　シンジケート・ローン契約書の比較

義務の負担、エージェント、アレンジャーおよび譲渡人は相互の追加的な義務から免責
③譲受人が、契約の当事者として貸付人となる

③　仏法準拠版

　仏法準拠版のLMA契約書では、貸付人の交替について、23条を「貸付人の交替（Cessions et transferts par les Prêteurs/ Changes to the Lenders）[11]」とし、そこで「(i)権利の譲渡（cession/assignment）」と「(ii)権利および義務の移転（transfert/transfer）」とが可能である旨規定する（仏法準拠版LMA契約書23.1(a)（以下の条文は全て、仏法準拠版LMA契約書のものとする））。ただし、譲渡および移転先は、「他の銀行または金融機関」とされる（23.1(a)）。

　「権利および義務の移転」と「権利の譲渡」とに共通するのは、①借入人による承諾（23.2.(a)）、②エージェントによる移転契約書（Acte de Transfert/ Transfer Agreement）への署名（signe/execute）が求められる点である（23.5(a)）。英法準拠版、独法準拠版と同様に、貸付人が譲渡や移転を求めてから5営業日以内に、借入人が明示的に拒否しない限り、借入人による承諾はなされたものとみなされる（23.2(b)）。また、エージェントによる署名は、譲受人に対する移転に関し、あらゆる規制および法において必要な顧客確認（identification des contreparties/ know your customer check）またはその他の同様の基準を充足する場合にのみ、エージェントがこれを行う義務を負う（23.5(b)）。

　「権利および義務の移転」と「権利の譲渡」で大きく異なるのは、次の2点である。第1に、「権利および義務の移転」に関しては、上述の①から③に加え、「金融当事者（Partie Financière/ Finance Party）[12]」であるアレンジャー、エージェントおよび他の貸付人からも、本契約書によ

---

11) 仏法版契約書は、仏語版、英語版の双方を入手できたため、可能な限り、仏語表記と英語表記とを併記する。
12) 「金融当事者」の定義は、仏法準拠版LMA契約書1.1の「定義」を参照。

り承諾がされる（23.1(b)）。第2は、借入人の承諾に関してである。「権利および義務の移転」では、他の貸付人や貸付人の関連会社（Société Affiliée/Affiliate）への移転について、借入人の承諾は本契約書によりなされる（23.2(a)(ii)）。他方、「権利の譲渡」では、(A) 他の貸付人や貸付人の関連会社への譲渡、(B) デフォルト事由継続時の譲渡について、借入人による承諾が求められない（23.2(a)(i)）。[13]

次に、「権利および義務の移転」、「権利の譲渡」の効果である。いずれの方法によっても、①譲渡人は、移転契約書で譲渡人が移転を求める限りにおいて、借入人等（Débiteurs/Obligors）およびアレンジャー、エージェントおよび他の貸付人に対する本契約上の追加的な義務から免責され（23.5(c)(i)）、②譲受人は、移転契約書に規定される限りにおいて、借入人等に関する譲渡人の権利および（または）義務が移転され（23.5(c)(ii)）、③譲受人、エージェント、アレンジャーおよびその他の貸付人は、譲受人が譲渡人であれば有していたであろう権利義務に等しい権利を取得し義務を負い、その限りにおいて、エージェント、アレンジャー、譲渡人は契約上の相互の追加的な義務から免責され（23.5(c)(iii)）、④譲渡人は、貸付人（Prêteur/Lender）として契約上の当事者となる（23.5(c)(iv)）[14]。

---

13) ただし、「権利および義務の移転」、「権利の譲渡」のいずれの場合でも、租税一般法典（Code général des impôts）238-0 A条に定められた意味における非協力国または地域（Etat ou territoire non cooperative/ Non-Cooperative Jurisdiction）で設立されるか、または、そこに所在するファシリティ・オフィスを通じて行為する新たな貸付人への、フランスで設立した借入人に対するコミットメントおよび（または）ファシリティに関する譲渡、移転、サブパーティシペーション（sub-participation）またはサブコントラクト（subcontracting）は、借入人の事前の承諾（accord préalable/prior consent）なしには有効とならない（23.2(a)第2パラグラフ）。なお「ファシリティ・オフィス（Agence de Crédit/Facility Office）」とは、その営業所（agence/office）を通じて本契約上の自らの義務を履行することを、貸付人がエージェントに文書により通知した営業所である（仏法準拠版LMA契約書1.1「定義」参照）。

第3部　シンジケート・ローン契約書の比較

権利および義務の移転 （Transfert/ Transfer）	権利の譲渡 （Cession /Assignment）
①借入人による承諾 ②譲受人に対する移転に関し顧客確認を前提に、エージェントが移転契約書へ署名 ③アレンジャー、エージェントおよび他の貸付人からの本契約書による承諾 ④譲渡先の制限	①借入人による承諾 ②譲受人に対する移転に関し顧客確認を前提に、エージェントが移転契約書へ署名 ③譲渡先の制限
①譲渡人は、借入人等およびアレンジャー、エージェント、他の貸付人に対する本契約上の追加的な義務から免責 ②譲渡人の借入人等に関する権利および（または）義務が、譲受人に移転 ③譲受人は、エージェント、アレンジャー、その他の貸付人に対して、権利取得・義務負担、エージェント、アレンジャー、譲渡人は契約上の相互の追加的な義務から免責 ④譲受人が、契約上の当事者として貸付人となる		

(3) 米国 LSTA モデル契約条項

　米国 LSTA のモデル契約条項は、「承継人および譲渡（Successors and Assigns）」に「貸付人による譲渡（Assignments by Lenders）」を規定する（以下の条文は全て、LSTA モデル契約条項の "Successors and Assigns" のものとする）。他の契約書のように、「地位譲渡」・「貸付債権の譲渡」や「権利および義務の移転」・「権利の譲渡」といった区別はみられない。

　LSTA モデル契約条項により主として求められるのは、まず、①借入人による承諾である（(b)(iii)(A)）。当該承諾は、不当に遅滞させたりこれを行わなかったりすることはできない。ただし、次の場合は例外とされる。すなわち、(x)譲渡の時点で、デフォルト事由が生じ、それが継続している場合や、(y)当該譲渡が他の貸付人または貸付人の関連会社（Affili-

---

14) 仏法準拠版契約書の 23.5 条は、「譲渡または移転の手続（Procédure de Cession ou de transfert/ procedure for transfer or assignment）」と標題が付けられ、(a)項は、権利および義務の移転または権利の譲渡が同条(c)項に従うことで有効となると規定する。しかし、同条(c)項には、「移転（transférer/transfer）」の文言はみられるが（(i), (ii)）、「譲渡（cession/ assignment）」の文言はみられない。

第4章　当事者の交替

ate)、「承認されたファンド（Approved Fund）」[15]にされる場合である。さらに、当該承諾は、第1に、借入人は、譲渡の通知を受領してから［5］営業日以内に、エージェントに対する文書による通知で反対の意思を示さない限り、あらゆる譲渡に承諾したものとみなされる。そして、第2に、シンジケート・ローンがプライマリーの段階にある場合には、借入人の承諾は求められない。

次に、②一定の場合、エージェント（administrative agent）による承諾[16]が求められ、当該承諾もまた、遅滞させたりこれを行わなかったりすることはできない（(b)(iii)(B)）。そして、リボルビング方式の場合には、③信用状発行銀行（Issuing Bank）およびスウィングラインローン（Swingline loan）[17]の貸付人による承諾も求められる（(b)(iii)(C)）。さらに、④譲渡当事者が、譲渡および引受書（Assignment and Assumption）[18]へ署名（execute）し、手続および登録費用とともにエージェントへ提出し（(b)(iv)）、⑤エージェントが登録（register）を行うこと（(c)）も求められる。また、⑥譲渡額に制限があり（(b)(i)）、⑦借入人やデフォルトした貸付人等の特定の者（(b)(v)）、自然人等（(b)(vi)）、借入人により不適格とされた機関（Disqualified Institutions）（(h)）には譲渡できない。

これにより、①譲受人は、本契約の当事者となり、譲渡および引受書により譲渡される利益（interest）の限りにおいて、本契約上の貸付人としての権利を有し義務を負い、②譲渡人は、譲渡および引受書により譲

---

15) LSTAモデル契約条項の定義によれば、「承認されたファンド（Approved Fund）」とは、「(a)貸付人、(b)貸付人の関連会社、または(c)貸付人を管理または運営する事業体またはその関連会社により、管理または運営されるファンド」を意味するものとされる。

16) エージェントに承諾を求めるのは、エージェントが、エージェントとして被った損害や責任または請求は、貸付人により賠償されるからである。結果、エージェントは、貸付人が賠償義務を履行できる十分な信用力を有するか、これを知ることに利益を有する。Bellucci & McCluskey para.11.2.2 at 546 and para.11.2.2.4 at 550.

17) スウィングラインローン（Swingline Loan）とは、通常のローンよりも迅速に借入人が融資金を受け取ることのできるローンであり、一般的には、リボルビングファシリティ型のシンジケート・ローン契約において用いられ、エージェントが貸付人となる。See, Bellucci & McCluskey para.2.1.1.4 pp.8-9.

18) 「譲渡および引受書（assignment and assumption agreement）」とは、譲渡人と譲受人間の権利および義務の法的移転を有効にする契約を言う。書式に関しては、Bellucci & McCluskey, 694 ff. を参照。

183

渡される利益の限りにおいて、本契約上の義務を免責される[19]((b))。

以上を図示すると次の通りとなる。

譲渡（Assignment）
①借入人による承諾
②エージェントによる承諾
③信用状発行銀行およびスウィングラインローンの貸付人による承諾
④譲渡当事者による譲渡および引受書への署名およびエージェントへの提出
⑤エージェントによる譲渡の登録
⑥譲渡額に制限
⑦譲渡先の制限
①譲受人は本契約の当事者となり、本契約上の貸付人としての権利を取得・義務を負担
②譲渡人は本契約上の義務を免責

III 比較

　借入人の交替については、前述の通りJSLA、LSTA、LMAの契約書比較からは、借入人の地位の交替を認めるか否か以上の違いをみて取ることはできなかった（「III 1」）。したがって、以下では、貸付人の交替に焦点を当て、JSLA、LMAおよびLSTAの各契約書を比較しその差異を示す。JSLAローン契約書の「地位譲渡」については、LMA英法・仏法・独法準拠版契約書の「権利および義務の移転」・「契約引受」（以下ではまとめて「「権利および義務の移転」等」とする）、米国LSTAモデル契約条項の「譲渡」を、比較する。また、JSLAローン契約書の「貸付債権の譲渡」については、LMA英法・独法・仏法準拠版の「権利の譲渡」、米国LSTAモデル契約条項の「譲渡」を比較するものとする。

---

[19] 譲渡および引受書が、本契約上の譲渡人のすべての権利および義務を対象とする場合には、当該貸付人は当事者ではなくなる（(c)）。

第4章　当事者の交替

1　借入人の承諾

　JSLA ローン契約書、LMA 英法・独法・仏法準拠版契約書、LSTA モデル契約条項のいずれの契約書でも、貸付人の交替が、原則として借入人の承諾を求める点は共通する。しかし、承諾の詳細には、若干の差異がみられる。まず、「地位譲渡」について、次に、「貸付債権の譲渡」について、それぞれをみる。

(1)　地位譲渡

　まず、「地位譲渡」についてである。JSLA ローン契約書では、「地位譲渡」に対し、一律に借入人の承諾を求める。他方、LMA 英法・独法準拠版契約書は、「権利および義務の移転」等に対し、原則として借入人の承諾を求めるものの、次の場合には、例外的に借入人の承諾を求めない。すなわち、「権利および義務の移転」等が①譲渡人以外の他の貸付人や貸付人の関連会社へなされる場合や②借入人のデフォルト事由の継続する時点でなされる場合である。また、LMA 仏法準拠版契約書も、「権利および義務の移転」に対し、借入人の承諾を求めることを原則とするが、前述①の譲渡人以外の他の貸付人や貸付人の関連会社へなされる場合には、借入人の承諾はシンジケート・ローン契約によりなされたものとし、個別の承諾を求めない。

(2)　貸付債権の譲渡

　次に、「貸付債権の譲渡」についてである。JSLA ローン契約書では、「貸付債権の譲渡」に対し、一律に借入人の承諾を前提としており、この点、「地位譲渡」と同様である。しかし、「地位譲渡」では、借入人に「事前に承諾」を求めるのに対し、「貸付債権の譲渡」では、借入人は「予め承諾するもの」とする。すなわち、「地位譲渡」が、譲渡毎に借入人から個別の承諾を求めるのに対し、「貸付債権の譲渡」は、契約書による包括的な承諾のみで個別の承諾を求めない。他方、LMA 英法・独法・仏法準拠版契約書は、「権利の譲渡」では、原則として借入人の承諾を

185

求めながら、①譲渡人以外の他の貸付人や貸付人の関連会社へなされる場合や②借入人のデフォルト事由の継続する時点でなされる場合には、例外的に借入人の承諾を求めない。この原則・例外の構造は、前述の「権利および義務の移転」等に対する借入人の承諾と同様である。LSTAモデル契約条項では、そもそも「地位譲渡」や「貸付債権の譲渡」といった区別をしないが、構造はLMA契約書と同様である。すなわち、原則として、借入人からの承諾を求め、譲渡が、①譲渡人以外の他の貸付人や貸付人の関連会社へなされる場合や②借入人のデフォルト事由の継続する時点でなされる場合には、例外的に借入人の承諾を求めない。

(3) 小括

以上から、次を示すことができる。JSLAローン契約書では、「地位譲渡」か「貸付債権の譲渡」かにより、借入人の承諾に差異が生じる。他方、LMA英法・独法準拠版契約書では、「権利および義務の移転」等か「権利の譲渡」かにより、借入人の承諾に差異は生じず、両者ともに共通する一定の場合（上述①および②の場合）に借入人の承諾を求めないものとし、例外を設ける。そして、LMA仏法準拠版契約書では、JSLAローン契約書と同様に「権利および義務の移転」か「権利の譲渡」かにより差異が生じる一方、LMA英法・独法準拠版契約書、LSTAモデル契約条項と同様に、一定の場合（上述①および②の場合、または①の場合）に例外を認める。

JSLAローン契約書が、借入人の承諾につき、「地位譲渡」か「貸付債権の譲渡」かで差異を設けたのはなぜか。理由の1つとして、貸付義務移転の有無が考えられる。日本の実務上、「地位譲渡」によるか「貸付債権の譲渡」によるかは、ローン債権とともに貸付義務までも移転するか否かの違いによると解されるからである[20]。確かに、貸付義務の移転

---

20) 佐藤＝丸茂193頁〔白川佳＝青山大樹〕、ファイナンス法大全（上）430頁〔上野正裕〕。JSLAタームローン契約書でも、「貸付実行後は貸付人の義務はなくなり、主として貸付債権の譲渡のみを考慮すればよいともいえ、貸付人の契約上の地位の譲渡を規定しておく大きな意味はありません」とされる（JSLAローン契約書解説150頁）。

をともなわない場合、借入人は、新たな貸付人の貸付能力を問題とする必要はなく、この意味で、貸付人に対する関心は薄れるとも考えられる。しかし、借入人が貸付人に求めるのは、貸付を行う能力のみではない。借入人は、貸付人との取引状況が良好であること、貸付人が借入人やその業界に精通していることや、借入人に対して好意的であること等、貸付能力以外の点も貸付人に求め、これらの点は貸付能力以上に借入人にとって重要であるとされる[21]。このことからは、貸付義務の移転をともなわないという理由のみにより、借入人の個別の承諾を不要とすることには、その妥当性に疑問が生じる。

　他方、LMA の各種契約書、LSTA 契約条項が、借入人の承諾について移転または譲渡が①譲渡人以外の他の貸付人や貸付人の関連会社へなされる場合や②借入人のデフォルト事由の継続している時点でなされる場合を例外とするのはなぜか。まず、①の場合の理由として、他の貸付人はすでに貸付人であるのだから、貸付能力について新たな判断が不要となること、が考えられるかもしれない。しかしながら、移転・譲渡が貸付人の関連会社に対してなされるのであれば、貸付能力の判断を理由にするのは難しい。関連会社は、貸付人とは独立した存在だからである。関連会社への移転については、貸付能力よりもむしろ、借入人との取引状況や借入人の事業への精通度等、貸付能力以外の点が、借入人の承諾を必要とせずとも、移転・譲渡を認めうる理由として考えられるだろう[22]。次に、②の場合である。デフォルト事由の発生は、借入人の財政難の可能性を示す。この場合に借入人の承諾を求めないのは、貸付人に自由な移転を認めることで、損失を防ぐ合理的な方法を与えるためである[23]。同様の理由は、日本法に準拠する場合にも妥当性を認めうる。したがって、日本法準拠の契約書においても、LMA や LSTA の契約書のように、借入人にデフォルト事由が発生する等の場合には、貸付人の

---

21) Bellucci & McCluskey, para.11.2.2.2 at 547 and para.11.2.2.2 at 549. Bellucci & McCluskey は、この他にも、借入人は、貸付人の交代により増加費用が発生しうることにも懸念をいだく、とする。
22) Bellucci & McCluskey, para.11.2.2.2 pp.547-548.
23) Bellucci & McCluskey, para.11.2.2.1 at 548.

損失軽減のため、借入人の個別の承諾を不要とし、地位譲渡や貸付債権の譲渡を容易に行うことを考えうる。

2　他の貸付人の承諾

次に、譲渡人以外の他の貸付人（以下では「他の貸付人」とする）による承諾についてみる。

(1)　地位譲渡

「地位譲渡」に関し、他の貸付人による承諾は、LMA仏法準拠版契約書には明記されるが、JSLAローン契約書、LMAの英法準拠版・独法準拠版契約書、LSTAモデル契約条項には規定されない。しかし、他の貸付人による承諾を明示的な文言により求めない理由には、JSLAローン契約書とLMAの英法準拠版契約書とで差異がみられる。JSLAローン契約書の解説は、地位譲渡に他の貸付人の同意を求めないのは、「貸付人の権利の個別独立性の規定に対応するもの」[24]とする。他方で、LMAの英法準拠版契約書に関しては、シンジケート・ローン契約の当事者全員による承諾は必要だが、それを得ることは煩雑であるために、シンジケート・ローン契約で事前に承諾を行っているとの説明がされる[25]。これは、仏法準拠版のLMA契約書が、ローン契約書により他の貸付人による承諾がなされたものとする、と明記することに合致しよう（上述「Ⅱ2(2)③」）。

確かに、シンジケート・ローン契約では、貸付人の借入人に対する権利および義務は、原則として貸付人間において個別独立の関係にあ

---

24) JSLAローン契約書解説97頁。他に、その理由は明らかではないが、他の貸付人の承諾は法律上不要であり、他の全貸付人には、通知も承諾も行う必要はないとするものもある。坂井157頁〔小幡映未子〕。

25) Campbell & Weaver, 491,492 and 503. *See also*, Loan Market Association, Guide to Secondary Loan Market Transactions, 17 (2016). また、シンジケート・ローンにおける更改（novation）に関し、借入人の承諾についてではあるが、個々の移転について明示の承諾を得る必要はなく、ローン契約書において事前になしうることを確認したものとして、Habibsons Bank Ltd. v Standard Chartered Bank (Hong Kong) Ltd, [2010] EWCA Civ. 1335, [2011] Q.B. 943.

る[26]。しかし、シンジケート・ローン契約の当事者には、貸付人と借入人だけではなく、他の貸付人やエージェントも含まれる。したがって、「地位譲渡」が、民法上の「契約上の地位の移転」に当たるとすれば、原則として、契約の当事者であるエージェント・他の貸付人の承諾も求められるはずである（改正民法539条の2参照）。ただし、契約上の地位の移転であっても、他方当事者がその承諾を拒絶することについて利益を有しない等の場合には、他方当事者の承諾を要しない可能性もある[27]。この点、地位譲渡につき承諾を求めることは、エージェント・他の貸付人の利益保護にも適う。なぜなら、地位譲渡により新たに貸付人となる者は、与信管理方針等の意思結集に影響を与えうるからである。

　しかし、貸付人の個々の承諾まで求めるとすれば、その煩雑さから、実務的に支障が生じかねない[28]。この問題は、LMA契約書と同様に、JSLAの契約書も、シンジケート・ローン契約の締結により包括的な承認を得たものと解釈することで解決されうる[29]。日本でも、免責的債務引受において要求される債権者の承諾は、事前にされたものであっても良いとされる[30]。事前に承諾がされていると解釈すれば、譲渡毎に他の貸付人の直接の承諾を取る必要はなく、実務上の負担となる恐れも低いだろう。事前の包括的な承諾により他の貸付人の利益を損なう恐れも否定できないが、これに対しては、移転・譲渡先をシンジケート・ローン契約で制限することで[31]、一定の対応を図ることも可能ではなかろうか[32]。

(2) 貸付債権の譲渡

　「貸付債権の譲渡」に関しては、譲渡人以外の他の貸付人による承諾は、いずれの契約書でも前提とされない。では、貸付債権の譲渡を行う

---

26) 佐藤147〜148頁も参照。貸付人の個別独立性を規定するものとして、JSLAローン契約書2条。
27) 潮見・前掲注7) 531〜532頁参照。
28) Campbell & Weaver at 492; 樋口隆夫他「シンジケートローン債権の譲渡の基礎理論と電子記録債権制度への適用（上）」金法1848号15〜16頁（2008年）。
29) 森下哲朗「ローン債権の移転」ジュリ1471号59頁（2014年）。また、佐藤＝丸茂194頁〔白川佳＝青山大樹〕、佐藤147〜148頁も参照。
30) 潮見・前掲注7) 514頁参照。

際、他の貸付人による承諾は不要なのだろうか？　他の貸付人による承諾は、「貸付債権の譲渡」においても必要だと考える。シンジケート・ローン契約の「貸付債権の譲渡」は、実態は単なる債権のみの譲渡を指すものではないからである。確かに、JSLAローン契約書の「貸付債権の譲渡」では、譲受人が譲り受けるものから「貸付義務」が除かれる。しかしながら、この時、譲受人は、シンジケート・ローン契約の各条項に拘束されることを約束しなければならない[33]。また、貸付債権の譲渡が行われた結果、譲受人は、貸付債権に関連する権利が移転されるだけではなく、義務や負担までも負うことになり、シンジケート・ローン契約上の「貸付人」として扱われる[34]。このことから、「貸付債権の譲渡」でも「地位譲渡」と同様に、譲渡人が借入人に対して有する「貸付債権」だけではなく、エージェントや他の貸付人に対する権利・義務まで、共に譲受人に移転されると考えられる[35]。

　これはLMA・LSTAの契約書でも同様である。LMAの英法・独法準拠版契約書に従い「権利の譲渡」を行う場合、権利の譲受人は、他の貸付人に対して譲渡人と同一の義務を負うことを約束しなければならない。また、英法・仏法準拠版契約書のいずれでも、「権利の譲渡」の効果として、譲受人には権利だけではなく義務まで移転され、これらの権利・義務には、借入人に対するものだけでなく、シェアリング条項やエージェンシー条項等による他の貸付人やエージェントに対するものま

---

31) 貸付人を制限する方法の1つとして、契約上に、譲受人に関する制限を規定することがある（JSLAローン契約書29条2項3号）。英国の事例であるThe Argo Fund Ltd. v Essar Steel Ltd.［2006］EWCA Civ. 241では、譲受人の範囲を「銀行その他の金融機関」としていたところ、ヘッジファンドが地位の譲渡を受け、このヘッジファンドが金融機関に当たるかどうかが争われた（本判決の詳細は、藤澤尚江「［連載・シンジケートローン基本判例研究〔第8回・完〕］Ⅷ　貸付人の地位の移転に対する制限」ジュリ1375号110頁（2009年））。本判決により、2014年時点の英法準拠版のLMA契約書は、譲渡先をより詳細に記述するようになった（LMA英法準拠版契約書23.1条）。

32) 井上聡＝松尾博憲編著・三井住友ファイナンシャルグループ三井住友銀行総務部法務室『practical 金融法務債権法改正』202頁〔長谷川卓〕（金融財政事情研究会、2017年）。

33) JSLAローン契約書30条1項1号。

34) JSLAローン契約書30条2項、JSLAローン契約書解説100頁。

35) 森下・前掲注9) 59頁、井上＝松尾編著・前掲注32) 200〜201頁〔長谷川卓〕。

で含まれる[36]。さらに、「権利の譲渡」により、譲受人は、シンジケート・ローン契約の当事者として「貸付人」となる。米国のLSTAのモデル契約書では、地位譲渡と債権の譲渡との区別もなく、「譲渡」は、多くの場合、「権利の譲渡」および「義務の移転」の双方を含むものとして用いられ、移転対象にはシンジケート・ローンにおける議決権等も含まれる[37]。

　権利だけではなく義務までも免責的に移転されるとすれば、その効力を生じさせるためには、債権者の承諾を得る必要が生じる（改正民法472条参照）。確かに、借入人との関係では、貸付義務を除けば、貸付人に具体的な義務は残らないようにも思われる[38]。しかしながら、「貸付債権の譲渡」の場合にも、譲渡人が借入人に対して有する「貸付債権」だけではなく、エージェントや他の貸付人に対する権利・義務まで移転するとすれば、エージェント・他の貸付人による承諾が求められるべきではなかろうか。これらの承諾が求められるとすれば、地位譲渡と同様、シンジケート・ローン契約の締結により包括的に承諾がされたものと解釈することで、実務上の問題は回避できると考える。

IV　おわりに

　本章では、シンジケート・ローンの当事者の交替を扱い、特に貸付人の交替に焦点を当て、JSLAローン契約書、LMAの英国法準拠版、独法準拠版、仏法準拠版の契約書、そして、米国のLSTAモデル契約条項を比較した。

　その結果、まず、JSLAローン契約書と他の契約書では、借入人による承諾に差異があることを示した。JSLAの契約書では、地位譲渡か貸付債権の譲渡かにより借入人の承諾に差異を設けるが、LMAの契約書

---

36) *See* Campbell & Weaver at 495.
37) Bellucci and McCluskey, 11.1 at 541.
38) ターム・ローンにおいて融資の実行がすべて完了している場合には、譲受人が貸付債権を譲り受ける時点で貸付人側の具体的な義務は残っておらず、譲受人は貸付人の義務を引き継ぐわけではないとする見解として、ファイナンス法大全431頁〔上野正裕〕。

の中でも英法準拠版・独法準拠版契約書、LSTAのモデル契約条項では、両者を区別することなく一定の場合に例外を設ける。JSLAがこれらの差異を設ける理由には疑問が生じかねないのに対し、LMAやLSTAが例外を設ける理由には、日本においても妥当性が認められうる。日本でも、借入人の承諾につき、LMAやLSTAのような例外を設けることが考えられるのではなかろうか。

　次に、JSLAの解説とLMA契約書に関する解釈とでは、譲渡人以外の他の貸付人の承諾についても差異があることを示した。地位譲渡に関し、JSLAの解説は、貸付人の権利の個別独立性から承諾が求められないとするのに対し、LMAの契約書については、シンジケート・ローン契約書で他の貸付人による承諾がなされたものとされる。しかし、他の貸付人もシンジケート・ローン契約の当事者であり、承諾を求めることがこれらの者の利益保護に適うのであれば、他の貸付人からの承諾も求められるべきではなかろうか。貸付債権の譲渡についても、他の貸付人との間の権利・義務までもが移転されるとすれば、同様である。しかし、個々の貸付人から承諾を得るとすれば、その煩雑さから、実務に支障を生じさせる恐れもある。この問題は、シンジケート・ローン契約の締結により、包括的に承諾がなされたものとの解釈することで回避できると考える。

　シンジケート・ローン発展のためには、貸付人としての地位や貸付債権の流動性を高め、セカンダリー市場を活性化させるべきといわれる[39]。しかしながら、シンジケート・ローンは、複数人の貸付人によるという点から相対のローンとは異なる利益保護の必要が生じる。流動性のためと、譲渡に対する制限を安易に放棄するのではなく、この点考慮した上で、契約の作成を行うことが必要であろう。

（藤澤尚江）

---

[39] たとえば、JSLA「シンジケートローンの譲渡性向上に関する提案」（2009年）、JSLA「貸出債権流通市場の活性化に向けた提言」（2004年）。いずれもJSLAのホームページより入手可能。

第4部

シンジケート・ローンの法的問題点

第1章
シンジケート・ローン取引における情報提供義務

I　はじめに

　シンジケート・ローン取引は、複数の金融機関が各々借入人と個別に融資条件を交渉して別々の融資契約を締結するのではなく、アレンジャーと呼ばれる金融機関が借入人の依頼を受けて融資金融機関団（シンジケート団）を組成したうえで、借入人と全ての参加金融機関が1つの契約書をもって融資契約を締結する融資手法である[1]。シンジケート・ローンが組成された後は、融資の実行から回収に至るまでの様々な事柄について参加金融機関の代理人としての「エージェント」が取りまとめ役としての役割を果たす[2]。Thomson Reuters の統計によれば、2017年1年のシンジケート・ローン取組額は世界全体で約4.5兆米ドルに及ぶとされている[3]。

　シンジケート・ローン取引に関して生じる典型的な法的紛争の1つが、債務者が破綻したために貸出金を回収できなかった参加金融機関が、アレンジャーやエージェントが参加金融機関に対して債務者等に関する情報を適切に提供しなかった、適切な情報提供がなされていれば取引に参加しなかった等と主張して、損害の賠償を求めて訴訟を提起する

---

1) Agasha Mugasha, The Law of Multi-Bank Financing: Syndicated Loans and the Secondary Loan Market (OUP, 2007), at 22.
2) シンジケート・ローンの仕組みについて、森下哲朗「シンジケート・ローンにおけるアレンジャー、エージェントの責任」上智法学論集51巻2号6頁以下（2007年）を参照。
3) Thomson Reuters, Global Syndicated Loans Review: Managing Underwriters: Full Year 2017, at 2.

ケースである。英米では、参加金融機関がアレンジャーやエージェントの責任を追及した様々な裁判例が存在するが[4]、日本でも、アレンジャーの参加金融機関に対する損害賠償責任を認める最高裁判決（最判平成24年11月27日集民242号1頁）が出て注目されている。

また、シンジケート・ローンにおいて情報提供義務が問題となるのは、アレンジャー、エージェントとの関係だけではない。セカンダリー市場との関係でも情報提供義務の問題は存在するが、そこでの情報提供義務は、アレンジャーやエージェントとの関係で議論されるものとは必ずしも同一ではない。

以下では、まず、シンジケート・ローンにおけるアレンジャーやエージェントの情報提供義務やセカンダリー市場における情報提供義務について考える際の法的枠組みや契約書等の規定について検討する（II）。その後、日英米の近時の裁判例を検討した後（III〜V）、アレンジャーやエージェントの情報提供義務（VI）、セカンダリー市場における情報提供義務（VII）について、重要と思われる点を取り上げて検討することとしたい。

II　シンジケート・ローンにおける情報提供義務を考える際の法的枠組み

シンジケート・ローンにおける情報提供義務を考える際の中心となるのは、不法行為責任と契約責任である。

アレンジャーの場合、アレンジャーは債務者から委任を受けてシンジケート団の組成に当たっているのであって、参加金融機関との間に何らかの契約関係があるわけではないので、アレンジャーの情報提供に関する責任は不法行為法の枠組みで判断される（英米では、不実表示（misrepresentation）、negligence などが問題とされる）[5]。難しいのは、具体的にどのような情報を提供しないと不法行為責任が発生するかである。アレンジャーがどの程度の情報提供義務を負うかを考える際の重要な手

---

[4] こうした裁判例を検討したものとして、森下・前掲注2) 24頁以下を参照。
[5] 英米におけるアレンジャーの参加金融機関に対する責任追求のための法理については、Mugasha, supra note 1, 136ff. を参照。

がかりの1つは、日本ローン債権市場協会（JSLA）が公表している「ローン・シンジケーション取引における行為規範」（2003年）および「ローン・シンジケーション取引に係る取引参加者の実務指針について」（2007年）である。そこでは、①アレンジャーが知っていながら参加金融機関に伝達していない情報が存在すること、②その情報が借入人より開示されない限り、参加金融機関が入手しえないものであること、③その情報は、参加金融機関のローン・シンジケーションへの参加の意思決定のために重大な情報であること、といった事情が存在するにも関わらず、借入人による参加金融機関への情報提供を促すことなくシンジケート・ローンの組成を進めた場合には、アレンジャーは参加金融機関に対して不法行為責任を負い得るとの考え方が示されている[6]。

また、アレンジャーが参加金融機関を勧誘する際に提供するインフォメーション・メモランダムには、一般に、①アレンジャーは単に借入人から提供された情報を借入人の依頼によりそのまま紹介しているに過ぎないこと、②アレンジャーがインフォメーション・メモランダム中の情報の真正さを検証していないこと、③参加金融機関がそれぞれ独自に情報の真正さを検証する義務を負っていること、④その後の事情の変化などについて追加の情報提供義務がないこと、が記載されているほか、シンジケート・ローン契約書には、「貸付人は、自ら適切と認めた書類、情報等に基づき借入人の信用力その他必要な事項を審査した上、独自の判断で本契約を締結し、また、本契約上企図される取引を行うものとする」（JSLAコミットメントライン契約書25条7項）といった規定もあり、アレンジャーの義務を考えるうえで重要である[7]。

これに対して、エージェントと参加金融機関との関係については、当事者間に契約があり、契約の果たすべき役割が大きい。

エージェントは、シンジケート・ローン契約書の定めに従い、参加金融機関の委任を受けて、一定の事務を受任し、参加金融機関の代理人として活動する。エージェントは、委任契約の受任者として、本人である

---

6) 神田ほか289頁〔渡邉展行〕を参照。
7) 森下・前掲注2) 56頁以下。

参加金融機関に対して報告義務を負うとともに（民法645条）、エージェントの業務の一部として、借入人からの通知を参加金融機関に伝えることがシンジケート・ローン契約書で規定されている（たとえば、JSLAコミットメントライン契約書25条11項は、「エージェントが本契約上借入人より貸付人に伝えるべき通知を受領した場合、速やかにその内容を全貸付人に通知しなければなら」ないとする）。ただし、エージェントによる参加金融機関に対する情報提供義務については、シンジケート・ローン契約書において、「エージェントは、本契約外の取引において取得した借入人に関する情報（借入人から受領した情報については、本契約に基づいて送付されたことが明示されていない限り、本契約外の取引において取得した情報とみなす。）を、他の貸付人に対して開示する義務を負わ」ないと規定しており（JSLAコミットメントライン契約書25条8項）、エージェントが参加金融機関に提供する義務を負う情報は、基本的には、エージェントが借入人から、シンジケート・ローン契約に基づくものとしてエージェントに提供されたものに限られる。

なお、アレンジャーやエージェントの責任を追及する際に、アレンジャーやエージェントは参加金融機関に対して信認義務を負うとの主張がなされることがある。一般的な傾向として、英米の学説では、アレンジャーに信認義務を課すことに反対する見解が有力であり[8]、また、欧州のLoan Market Associationの標準的な契約書では、アレンジャーやエージェントは信認義務を負わない旨が明記されている[9]。わが国でも、アレンジャーは参加金融機関に信認義務を負わないとの見解が有力である[10]。

セカンダリー市場におけるローン債権の売主の買主に対する説明義務

---

[8] 森下・前掲注2) 44頁以下、Mugasha, supra note 1, 157ff. を参照。エージェントについても、Rafal Zakrzewski, Syndicated Lending, in Sarah Paterson and Rafal Zakrzewski ed., McKnight, Paterson, and Zakrzewski on the Law of International Finance, second edition（OUP, 2017）at 525 は、限定的な役割しか果たさないシンジケート・ローンのエージェントが参加金融機関に対して信認義務を負うというのは疑わしいとする。ただし、Mugasha, Id., at 165 では、大銀行がアレンジャーを務める案件に初めて参加する小銀行との関係のような特別な場合には別に考える余地もあることを示唆する。

[9] Mugasha, supra note 1, at 160.

に関しては、JSLAが2002年に公表した「ローン・セカンダリー市場における情報開示に関する行為規範」が、売主が負う情報提供義務の具体的な内容を考えるうえでの重要な手がかりとなる[11]。具体的には、情報を譲渡対象債権を特定するために必要な「契約情報」と債務者の信用状態等に関する「信用情報」に分けたうえで、契約情報は提供すべきであるが、信用情報は提供する義務を負わない、といった基本的な考え方が示されている。上記の基本的な考え方に沿って、上述のJSLAの貸付債権譲渡に関する基本契約書では、譲渡人は債務者についての信用状況およびこれに類する情報を開示する義務を負わないこと（4条1項）、譲受人は、譲渡人が債務者の信用状況に関する情報を開示する義務を負わないことを理解し、現に何らかの情報を有していながら開示していない可能性があることを認めたうえで取引を実施すること（4条2項）、譲受人は、自ら適切と認める資料および情報等に基づき原債務者等の信用状況、原債権等の契約内容および取引条件その他の審査を行い、独自の判断に基づき個別譲渡取引を実施するかどうかを決定すること（4条2項）等が規定されている。他方、「契約情報」に該当するような情報、たとえば、対象債権が有効に成立していること、譲渡人のみに帰属すること等一定の事項については、譲渡人が譲受人に対して表明するかたちとなっている（5条2項）。

　また、シンジケート・ローンも、見方によっては社債等と同様の投資商品であり、金融商品取引法による証券規制の対象とすべきとの考え方もありうる。実際、金融所品取引法制定の際には、シンジケート・ローンを金商法の対象とすべきとの意見が示されたが、結局、相対の貸付との区別が困難であること、参加者の太宗が金融機関であること、新たな規制はシンジケート・ローン市場の発展を阻害要因となりうることか

---

10) 川口恭弘「アレンジャー・エージェントの情報提供義務」ジュリ1471号13頁以下（2014年）。なお、後述の最判24年11月27日の事案では、下級審段階で原告の代理人から信認義務の存在を前提とした主張もなされたが、認められていない。この点については、森下哲朗「シンジケートローンにおけるアレンジャーの責任」銀行法務21・732号8頁以下（2011年）を参照。

11) 森下哲朗「ローン債権の移転」ジュリ1471号60頁以下（2014年）。

ら、金商法の適用対象とすることは見送られた[12]。

III 日本の裁判例

1 最判平成 24 年 11 月 27 日集民 242 号 1 頁

[事実関係]

　地方銀行である Y 銀行は、平成 17 年 2 月頃から石油製品の販売等を営む株式会社 A 社と取引を行っていたが、平成 19 年 8 月 29 日、A 社の依頼を受けて 10 億円のシンジケート・ローンの組成に着手し、10 の金融機関に対して招聘を行った。招聘に際しては、Y 銀行は招聘先金融機関に対して、A 社の同年 3 月期の決算書や融資の条件等を記載した資料（「インフォメーション・メモランダム」）を交付したが、このインフォメーション・メモランダムには、そこに含まれる情報の正確性・真実性については Y 銀行は一切責任を負わないこと、インフォメーション・メモランダムは必要な情報を全て包含しているわけではなく、招聘先金融機関が独自に A 社の信用力等の審査を行う必要があること、等が記載されていた。招聘の結果、Y 銀行が 4 億円、信用金庫 X_1 が 2 億円、信用金庫 X_2 が 2 億円、地方銀行 X_3 が 1 億円を融資することとなり、総額 9 億円の A 社向けシンジケート・ローン契約（「本件シ・ローン」）が平成 19 年 9 月 26 日付で締結された。

　ところが、A 社のメインバンクである M 銀行は、同年 8 月末頃、A 社の同年 3 月決算に不適切な処理がなされている疑いがある旨を A 社の代表取締役である B に告げたうえで、専門家による財務調査を受けるよう求め、B は M 銀行の求めに応じて、M 銀行がエージェントであった別のシンジケート・ローンの参加金融機関に対して、平成 19 年 3 月決算において一部不適切な処理がなされている可能性があるため、専門家に決算書の精査を依頼する予定である旨を記載した A 社名義の書面

---

12) 松尾直彦『金融商品取引法〔第 5 版〕』71 頁（商事法務、2018）。

第4部　シンジケート・ローンの法的問題点

(「本件書面」)を送付していた。

　本件シ・ローンの調印日であった同年9月21日、Y銀行の担当者Cが調印手続のためにA社を訪れると、Bは、M銀行がA社の決算に不適切な処理があるとの疑念を抱いており、本件書面を別件シ・ローンの参加金融機関に送付したことを告げた(この本件書面の別件シ・ローンの参加金融機関宛の送付という事態についての情報を「本件情報」という)。しかし、Cは本件情報をX_1らに告げることなく、本件シ・ローンの調印手続を継続し、同年9月28日、9億円の貸付が実行された。

　その後、専門家による財務調査の結果、平成19年3月期のA社の決算書には多額の粉飾があることが明らかとなり、10月31日には、A社は別件シ・ローンについて期限の利益を喪失し、平成20年4月11日に民事再生手続開始決定がなされた。この結果、X_1らは多額の損失を被り、Y銀行に対して損害賠償請求訴訟を提起した。

[判決内容]

　第1審の名古屋地判平成22年3月26日判時2093号102頁は、アレンジャーは、①招聘を受けた金融機関の参加の可否の意思決定に影響を及ぼす重大な情報であり、かつ正確性・真実性のある情報であって、②アレンジャーにおいて、そのような性質の情報であることについて、特段の調査を要することなく容易に判断し得る情報を参加金融機関に提供しなかった場合には、参加金融機関に対して情報提供義務違反による不法行為責任を負いうるとしたが、本件では、招聘を受けた金融機関の参加の判断に重要な影響を及ぼす情報であることや、正確性・真実性のある情報であることについて、特段の調査を要することなく容易に判断し得るものではなかったとして、請求を棄却した。

　これに対し、第2審の名古屋高判平成23年4月14日判時2316号45頁は、アレンジャーは、信義則上、参加金融機関にとって取得することが困難でありながら、参加するかどうかを決定するうえで重要な情報を参加金融機関に提供すべき義務があり、アレンジャーがこれを故意に怠った場合、あるいは故意に匹敵するような重大な過失により参加金融機関の判断を誤らせた場合には、アレンジャーは、信義則上参加金融機

第1章　シンジケート・ローン取引における情報提供義務

関に対して当該情報を提供すべき義務に反し、不法行為責任を負うとしたうえで、本件で提供されなかった情報は、参加金融機関が参加の可否を決定するうえで極めて重要であり、Y銀行の担当者は情報の重要性を知りながらX_1らに開示することなく本件シ・ローンを実施したとして、Y銀行の不法行為責任を認め、Y銀行に対して損害賠償を命じた。

　最高裁の法廷意見は、以下のように述べて、Y銀行の不法行為責任を肯定した。

① 「本件情報は、A社のメインバンクであるM銀行が、A社の平成19年3月期決算書の内容に単に疑念を抱いたというにとどまらず、A社に対し、外部専門業者による決算書の精査を強く指示した上、その旨を別件シ・ローンの参加金融機関にも周知させたというものである。このような本件情報は、A社の信用力についての判断に重大な影響を与えるものであって、本来、借主となるA社自身が貸主となるX_1らに対して明らかにすべきであり、X_1らが本件シ・ローン参加前にこれを知れば、その参加を取り止めるか、少なくとも上記精査の結果を待つことにするのが通常の対応であるということができ、その対応をとっていたならば、本件シ・ローンを実行したことによる損害を被ることもなかったものと解される。」

② 「本件情報は、別件シ・ローンに関与していないX_1らが自ら知ることは通常期待し得ないものであるところ、前記事実関係によれば、Bは、本件シ・ローンのアレンジャーであるY銀行ないしその担当者のCに本件シ・ローンの組成・実行手続の継続に係る判断を委ねる趣旨で、本件情報をCに告げたというのである。」

③ 「これらの事実に照らせば、アレンジャーであるY銀行から本件シ・ローンの説明と参加の招へいを受けたX_1らとしては、Y銀行から交付された資料の中に、資料に含まれる資料の正確性・真実性についてY銀行は一切の責任を負わず、招へい先金融機関で独自にA社の信用力等の審査を行う必要があることなどが記載されていたものがあるとしても、Y銀行がアレンジャー業務の遂行過程で入手した本件情報については、これがX_1らに提供されるように対応することを期待するのが当然といえ、X_1らに対し本件シ・ローンへの参加を招へいしたY銀行と

第4部　シンジケート・ローンの法的問題点

しても、そのような対応が必要であることに容易に思い至るべきものといえる。」

④「この場合において、Y銀行がX₁らに直接本件情報を提供したとしても、本件の事実関係の下では、Y銀行のA社に対する守秘義務違反が問題となるものとはいえず、他にY銀行による本件情報の提供に何らかの支障があることもうかがわれない。」

⑤「そうすると、本件シ・ローンのアレンジャーであるY銀行は、本件シ・ローンへの参加を招へいしたX₁らに対し、信義則上、本件シ・ローン組成・実行前に本件情報を提供すべき注意義務を負うものと解するのが相当である。そして、Y銀行は、この義務に違反して本件情報をX₁らに提供しなかったのであるから、X₁らに対する不法行為責任が認められるというべきである。」

本判決には田原裁判官の補足意見が付されており、そこでは、招聘を受けた金融機関が参加の可否を判断するのに重大な影響を与える事実を借受人が金融機関に秘匿していることをアレンジャーが知った場合に、その事実を秘匿したままアレンジャーの業務を遂行し、その結果シンジケート・ローンの参加者が損害を被った場合には、アレンジャーは借受人の情報提供義務違反に加担したものとして、借入人とともに共同不法行為責任を問う場合があるといった見解が示されている。

［検討］

本最高裁判決は、アレンジャーが参加金融機関に対して負う情報提供義務の内容について一般的な基準を示したものではなく、少なくとも本事例のもとでは不法行為責任を負うと述べた事例判決である[13]。本件の具体的な事実関係のもとで、アレンジャーの不法行為責任を認めた本判決の結論については、妥当なものであるとの見解の方が多いようである[14]。微妙な事案であるが、Y銀行に伝えられた本件情報の内容（単に、M銀行が粉飾を疑っているというレベルではなく、M銀行が別件のシンジケート・ローンの参加行に本件書面の送付を求めた点）を考えるならば[15]、

---

13) 本判決への匿名コメント・金判1412号16頁、道垣内弘人「シンジケート・ローンにおけるアレンジャーの情報提供義務」私法判例リマークス2014年（上）9頁。

第1章 シンジケート・ローン取引における情報提供義務

本判決の結論は首肯できる[16]。

法廷意見は、どのような場合にアレンジャーが参加金融機関に対して情報を提供しないことが不法行為責任を生じさせるかについて、一般的な基準を示すものではないが、判示からは、(ア)参加行が自ら入手することは期待できない情報であること（判旨②の前半）、(イ)この情報をアレンジャーだけが入手していること（判旨②の後半）、(ウ)この情報が与信判断に重大な影響を与えるものであり、この情報を知ったならば参加の取りやめにもつながるようなものであること（判旨①）、といった事情がある場合には、アレンジャーは当該情報を参加行に対して提供する信義則上の義務があるといった考え方が導きだせるように思われる。この(ア)から(ウ)は、日本ローン債権市場協会（JSLA）が2003年に公表した「ローン・シンジケーション取引における行為規範」や2007年に公表した「ローン・シンジケーション取引に係る取引参加者の実務指針について」で示された考え方にほぼ合致するものであると思われる[17]。

ただし、本判決はそれに加えて、(エ)この情報がY銀行がアレンジャー業務の遂行過程で入手したものであること（判旨③）、(オ)Y銀行がこの情報を参加行に提供したとしても借入人に対する守秘義務違反の問題を生じさせないこと（判旨④）[18]、に言及している。これらの条件

---

14) 川口恭弘「〈判例紹介〉シンジケート・ローンにおけるアレンジャーの情報提供義務」民商法雑誌148巻1号101頁（2012年）、神田ほか295頁〔渡邉展行〕、奈良輝久「金融機関Yをいわゆるアレンジャーとするシンジケートローンへの参加の招聘に応じた金融機関に対し、Yが信義則上の情報提供義務を負うとされた事例」金判1426号11頁（2013年）、久保田隆「シンジケートローンのアレンジャーに信義則上の情報提供義務違反を認めた事例」ジュリ1466号121頁（2014年）など。

15) シンジケート・ローンの契約書では、借入人は財務諸表等が正確かつ適法に作成されていることを表明・保証しており、これが真実でないことが判明した場合には期限の利益喪失事由とされ、借入人はそうした事実が生じた場合には直ちにエージェントおよび貸付人に通知することを約束しているのが一般的である

16) 本判決を分析したものとして、森下哲朗「シンジケートローンにおけるアレンジャーの責任に関する最高裁判決」金法1968号6頁以下（2013年）を参照。

17) こうした見方を示すものとして、神作裕之「シンジケートローンにおけるアレンジャーの信義則上の情報提供義務違反に基づく不法行為責任が認められた事例」判例評論666号32頁（判時2223号162頁）（2014年）、山中利晃「シンジケート・ローンにおけるアレンジャーの注意義務」ジュリ1468号108頁（2014年）を参照。

は、上記のJSLAの示した考え方には言及されていない。本判決が言及する㈡や㈥が、アレンジャーが参加行に対して提供しなければならない情報の範囲を限定するものかどうか、すなわち、アレンジャーが参加行に提供しないと不法行為責任を負うのは、アレンジャーがアレンジャー業務の遂行過程で入手した情報に限られ、別の取引で入手した情報は含まれず（上記㈡関係）、また、借入人との関係で守秘義務が問題とならない情報に限られ、借入人との関係で守秘義務が問題となる情報については、情報を提供しなくてもよい（上記㈥関係）、と考えるべきかどうかが問題となる。本判決からは、この点について最高裁がどのように考えているかは明らかではない[19]。この点については、筆者としては、アレンジャー業務の遂行過程以外で入手された情報であっても開示義務の対象となり[20]、また、守秘義務があるからといって情報提供義務がなくなるわけではないと考えている[21]。

なお、本判決では、インフォメーション・メモランダムに含まれていた免責条項が、アレンジャーの情報提供義務との関係でどのような意味を持つと考えられたのかが、はっきりしない。この点については、「「正確性・真実性について一切の責任を負わない」ということと、伝えるべき情報を伝えないということは無関係だ、という意味であろう」といった見解が示されている[22]。確かに、提供された情報が正確かつ真実であることについて責任を負わないということ（この点については、インフォメーション・メモランダムの記載でカバーされている）と、信義則上提供すべき情報までも提供しなくてよい、ということとは別であり、少なく

18) 本判決では、なぜ、借入人に対する守秘義務違反の問題が生じないかについて明らかにされていないが、この情報は借入人自身が参加行に対して開示すべき情報であると述べており（上記①）、借入人本人が開示すべき義務を負っていたのだから、アレンジャーが参加行に開示しても守秘義務違反とはならない、と考えているように思われる。ただし、本人が開示すべき義務を負っている情報については、当然にアレンジャーが守秘義務を負わないといえるかどうかは疑問である。借入人が参加金融機関に対して情報提供義務を負うといっても、借入人はその義務を、どのような方法で、どのようなタイミングで履行するかについての自由は有するはずであり、そのような借入人の意向を無視して、アレンジャーが好きなタイミング・方法で借入人から提供を受けた情報を参加行に開示できると考えることは適切ではないと考えるからである。

19) 神作・前掲注17) 32頁以下。

とも本件における免責条項は本件における信義則上の義務を排除するようなものではなかったという結論は妥当なものであると思われる[23]。

2　東京地判平成25年11月26日金判1433号51頁

[事実関係]

　メガバンクであるY銀行が、土木・建築工事の設計・施工等を営む

20) 参加行に開示されたならば参加しなかったであろうという情報を現実にアレンジャーが有していながら開示をしなかったことが信義則に反すると考える場合、どのようなプロセスで入手した情報であるかという点は重視される必要はないと思われる。JSLAの行為規範・実務指針においても入手プロセスによる限定はなされていない。髙山崇彦＝戸澤晃広「シンジケート・ローンのアレンジャーにおける情報提供義務」事業再生と債権管理140号128頁（2013年）も同旨を説く。この点で、エージェントから参加行への情報提供に関しては、「エージェントは、本契約外の取引において取得した借入人に関する情報（借入人から受領した情報については、本契約に基づいて送付されたことが明示されていない限り、本契約外の取引において取得した情報とみなす。）を、他の貸付人に対して開示する義務を負わ」ない（JSLAが2013年に公表したタームローン契約書21条8項）といった明文の規定が置かれているのと状況が異なるが、これは、アレンジャーが果たすべき役割やアレンジャーによる情報提供が行われるプロセスとエージェントが果たすべき役割やエージェントによる情報提供が行われるプロセスの違いを考えるならば、不合理なものとはいえないと思われる。なお、アレンジメントを担当している部署が本店の特定の部署であり、当該部署は借入人と日常的に接していないために借入人についての情報を有さず、借入人と日常的に接している営業部門だけが借入人についての情報を有している場合、営業部門が知っていればアレンジャーが現実に知っているといえるのか、あるいは、アレンジメントを担当している部署が現実に知っている必要があるのか、という問題がある。この点について、JSLAの実務指針は、「アレンジャー業務を担当する部署は、当該借入人のリレーションを担当する部署と協働して、当該取引の組成をしていると考えられるため、当該リレーション所管部署が取得している情報は、アレンジャーが保有する情報と考えるべきである」とする（実務指針6頁）。アレンジメントを担当する部署と協働して取引の組成に携わっている営業部門については、上記のことが当てはまるとしても、他の営業部門やアレンジャーの役職員が偶然に有していた借入人に関する情報については、具体的な状況に応じて慎重に考える必要があるように思われる。

21) 一般に、ある者が複数の者に対して相反する義務を有しており、一方に対する義務の履行が他方に対する義務違反となるからといって、当然に当該一方に対する義務が免除・軽減されるわけではないと考えられるからである。この点については、森下・前掲注10) 9頁以下、また、森下・前掲注16) 16頁以下を参照。川口・前掲注10) 17頁も同旨を説く。

22) 道垣内・前掲注13) 9頁。

23) 本件における免責条項については、森下・前掲注10) 11頁以下、森下・前掲注16) 19頁も参照。

第4部　シンジケート・ローンの法的問題点

株式会社であるA社に対する10億5000万円のシンジケート・ローンを組成し、平成19年9月27日、シンジケート・ローン契約が締結された。9月28日、このシンジケート・ローン契約に基づき融資が実行された。10億5000万円のうち、Y銀行は7億円を貸し付け、X銀行が1億円を貸し付けた。本件シ・ローンでは、A社がB建設より建築工事を受注すること、本件シ・ローンの融資金はこの建設工事に関する業務に用いられること、本件シ・ローンの返済は上記建設工事に係るB建設に対する請負代金債権に係る支払によってなされること、本件シ・ローンの債権を担保するため上記建設工事に係るB建設に対する請負代金債権についてシ・ローン債権者を担保権者とする譲渡担保権を設定すること、が前提とされていた。請負代金債権についての譲渡担保に関しては、Y銀行はA社より、B建設がA社に対して18億6648万円の工事を発注する旨を記載したB建設名義の注文書の写しの交付を受け、Y銀行はX銀行等参加銀行に対して、この写しを転送していた。

　第1回弁済日であった平成20年7月には分割返済金である1億8600万円が返済されたが、平成20年11月になって、A社はB建設から工事の発注を受けておらず、注文書はA社が偽造したものであったことが発覚した。そして、A社については平成21年6月、破産手続が開始された。X銀行は、約8200万円余りを回収することができなかった。X銀行は、①エージェントとしてのY銀行が、㋐A社がB建設と請負契約を締結していないという事実、および、㋑A社が請負契約の契約書の写しを提出するという譲渡担保契約上の義務に違反している事実、を知りながら、X銀行に対して伝えなかったことは、シ・ローン契約上のエージェントの義務違反に当たる、②アレンジャーとしてのY銀行が、㋐B建設に対して請負契約の存在を確認する等必要な調査を怠ったこと、㋑参加金融機関に対してA社が請負契約を受注しているとの虚偽の情報を提供したこと、によって、A社によるX銀行に対する詐欺に加担しており、不法行為責任を負う、③アレンジャーとしてのY銀行が、本件シ・ローンの組成段階において、㋐A社がB建設と請負契約を締結していないという事実、および、㋑A社が請負契約の契約書の写し

第1章　シンジケート・ローン取引における情報提供義務

を提出するという譲渡担保契約上の義務に違反している事実、をX銀行に対して提供しなかったことは、Y銀行がX銀行に対して負う信義則上の情報提供義務に違反する、と主張して、損害賠償を求めた。

[判決内容]

判決は、①については、Y銀行自身が(ア)の事実を知らなかったこと、また、(イ)に関しても真正な注文書の写しが提供されていないという事実を知らなかったこと、から、債務不履行は存在しないとした。②については、招聘に際してY銀行からX銀行に配布された参考検討資料は、「A社からの提供資料等をもとに作成されたものであり、アレンジャーにおいては、当該提供資料等の内容につきその正確性、真実性及び完全性の検討を加えておらず、本件参考検討資料及びアレンジャーが以後提供する追加資料等の内容の正確性、真実性及び完全性についても何ら保証をするものではなく、それらの内容が正確、真実又は完全ではなかったことにより金融機関が費用、損害その他の損失を被った場合でも、その理由のいかんを問わず、アレンジャーはそれについて何らの責任も負わない旨等が記載され、X銀行においても、それらの内容を十分に了知していた」し、X銀行は、「本件シ・ローンへの参加の意思決定のために必要な情報を特定し、追加情報が必要であると判断すればアレンジャーであるY銀行を経由してA社に対してその開示を要請し、それでも満足な情報を得ることができなければその参加自体を行わないことによってリスクの回避を図る」ことができたことからすれば、アレンジャーであるY銀行が、参加銀行が損害を被ることのないように、「融資の前提となる情報に虚偽がないことを調査し、確認すべき義務」を一般的に負っていたとはいえない、として、Y銀行の責任を否定した。また、③については、Y銀行は請負契約が存在しないという事実や真正な注文書の写しの提出を受けていないという事実を知らなかったのであるから、Y銀行には情報提供義務違反はない、とした。

[検討]

アレンジャーの参加金融機関に対する情報提供義務に関し、本判決と1の事案との違いは、1の事案ではアレンジャーが重要な事実（別件のシ

ンジケート・ローンに関して粉飾決算の可能性に関する情報が参加行に提供されたという事実）を現実に入手していたのに対して、本事案ではアレンジャーは請負契約が存在しないという事実を知らなかったという点である。本判決については、「本件のアレンジャーは借入人の当該偽装を認識していなかったとしても、「契約の存否について、注文書の原本の確認等の必要な調査を尽くしていれば……きわめて容易に確認しえたにもかかわらず、漫然とこれをおこたり、契約関係があることを誤信」して、詐欺的融資に参加金融機関を巻き込んで当該シンジケートローンを組成したことにつき、不適切なシンジケートローンの組成中止をしなかった責任を認める余地はある」との見解が示されている[24]。しかし、アレンジャーが実際に有している情報を開示すべきであるということと、アレンジャーが情報の真偽を積極的に調査すべきであるということとの間には大きな差がある。アレンジャーは実際に有している情報の提供を義務づけられる場合があるとしても、本判決がいうように、インフォメーション・メモランダムに記載された条項を考えるならば、アレンジャーが請負契約の存否について調査する義務を参加行との関係で負っていたということはいえないし、現に知らなかった情報について情報提供義務が生じるということもないと思われる[25]。

24) 栗原由紀子「シンジケートローンにおける借入人詐欺とアレンジャー・エージェントの責任」青森法政論叢15号118頁（2014年）。
25) 田澤元章・本件判批・ジュリ1491号105頁も、融資の前提となる情報の真実性・正確性を担保し責任を負うべきは借入人であり、アレンジャーが融資の前提となる情報を調査する義務を一般的には負っているとはいえないとした本判決は正当であるとする。なお、アレンジャーやエージェントが参加金融機関を代表して行った担保取得の手続に不手際があったとして参加金融機関から訴訟が提起された事案としては、Sumitomo Bank v BBL [1997] 1 Lloyd's L.R. 487 がある。この事案では、アレンジャーが担保不動産の価値下落リスクをカバーするための保険契約を締結したが、告知義務違反があったとして保険金の支払を拒否された。判決では、アレンジャーと参加金融機関の間には契約関係はないが、アレンジャーが保険会社との関係で告知義務を果たすという義務を引き受けていたとされ、アレンジャーには不法行為法上の注意義務違反があったとされた（本件については、森下哲朗「アレンジャー、エージェントの法的責任（2）」ジュリ1369号88頁以下（2008年））。

第1章　シンジケート・ローン取引における情報提供義務

Ⅳ　英国の裁判例

1　IFE Fund SA v Goldman Sachs International, [2006] EWHC 2887 (Comm), [2007] EWCA Civ 811 (Court of Appeal)

[事実関係]

　本件は、フランスの大手自動車部品販売店 Autodis SA による英国法人 Finelist plc の買収資金のファイナンスのために組成されたシンジケート・ファイナンスに関するものである。このファイナンスは複数の階層（tier）から成っており、被告である Goldman Sachs International（「GS」）はシニアとメザニン部分のファイナンスのアレンジと引受を行った。原告である IFE Fund SA（「IFE」）は、フランスの銀行（Credit Lyonnais）とプライベート・エクイティが出資してベルギー法に基づき設立されたファンドである。本件ファイナンスへの参加に際して IFE は、2000 年 3 月に、GS よりインフォメーション・メモランダム（「IM」）を受領していた。IM には、「重要なお知らせ」として、① IM に含まれた情報は Finelist 等の第三者から提供されたものであること、②アレンジャーはこのメモランダムに含まれた情報を検証しておらず、アレンジャーはメモランダムの正確さや完全さ等について明示または黙示の表明（representation）や保証（warranty）を行うものではないこと、③メモランダムに含まれた記述や情報を信頼したことによる損害についてアレンジャーは責任を負わないこと、④メモランダムに含まれた情報のアップ・デートを期待すべきものではないこと、⑤アレンジャーは Finelist 等の財務状況を調査する義務を負わないこと等が明記されていた。また、本件ではアーサー・アンダーセン（「AA」）が Autodis の依頼を受けて Finelist の財務状況の調査を行っており、1999 年 12 月と 2000 年 2 月時点での AA のレポートも IFE に手交された。しかし、未だ買収が確定していなかった時点で作成されたこれらのレポートは主として公開情報等の限られた情報に基づくものであり、そこでは Finelist の財務状況について特に注意を要する記載はなかった。2000 年 4 月になって、

209

第4部　シンジケート・ローンの法的問題点

GS は別のシンジケーションの組成に用いるため、AA に最終的なレポートの提出を依頼した。5月19日と5月26日に GS に提出されたドラフト・レポートでは、情報へのアクセスが困難であり作業が遅延している旨が記載されていた。しかし、5月19日と5月26日のドラフト・レポートが IFE に提供されることはなかった。結局、IFE は 2000 年 5 月 30 日にメザニン部分に参加し、Autodis が発行した債券とワラントを GS から購入した。2000 年 8 月になって、AA は GS に対して Finelist に粉飾があるとの情報を入手したこと伝え、更なる調査の結果、9月になって粉飾が明らかになったとの報告がなされた。10 月に Finelist について receivership が開始されるに至り、IFE は多額の損失を被ることとなった。このため、IFE が不実表示（misrepresentation）および過失による不法行為（negligence）等を理由として、GS に対して訴訟を提起したのが本件である。

　不実表示に関する責任との関係では、IFE は、IM を送付したこと、および、AA のレポートが IFE に提供されるように手配したことにより、GS は黙示的に、IM やレポートに含まれる情報が事実と大きく異なること、あるいは、大きく異なる可能性があることを示すような事情を知らないことを表明しており、また、この表明は 5 月 30 日に組成が完了するまで継続していたと主張した。これに対して GS は、GS が黙示的に表明していたのは、ミスリーディングな情報であると GS 自身が考えている情報を GS が提供することはないということに止まり、それ以上の表明は行っていないと主張した。要するに、IFE は、GS は提供する情報の正確性を疑わせるような事実を知らないという点について黙示的な表明をしていたと主張したのに対して（したがって、GS の主観に関わらず、客観的にみて情報の正確性を疑わせるような事実を GS 知っていたら、表明保証違反となり得る）、GS は、自分が提供する情報が不正確なものとは考えていないということについてしか黙示的な表明をしていない（したがって、GS 自身がどのように考えていたかという GS の主観が問題となる）と反論したのである。

第 1 章　シンジケート・ローン取引における情報提供義務

[判決内容]

　第 1 審の Toulson 判事は、以下のように述べて、IFE の主張を退けた。「IM を金融に経験が乏しく専門家のアドバイスも受けていない公衆に対して発行された書類であるかのように扱うことは正しくない。それは、専門家のマーケットで行動する金融について知識を有する主体（financially sophisticated entities）に対して発行されたものである。」「専門的なシンジケート・ファイナンスの世界では、スポンサー、債務者、アレンジャー、投資家が負う義務とリスクの決定を参加者に委ね、そうした決定を尊重すべきである。IM は、合理的な参加者であればその内容との関係でアレンジャーが引き受けた責任がどの範囲のものであると理解したかを判断すべく、全体として読まれなければならない」「IFE が主張するような範囲で黙示的表明があったとすることは、GS に対して、如何なる情報が開示される必要があるかを決定することを要求する。しかし、これは IM の明示の文言（「アレンジャーは、如何なる時点においても Finelist の財務状況を調査することを明示的に引き受けず、アレンジャーが知ることになった如何なる情報をも融資の参加を検討する者や現実の参加者に対して通知することを明示的に引き受けない」）に反する。」「IM を提供する際に誠実に行動していること（acting in good faith）、すなわち、ミスリーディングになるであろう情報を知りながら提供することは行っていないという黙示の表明があったということ、そして、それが継続的な表明であり、したがって、IM が発行された後、受領者がそれに依拠して行動する前の時点において、もし GS が誠実に提供された情報がミスリーディングであることに気づいたならば、これを開示する義務を負うことについて、私は疑問を抱かない。しかし、既に提供された情報がミスリーディングであることを現実に知っていることと、提供された情報がミスリーディングである可能性を伺わせる情報を入手しただけとの間には違いがある。後者の場合、IM の文言に照らし、GS は参加を検討している者に対し、事態を更に調査し、事態を通知するような義務を負わない」。

　また、過失による不法行為との関係では、IFE は、自身と GS との関

211

係は、IM や AA のレポートに含まれた情報が現に事実と異なることやその可能性を示すような事実を GS が知った場合には、それを IFE に通知する合理的な義務を GS に生じさせるような関係であると主張したが、Toulson 判事は、「メザニン・シンジケーションは専門の弁護士が作成した書類により規定された権利と義務を生じさせる相互に結びついた複数の契約関係を含むものである。そのような状況では、裁判所は、契約書に注意深く規定された内容を超えて過失責任を加重するようなことにはとても慎重であるべきである。IM の文言が明らかに示すように、GS は IFE のアドバイザーとして行為していたわけではなく、IFE に専門家としてのサービスを提供することを意図していたものでもない。GS はスポンサーのために行為しており、IM の受領者のために行為していたのではない。一般に、商取引のための交渉における当事者は相手方に対して情報を開示すべき積極的な義務を負わない。開示の義務が引き受けられることもあり得るが、本件のような事案では明示的にも黙示的にもそうした義務は引き受けられていない。」と述べ、やはり IFE の主張を退けた。

　IFE は控訴したが、控訴審は原審と同様、IFE の請求を棄却した。控訴審の Gage 判事は、GS がどのような表明をしていたかは、IM の「重要なお知らせ」の内容を参照して検討しなければならないとしたうえで、「重要なお知らせ」では、GS は独自に情報を検証しないこと、情報の正確さ・完全さについて責任を負わないこと、が明示的に述べられており、したがって、GS は AA の 1999 年 12 月、2000 年 2 月のレポートの正確さ・完全さについて表明を行っていないことは明らかであるとした。そして、「重要なお知らせ」によって、GS は、IM に含まれた情報を、IM の発行時、そして、IFE がメザニン部分に参加するまでの如何なる時点においても、自ら見直す義務から解放されるのであるとした。Gage 判事は、GS が行った唯一の表明は、自らが善意（good faith）であるということであり、GS が IM に含まれた情報がミスリーディングなものであることを示すような情報を自らが取得していることを現に知っていた場合に限り、不実表示の問題を生じる余地があるとした（ただ

し、主観的要件も立証される必要がある)。Toulson 判事が、すでに提供された情報がミスリーディングであることを現実に知っていることと、提供された情報がミスリーディングである可能性を伺わせる情報を入手しただけとの間には違いがある、とした点については、Gage 判事は、本件状況のもとでは、この区別は正当なものであり、前者の場合には bad faith の問題となり得るとした。そして、2000 年 5 月 19 日のレポートの「リスクのレベルは 5 段階のうち 4」(5 が最もリスクが高い) と述べている個所に、GS の担当者と思われる者が手書きで、「シンジケーションの役に立たない!」と書いてある等の事実があったとしても、GS は IFE に手交された 2 つの IM がミスリーディングなものとするような情報を現に知っていたということはできず、また、GS は bad faith でなかったとの Toulson 判事の判決は、許容されるものであるとした。

[検討]

本判決は、基本的に、インフォメーション・メモランダムの記載事項の効力を認め、その内容を尊重するものであり、アレンジャーの負う義務の明確化に資するものとして評価されているようである[26]。

本判決によれば、本事例においてもみられたような一般的な免責条項がインフォメーション・メモランダムに含まれている場合には、アレンジャーは、すでに提供した情報がミスリーディングなものであると現実に知っていた場合には、すでに提供した情報が事実と異なるミスリーディングなものである旨を参加金融機関に通知する義務を負いうるが、アレンジャー自らが情報の正確さを検証する必要はないし、新しい情報が入手された場合であっても、それがすでに提供した情報がミスリーディングなものであることを明らかに示すものである場合を除き、そうした情報を追加的に参加金融機関に対して提供する義務もない。本判決は、プロフェッショナルな金融機関同士の取引である以上は、まずは、そうしたプロフェッショナルな当事者達が自ら決めたこと(本件の場合にはインフォメーション・メモランダムにおける記載事項)を最大限尊重し

---

[26] Denis Petkovic, Arranger Liability in the Euro Markets, Banking Law Journal, Vol. 125, No. 1, 49, at 63.

第4部　シンジケート・ローンの法的問題点

ようという英国の裁判所の基本的なスタンスに従ったものであると評価できるだろう。本判決について、高度な金融専門会社同士であっても、情報格差が大きい場合にはアレンジャーに情報提供させた方が望ましい場合もあるのではないか、後からシンジケートに参加した投資家とアレンジャーとの間では交渉力に差があるのではないか、といった指摘もあるが[27]、一般投資家が参加しているならばともかく、融資のプロフェッショナルである金融機関との関係では、情報格差の大きさを理由としてアレンジャーに情報提供義務を課すという考え方は適切ではないと考える。他方で、bad faith な行動は許されず、アレンジャーが、ミスリーディングな情報、虚偽な情報であることを知りながら、敢えてその情報を参加行に提供した場合には、責任を負う。そして、提供済みの情報がミスリーディングであることを実際に知った場合には、提供済みの情報がミスリーディングなものであることを参加行に通知しなければならないという義務は、アレンジャーが参加行に情報提供を行う場合に当然に生じる黙示の義務であって、プロフェッショナルな当事者間の取引であったとしても、bad faith な当事者は許さないという本判決の考え方はバランスの取れたものであると思われる。

　アレンジャーが入手した情報が、現に IM の情報がミスリーディングであることを示すものか、単にその可能性を示唆するものかの決定が容易ではない場合も考えられるが、通常の金融機関がすでに得た情報が不正確である可能性を示す情報に接したならば、借入人に確認する等の手順を踏むはずであろう。アレンジャーとしては、入手した情報がすでに参加行に提供した情報の正確さを疑わせる可能性があるものである場合には、借入人に対して当該情報の参加行宛の開示を促す等の対応をとることによって、漫然とアレンジを進めることのないように注意する必要があると考えられる。

---

[27] 久保田隆「アレンジャーの情報提供責任と集団行動条項の有効性」ジュリ1372号166頁（2009年）。

2　Torre Asset Funding Ltd & another v The Royal Bank of Scotland plc, [2013] EWHC 2670 (Ch)

[事実関係]

　不動産会社であるA社が、2006年6月に新たに不動産ポートフォリオを取得し、すでに2005年に取得していた既存の不動産ポートフォリオと組み合わせて新たに大きな不動産ポートフォリオを組成するに際して、かねてから取引のあった被告RBS（Royal Bank of Scotland）に対して、リファイナンスを依頼した。本件訴訟の原告であるXは、2007年1月、メザニン部分に属するローン（B1ローン）を2738万ポンドでRBSより取得した。RBSはB1ローンのエージェントであったが、実際に本件のエージェント業務を担当したのは不動産投資部門の職員であり、複雑なファイナンス案件でのエージェント業務を担当した経験がなかった。本件リファイナンスは、その当初から、不動産ポートフォリオからの収入が増加していくことを前提に組成されており、もし、収入が2006年10月時点のレベルのまま推移した場合には、メザニン部分の利払いを行うことができず、ローン契約上の財務コベナンツ違反となってしまうことが明らかであった。しかし、2007年半ばからすでに、ポートフォリオからの収入は計画を下回るようになり、すでに2007年7月には、メザニン部分の利払いの繰り延べなしには、将来のデフォルトを回避できない見込みとなった。そこで、A社は、メザニン部分の債権者との協議を行ったが、必要な同意を得ることができず、結局、2008年7月半ば、A社は債権者に対して、利払のための資金がなく、デフォルト事由に該当する事情が発生している旨を通知した。A社については、2008年9月、レシーバーシップが開始された。

　Xは、2007年7月時点ですでにデフォルト事由があり、エージェントであるRBSはその事実をXに通知すべき義務があったにも関わらず、通知しなかった等と主張して、RBSに対して損害賠償を求めた。

[判決内容]

　まず、RBSは、ローン契約書26.2条（e）に、「融資契約におけるエージェントの義務は単に機械的で事務的な性格のものである（solely mechanical and administrative in nature)」と規定されている点を挙げて、エージェントは借入人からの書類やメッセージを参加銀行に届ける郵便配達人のような役割を果たすだけである、と主張した。しかし、この点について判決は、契約書においてエージェントの免責条項があるということは、単に配達人以上の義務を負っていることを示唆するし、他の条項では一定の事項についてエージェントの同意が求められている場合もあるので、この条項だけを取り出してエージェントの義務内容を考えるのではなく、他の具体的な条項との関係でその意味を考えていかなければならないとした。

2007年7月時点ですでにデフォルト事由に該当する事情があったにも関わらず、通知しなかったという原告の主張については、判決は、2007年7月時点でデフォルト該当事由があったとしたうえで、しかし、ローン契約書の規定によれば、RBSはこの事実をXに伝える義務はなかったとした。Xは、代理人であるRBSはコモンロー上、本人に対して情報を提供すべき一般的な義務を負うと主張したが、判決は、エージェントはローン契約で定められた義務のみを負うとローン契約に規定されており、通常の代理人のような広範な義務を負うわけではないとした。

また、Xは、RBSはXに案件の状況に関する情報を提供すべき黙示の義務（implied terms）を負うと主張したが、判決は、対等の当事者間の商取引上の合意について黙示の義務が認められるかどうかを考える際には、明確性や予測可能性の要請が重要な要素であること、本件ローン契約書には、「多数貸主の指示がない場合には、エージェントは貸主の利益に資すると考える作為・不作為をできる」「エージェントは、合理的に判断してエージェントとして受領したと考えられる情報を他の契約当事者に開示できる」といった条項があり、エージェントはこれらの条項に基づき合理的に裁量を行使することが求められているのであるから、これ以上に黙示の義務を追加する必要はないとした、また、Xが主張するような黙示の義務は、実際にデフォルトが生じているかどうかという難しい判断をエージェントに求めることになるが、エージェントの

義務は機械的・事務的なものであるという条項に照らして考えるならば、エージェントはそのような義務を課せられるべきではないとした。なお、Xは、債権者間協定に基づきRBSはデフォルトに関する情報を開示すべき義務を負うとも主張したが、その主張も認められなかった。

なお、判決は、他のローン契約書の条項についても述べている。たとえば、「エージェントは、重過失あるいは故意により直接もたらされた場合を除き、融資契約書に関して取った行為（any action taken by it）について責任を負わない」旨の条項について、Xはこの条項はRBSの作為についてのみ適用され、不作為の場合には適用されないと主張したが、判決は、ローン契約書の構成やビジネスの常識（common sense）に照らせば、本条項における「行為」は不作為を含むと解するべきであるとした。他方、仮に、RBSがデフォルトの事実についての情報やビジネス・プランを提供する義務を負っていたとしたならば、「各貸し手は自ら独立してすべてのリスクの評価・調査を行うことについて責任を負う」旨の条項は、RBSの情報提供義務を免除することにはならないとした。なぜならば、各貸し手が独立してリスク評価を行うと定める条項は、提供された情報を各参加行がどのように評価すべきかについてRBSはXにアドバイスする義務はないことを意味しているが、RBSがXに特定の情報を提供する義務があるかどうかという問題は、情報の評価の前の段階の問題であり、この条項はそうした情報を提供する義務があるかどうかという段階の問題には触れていないからである。

[検討]

本判決も、1の判決と同様、sophisticatedな当事者間の商取引における当事者の合意を最大限に尊重しようとする英国の裁判所の基本的な姿勢を示したものであるといえる[28][29]。

---

28) 商取引の当事者間については契約内容を尊重し、契約上の禁反言の法理などによって、契約に規定された免責条項を根拠に金融機関に対する訴えを退けるという傾向は、シンジケート・ローンとの関係に限られたものではなく、デリバティブ取引に関して顧客が金融機関を訴える場合についても、最近の英国の裁判例の傾向となっている（森下哲朗「アマ以外の顧客へのデリバティブの販売」金融法務研究会『金融商品の販売における金融機関の説明義務等』99頁以下（2014年）を参照）。

第 4 部　シンジケート・ローンの法的問題点

本判決で検討されたローン契約書の各条項は、日本の JSLA が作成しているシンジケート・ローンの雛型においてもみられる条項であり、たとえば、「エージェントは、重過失あるいは故意により直接もたらされた場合を除き、融資契約書に関して取った行為（any action taken by it）について責任を負わない」といった免責条項は、作為の場合のみならず不作為の場合も含むとの点や、「各貸し手は自ら独立してすべてのリスクの評価・調査を行うことについて責任を負う」旨の条項はエージェントの情報提供義務違反を免責しないとの点についての本判決に示された考え方は、日本法との関係でこれらの契約条項を解釈するうえでも参考になると思われる。

V　米国の裁判例

・Harbinger Capital Partners Master Fund I, v Wachovia Capital Makets et. al, 910 N.Y.S. 2d 762（Supreme Court of New York, 2010）
[事実関係]

　本件では、飲料等の製造・販売を行っていた借入人に対して、被告が約 285 百万米ドルのシンジケート・ローンをアレンジしたところ、ローンの実行後間もなく、借入人が粉飾決算をしていたことが発覚し、ローンの実行からわずか 60 日後に、借入人について倒産手続が開始された。そこで、このシンジケート・ローンの貸し手達が、被告は、借入人が粉飾をしており、利払いが遅延する等、財務的に厳しい状況にあったことを、かなり前から知っていながら本件シンジケート・ローンを組成し、ローンの招聘に際して、水増しされた収益額が記載された参考資料を提供したと主張し、NY 州法上の詐欺や不実表示があったと主張して、損害の賠償を求めた。そこで、被告は、サマリー・ジャッジメント（陪審審理を経ない裁判）による請求棄却を求める申し立てを行った。

29）Zakrzewski, supra note 8, at 526 は、本判決について、エージェントの義務が契約で限定されており、追加の義務をエージェントに負わせる余地はほとんどないことを明らかにしたものであるとする。

第1章 シンジケート・ローン取引における情報提供義務

[判決内容]

　ニューヨーク州法上詐欺が認められるためには、①被告が重大な虚偽の表示をしたこと、②原告を騙す意図があったこと、③原告がその表示を合理的に信頼したこと、④その信頼の結果として原告が損害を被ったこと、といった要件が満たされる必要があるが、被告は、契約書の中に、「各貸し手は自ら独自に、かつ、エージェントやアレンジャーに依存することなく、自らが適切であると考える書類や情報に基づき、借入人等の事業、業務、財産、財務状況、信用等を評価・調査することを表明する」、「エージェントは、借入人等の信用状態に関する情報やその他の情報を提供する義務を負わない」といった条項があることを指摘し、これらの条項により、原告らは被告による表明を合理的に信頼したと主張することは許されない、と主張した。判決は、ニューヨーク州の判例に照らしても、この被告の主張は正当なものであるとした。原告らは、上記の条項が有効であるとしたとしても、ニューヨーク州法上、もし、被告が虚偽の表示を行った事実が、被告のみが特に知っているものである場合には、例外的に、被告の表示に依拠することが妨げられない、とする「特有な知識の例外（peculiar knowledge exception）」が認められており、本件においてもこの「特有な知識の例外」が適用されるべきであると主張した。これに対して被告は、ローン契約書において、貸し手は営業時間中に借入人の施設を訪問し、帳簿等を調査することができると規定していることを挙げるとともに、ニューヨーク州法上、「特有な知識の例外」は原告らが知識のある投資家（sophisticated investor）である場合には適用されないとされていると主張した。原告は、被告は原告らが被告の財務状況に気づくのを積極的に妨害した、と主張した。

　結局、判決は、原告らの信頼が合理的なものであったかどうかについて事実問題があるとして、サマリー・ジャッジメントを認めなかった。なお、判決は、「特有な知識の例外」は、理論的には原告が真実を発見することが可能であったとしても、発見に異常な努力や困難を強いるものである場合にも適用されると述べ、また、被告と借入人および本件融資との独特の関係のため、原告らが容易に入手できないような決定的な

情報を被告が有しているとするならば、決定的な情報が開示されないまま取引がなされることが本質的に不公正である（inherently unfair）場合には当該情報を開示する義務が生じるとする「特別の事実」の法理（special facts doctrine）も問題となり得ると述べている。

なお、過失による不実表示（negligent misrepresentation）については、ニューヨーク州法上、過失による不実表示が認められるためには、原告らは、①被告に対して原告らへの正しい情報の提供を義務づけるような原被告間の特別の関係の存在、②情報が不正確であったとの事実、③原告らによる情報の信頼、を示さなければならないとしたうえで、被告が主張するように、ローン契約では、被告は原告らに対して信認義務（fiduciary duty）を負わないと明記されており、独立した当事者間では①の特別の関係は存在しないとするのが判例であると述べて、不実表示については請求を棄却した。結局、本件は和解により決着したようである。

[検討]

本件の契約書に含まれていた「各貸し手は自ら独自に、かつ、エージェントやアレンジャーに依存することなく、自らが適切であると考える書類や情報に基づき、借入人等の事業、業務、財産、財務状況、信用等を評価・調査することを表明する」、「エージェントやアレンジャーは、借入人等の信用状態に関する情報やその他の情報を提供する義務を負わない」旨の条項は、米国では "Big-Boy Letters" と呼ばれている。このようなBig-Boy Letterは、知識や経験のある当事者間の投資取引等で用いられるもので、典型的には、一方当事者が公開されていない情報を有しているとしても、相手方はそれに依拠せず、自分自身で必要な調査を行って投資判断を行うことを宣言するものである[30]。

本判決は、この条項の効力は認めつつ、「特有な知識の例外」の法理等についての検討の余地があるとし、Big-Boy Lettersが万能のものではなく、詐欺的な取引などを免責するものではないことを示したものである。

---

30) Joseph McLaughlin, Corporate Litigation : Big Boy Letters and Non-Reliance Provisions, 1（2012）（www.stblaw.com/docs/default-source/cold-fusion-existing-content/publication/pub1553.pdf）

第1章　シンジケート・ローン取引における情報提供義務

Ⅵ　アレンジャー・エージェントの情報提供義務についての検討

以下では、以上の裁判例を素材に、アレンジャー・エージェントの情報提供義務について、いくつかの観点から検討することとしたい。

1　アレンジャーの位置づけ

まず、シンジケート・ローン取引におけるアレンジャーをどのようなものとして位置づけるかという点で、大きく2つの考え方があるように思われる。

たとえば、JSLAが2003年に公表した「ローン・シンジケーション取引における行為規範」では、「アレンジャーは借入人の依頼を受けてローン・シンジケーションの組成を行うものである。従って、参加金融機関に開示される情報の範囲については、借入人が一義的に決定するものであり、アレンジャーは借入人の意向に沿って単に情報を伝達するだけの主体と位置づけられる」との立場を示しているとしたうえで、「借入人が開示することを決定した情報量がローン・シンジケーションへの参加の意思決定のために十分ではない場合、参加金融機関は追加的な情報の開示を要請することはできるが、この参加金融機関の要請に対し、借入人がそれに応じる「義務」はなく、アレンジャーが借入人に情報の開示を促す「義務」もない」とする[31]。また、「参加金融機関はアレンジャーや他参加金融機関と同等の情報がなければ参加の意思決定ができないということでもない。参加金融機関は特定のローン・シンジケーションへの参加の意思決定のために必要な情報を特定し、追加情報が必要と判断すればアレンジャー経由で借入人に開示を要請することができる。それにもかかわらず、その参加金融機関が満足な情報を得ることができなければ、それに参加しないことによって、リスクを回避することができる」とする[32]。このようなJSLAの見解によれば、アレンジャーの情報

31）JSLA行為規範4頁。
32）JSLA行為規範6頁以下。

221

第4部　シンジケート・ローンの法的問題点

提供義務は例外的なものとなる。

　これに対して、わが国においてシンジケート・ローン取引に関わる金融機関や投資家の範囲が拡大していることも踏まえ、「今後は貸付側に必ずしもシ・ローンに通じていない小規模の投資家が参加する場合も増加するとみられる。そうなれば参加機関によるアレンジャー及びエージェントへの依存は強まると思われる。また、日本においては、アレンジャー及びエージェントが借入人のメインバンクの立場にあることが多いため、借入人が非上場企業であれば情報の入手先は事実上アレンジャー及びエージェントに限定されるということもある。このようなわが国のシ・ローンの実態からは、アレンジャー及びエージェントはシ・ローン契約当事者の信頼を強く受ける立場にあるといえ、より高度な情報開示義務が求められるのではないか」との指摘や[33]、アレンジャーが情報提供に怠慢になれば悪質な案件が増加してシ・ローン市場の信認が低下するので、アレンジャーには、最低限の信認義務を課すべきであるであるといった見解も示されている[34]。

　英米では、すでに述べたように前者の見解が有力である。具体的には、信認義務が認められる前提としては、アレンジャーが自己の利益よりも参加金融機関の利益を優先することを参加金融機関が合理的に期待できることが必要であるところ、シンジケート・ローン取引は対等の当事者間の取引であって参加金融機関がアレンジャーに依存することは許されず、信認義務を認めるべきではないという見解が有力である[35]。この点では、わが国においても、最判平成24年11月27日の地裁、高裁は信認義務に基づく主張を否定しており、学説でも同様の見解が多い[36]。

　日本では、2007年JSLAが公表した「ローン・シンジケーション取引に係る取引参加者の実務指針について」が、「本邦では、アレンジャーを務める金融機関は、借入人のメイン乃至はコアバンクであることが多

---

33) 濱崎淳子「シンジケート・ローンにおけるアレンジャー及びエージェントの法的地位――参加機関に対する情報開示義務について」東京大学法科大学院ローレビュー1巻113頁（2006年）。
34) 久保田・前掲注14) 121頁。
35) 前掲注8・9) および、対応する本文を参照。

第1章　シンジケート・ローン取引における情報提供義務

く、参加金融機関との間での情報の非対称性が問題となりうる」としたうえで、「情報の非対称性に関連してアレンジャーが留意すべき事項として」、①アレンジャーが知っていながら参加金融機関に伝達していない情報が存在すること、②その情報が借入人より開示されない限り参加金融機関が入手し得ないものであること、③その情報は、参加金融機関のローン・シンジケーションへの参加の意思決定のために重大な情報であること、といった要件を満たすような事態が発生した場合において、アレンジャーが借入人による情報開示を促すことなくローン・シンジケーション取引の組成を進めたときは、民法709条に基づく不法行為責任を負う可能性があるとしており[37]、2003年に公表された行為規範におけるスタンスよりは、やや後者の見解に接近しているようにみえる。本章で紹介した日本の2件の裁判例も、何らかの一般的な規範を示したものではなく、かなり特殊な事例についての事例判決であり、これらの裁判例からだけでは、日本の方向性を見極めるのは尚早であろう。

　最高裁の事例の原告には信用金庫が含まれていた。銀行と信用金庫では経験や専門的な能力に違いがあるとの見方もありえようが、信用金庫といえどもプロの金融機関である以上、これらの金融機関に閉ざされた市場である限りにおいては、基本的に前者の考え方が適当であるように思われる。プロフェッショナルのための市場であることによって、不芳なプレイヤーについては市場内の評判による制裁が機能することも期待される[38]。

36) 地裁判決について検討する、十市崇＝幸丸雄紀「シンジケート・ローンにおける情報提供義務──名古屋地裁判決から見るアレンジャーの責任」ファイナンシャルコンプライアンス2010年12月号84頁以下は「一応肯定できる」とし、大上良介「シンジケートローンにおけるアレンジャーの責任──名古屋地裁平成22年3月26日判決について」銀行法務21・718号7頁（2010）は「一般論として適切」とする。なお、大上・前掲8頁では、インフォメモの免責条項の存在が信認義務を否定した判断の一要素となった可能性があり、アレンジャーと参加金融機関との間の情報の非対称性により免責条項が適用される前提を欠く場合には、信認義務を認める余地が全くないわけではないように思われるとするが、金融機関が参加するシンジケート・ローン取引において、情報の非対称性を理由に免責条項の効力が否定されるような場合があり得るかは疑問である。

37) JSLA実務指針5頁。

223

2 現実に知っていたということと、知るべきであった、調査するべきであったということとの差

　英国の IFE Fund v Goldman Sachs International の事案では、情報提供義務の対象となる情報について考える際に、現実にアレンジャーが知っていた具体的な情報であった場合と、そうではなく、アレンジャーが有する他の情報から推認できる可能性があった場合や、調査すればわかるという情報であった場合とを区別した。

　この現に知っていたかどうか、という区別はアレンジャー、エージェントを問わず、有用なものであると思われる。アレンジャーとしては、参加金融機関のために調査したり、あるいは、知ろうとする努力をする義務はない。アレンジャーは参加金融機関から委任を受けているわけでもなく、何らかの契約上の義務を負っているわけではない。むしろ、負わない、といっている。ただ、実際に知っている場合には、単にその情報を提供するかどうかという義務が残る。そして、その情報が客観的にみて、相手が契約に入るかどうかを決定する上で重要である場合には、提供する義務がある、という考え方は、過度な負担を課すものではなく、また、合理的であると思われる。

　このような観点からは、日本の最判平成24年11月27日の事案は、すでに提供されていた情報がミスリーディングであることをアレンジャーが現に知っていたというケースと考えられ、英国法のもとでも同様の結論が導かれる可能性が高かったのではないかと思われる[39]。

　エージェントについても、シンジケート・ローン契約書においてエージェントの役割や義務が限定されていることを考えるならば、エージェ

---

[38] アレンジャーの役割を考えるにあたり、借入人が大企業の場合と中小企業の場合を分けて考えるべきであり、財務情報に対する信頼性が大企業ほどではない中小企業が借入人の場合には、アレンジャーが果たすべき役割が加重されるべきであり、借入人に対する助言義務の他、参加金融機関に対する情報提供義務などがより具体的に、より強く要請されるとの見解も示されている（神吉正三「シンジケート・ローンの組成過程における諸問題——中小企業を借入人とする市場の健全な形成に向けた政策論を中心として」龍谷法学50巻1号1頁、61頁以下（2017））。ただし、中小企業宛の融資に様々なコストのかかるシンジケート・ローンという手法を用いることの適否がまず問われるべきように思われる。

ントが自らそうした義務を引き受けたという事情がない限りは、情報を分析したり調査したりするような新たな義務を課すことは不要であると思われる。東京地判平成25年11月26日では、原告はエージェントである被告について、「貸付金債権の管理及び保全に関する情報を受領し、これを本件各参加金融機関に対して通知する義務」があったと主張していたが、判決はそうした義務を認めず、エージェントは注文書等が偽造されていた事実等を知らなかったのであるから、エージェントの債務不履行責任を否定した。上述のような観点から、適切な結論であったと考える。

3 当事者自治と契約書

本稿でみた英米の裁判例の特徴は、インフォメーション・メモランダムやローン契約書の規定を最大限尊重するという姿勢がみられる点である。これに対して、わが国の裁判例のうち、東京地裁の裁判例（上記Ⅲ2）ではインフォメーション・メモランダムの規定が重視されていたことが伺われるが、前記の最高裁判例（上記Ⅲ1）においては、なぜ、インフォメーション・メモランダムの規定がアレンジャーの不法行為責任の否定につながらないのかについて、何ら説明がなされておらず、分かりにくい[39]。

情報提供義務に関係しうるインフォメーション・メモランダムやローン契約書の条項には、さまざまな内容のものがあり、条項のカバーする内容をしっかりと見極めることが重要である。たとえば、インフォメーション・メモランダムの中に、「アレンジャーはここに含まれた情報の正確さ・完全さを検証しない」と書かれていたとしても、アレンジャー

---

[39] 実際、筆者が英国の複数の弁護士に対して、日本の最高裁判決の英訳を示して感想を聞いたところ、英国法のもとでも、既に提供した情報がミスリーディングであることを現に知っていた場合にはそれを伝えなければならず、本判決の結論には違和感はないとの意見に接した。

[40] こうしたこともあって、最高裁判決は免責文言を法的に無意味と判断しているのではないか、といった見解（樋口孝夫「シンジケート・ローンにおけるアレンジャーの参加金融機関に対する法的責任の問題点」銀行法務21・761号45頁以下（2013年））もある。

がインフォメーション・メモランダムとは別に、自発的に提供した情報については、インフォメーション・メモランダムにおける上記条項は当然には及ばない[41]。なお、英国の裁判例（上記IV 2）では、エージェントの情報提供義務に関連して、ローン契約書のさまざまな条項がどのような意味を持つかが検討された。すでに述べたように、そこでの検討内容は、日本法のもとでも参考になるものであると思われる。準拠法が異なるとしても、同様の金融取引を行う同種の事業者の合理的な意思は何かを探求する作業それ自体は、大きく異なるものとは思われないからである。

実務的には、上記のような裁判例も参考にしながら、各条項の射程や効果を精査し、必要に応じて修正していく必要があると思われる[42]。

4　契約書では排除できないもの

契約書の規定にかかわらず、排除できない義務があり、契約書の規定にかかわらず許されない行為があるという点については、各国とも一致していると思われる。

英国においても、善意であるということについての黙示の義務が課され、インフォメーション・メモランダムに記載された内容がミスリーディングであるということを実際に知っている場合には、それを通知する義務があると解されていることは、既述のとおりである。また、米国においても、Big Boy Letter は特有の知識の例外等によって制約を受ける。我が国においても、たとえば詐欺的な行為については、仮に形式的には免責条項の対象となり得る場合であっても、そのような詐欺的な行為についてまで免責するという意思はなかったというかたちでの条項の

41）たとえば、そのような判断を示したものとして、Natwest Australian Bank v Tricontinental Corp Ltd（Supreme Court of Victoria, Australia）, 1993 Vic. Lexis 8599 を参照。本判決については、森下哲朗「シンジケートローンの法的問題と契約書」金法 1591 号 9 頁（2000 年）を参照。

42）たとえば、樋口・前掲注40）49 頁以下は、日本の最高裁判例を踏まえて、アレンジャーの免責に関する規定をローン契約書や参加通知書において整備することが考えられると指摘する。

第1章 シンジケート・ローン取引における情報提供義務

解釈等により[43]、条項の効力を否定・制限することによって、同様の結果を導くことになると思われる。

5 守秘義務と情報提供義務

アレンジャーが、借入人に関する情報を参加金融機関に提供するに際して守秘義務が問題となるかどうかについて、最判平成24年11月27日の原審（名古屋高判平成23年4月14日判時2136号45頁）は、招聘する参加金融機関が参加の可否を判断するのに必要な情報については、借入人は「アレンジャーによる参加金融機関に対する情報提供は黙示的あるいは慣習上容認」しており、アレンジャーは「守秘義務がなく、反対に、これを提供する義務を負う」と述べた。これに対しては、「シンジケートローン組成における借入人およびアレンジャーの認識から乖離している」[44]、「実務上は、シ・ローンのアレンジャーは、……借入人に対する守秘義務に慎重に配慮しており、ネガティブ情報であったとしても、その開示について、まずは借入人の了承を得るべく交渉するのが通例である」[45]、等、金融実務の感覚から大きく乖離したものとして批判されている[46]。JSLA行為規範でも、「アレンジャーが参加金融機関に開示する借入人に関する情報は、借入人の承諾する範囲のものとなる」との考え方が示されている[47]。実際、このような情報提供が容認されており、自分についてのネガティブ情報が、自己の同意なく参加金融機関に提供されうるということになれば、借入人は安心してシンジケート・ローンの組成を依頼できないと感じるのではないだろうか。

最判平成24年11月27日は、A社の代表者であるBがM銀行による

---

43) 森下・前掲注16) 11頁以下。
44) 日比野俊介「アレンジメント業務の実務的観点からの検討」銀行法務21・732号19頁以下（2011年）。
45) 浅田隆＝本多知則「異例なアレンジャー業務の事例判決」金法1921号67頁（2011年）。
46) 渡辺隆生「シ・ローン・アレンジャーの情報開示義務」事業再生と債権管理133号180頁（2011年）、日本ローン債権市場協会「JSLA行為規範・実務指針におけるアレンジャーの借入人情報提供の考え方」銀行法務21・732号17頁（2011年）。
47) JSLA行為規範3頁。

227

第4部　シンジケート・ローンの法的問題点

疑念に関する情報をY銀行のCに伝えた点について、「Y銀行ないしCに本件シ・ローンの組成・実行手続の継続に係る判断を委ねる趣旨で、本件情報をCに告げた」としたうえで、「本件の事実関係の下では、Y銀行のA社に対する守秘義務違反が問題とな」らないとした。この点については、A社がY銀行に本件シ・ローンの継続に係る判断を委ねる趣旨で本件情報を提供した点に鑑みれば、A社はY銀行が本件情報をX_1らに開示することを許容することを意図していたといえることから、守秘義務は情報提供義務を否定する根拠とはならない、というのが本判決の趣旨であって、重要なネガティブ情報であるからといってアレンジャーの守秘義務を当然に否定する趣旨ではないとの見方が示されている[48]。借入人が情報提供に同意していたのであれば、守秘義務違反の問題は生じない。

しかし、最判平成24年11月27日における田原裁判官の補足意見では、原審判決と共通する考え方が示されている。すなわち、借入人が参加金融機関に対して提供義務を負っている情報については、借入人とアレンジャーとの間で別段の合意がない限り、当然に参加金融機関に開示されるべきであり、借入人はアレンジャーに対して守秘を求める利益を有しない、といった考え方である[49]。これに共通する考え方は、すでに、第三者である金融機関が有する顧客情報について文書提出命令の申立てがなされた事案である最決平成19年12月11日民集61巻9号3364頁において、「金融機関は、顧客との取引内容に関する情報や顧客との取引に関して得た顧客の信用にかかわる情報などの顧客情報につき、商慣習上又は契約上、当該顧客との関係において守秘義務を負い、その顧客情報をみだりに外部に漏らすことは許されない。しかしながら、金融機関が有する上記守秘義務は、上記の根拠に基づき個々の顧客との関係において認められるにすぎないものであるから、金融機関が民事訴訟において訴訟外の第三者として開示を求められた顧客情報につい

---

48) コメント・金法 1963 号 91 頁。
49) 木下正俊「シンジケートローン市場の拡大と課題」広島法科大学院論集9号33頁以下（2013年）は、この見解に賛成する。

第 1 章 シンジケート・ローン取引における情報提供義務

て、当該顧客自身が当該民事訴訟の当事者として開示義務を負う場合には、当該顧客は上記顧客情報につき金融機関の守秘義務により保護されるべき正当な利益を有せず、金融機関は、訴訟手続において上記顧客情報を開示しても守秘義務には違反しないというべきである。」として、示されていた。文書提出命令という文脈での最決平成 19 年 12 月 11 日には賛成する見解が多いように見受けられるが、そこでの考え方を、シンジケート・ローン取引の文脈にそのまま当てはめることができるかどうかは疑問である。第 1 に、顧客が参加金融機関に対して情報提供すべき義務があるかどうか、という点である。田原裁判官の補足意見では、「金融機関に融資を申し込む者は、その申込みに際して誠実に対応すべき義務を信義則上負っているものといえ、融資の可否の判断に大きな影響を与え得る情報を秘匿して融資の申込みを行い、その結果融資した金融機関に損害を与えた場合には、不法行為責任を負いうる」として、借入人の貸出人に対する一般的な情報提供義務を認める。しかし、対等な契約当事者間では、相互に情報提供義務を負わないのが原則である[50]。当事者の情報力や専門性等に格差がある場合等には信義則上の情報提供義務が認められるが、融資取引の顧客が融資の専門家である金融機関に対して信義則上の情報提供義務を負うという見解は、少なくともこれまでのところ、一般的なものとはいえないのではないだろうか。シンジケート・ローンの場合についても、借入人は、シンジケート・ローン契約上の義務として、貸出人に対して一定の情報提供を約束し、提供された情報の真正さを保証するが、それを超えて、契約締結前の段階において、一般的な信義則上の情報提供義務を認めることができるかは疑問で

---

[50] 債権法改正法作業の過程で、一定の要件のもと、契約当事者に対して相手方に対する情報提供義務を認める提案がなされたが、その際の資料においても（法務省民事局参事官室「民法（債権法）改正に関する中間試案」第 27 2)、あくまで原則は、「契約の当事者の一方がある情報を契約締結前に知らずに当該契約を締結したために損害を受けた場合であっても、相手方は、その損害を賠償する責任を負わない」というものであり、解説でも、「契約を締結するかどうかの判断の基礎となる情報は、各当事者がそれぞれの責任で収集すべきであり、ある情報を知らずに契約を締結したことによって損害を受けたとしても、相手方は、そのことによって何ら責任を負わないのが原則である」とされていた。

第4部　シンジケート・ローンの法的問題点

ある。

　第2に、仮に借入人が参加金融機関に対して情報を提供すべき義務を負うとしても、特定の文書を文書提出命令に応じて提出する場合には、金融機関が行う情報提供の形態やタイミングは金融機関の意思とは関係のない要因によって決定されるのに対して、アレンジャーが参加金融機関に対して借入人の情報を提供する場面では、どの程度の情報を開示するか、いつ開示するか、どのような方法で開示するか、等がアレンジャーの判断に委ねられる。そして、開示の時期や方法等によって、個々の情報の評価のされ方も異なり得る。借入人が参加金融機関に対して情報提供義務を負うといっても、借入人はその義務を、どのような方法で、どのようなタイミングで履行するかについての自由は有するはずである。補足意見のような考え方は、この点を看過するものである。以上より、この点に関する田原裁判官の補足意見は、適切なものとはいえない。

　守秘義務と情報提供義務との関係をどのように整理するかは難しい問題であるが[51]、アレンジャーは、情報提供義務の対象となる情報については、仮に借入人に対して守秘義務を負っていたとしても、開示しなければならず、守秘義務を理由に情報提供義務を免れることはできないと考えるべきである（このことは、一般に、ある者が複数の者に相反する義務を負担しており、一方に対する義務の履行が他方に対する義務違反になるからといって、当然に当該一方に対する義務が免除・軽減されるわけではないことからも裏付けられる）。アレンジャーが守秘義務を負っている情報については、参加銀行に対する情報提供義務の対象となる情報ではない、といった理解が市場参加者によって共有されているとするならば、そもそも当該情報は情報提供義務の対象とはならないので、守秘義務と情報提供義務の抵触という問題も生じない。しかし、JSLAの行為規範や実務指針をみても、そのような理解が存在しているとは思われない。

---

51) この点については、浅井弘章「金融機関における守秘義務と情報提供義務」銀行法務21・737号4頁（2011年）を参照。

Ⅶ　セカンダリー市場と情報提供義務

　情報提供義務は、プライマリー市場に限った問題ではなく、セカンダリー市場においても同様の問題が存在する。具体的には、セカンダリー市場においてローン債権を移転するにあたり、譲渡人は譲受人に対して、借入人等に関する情報をどの程度提供する義務があるのか、といった問題である。

1　日本における議論

　既述のように、JSLA が 2002 年に公表した「ローン・セカンダリー市場における情報開示に関する行為規範」では、譲渡対象債権を特定するために必要な「契約情報」と債務者の信用状態等に関する「信用情報」に分けたうえで、契約情報は提供すべきであるが、信用情報は提供する義務を負わない、といった基本的な考え方を示している。

　上記の行為規範や譲渡契約書に表れた譲渡人から譲受人に対する情報提供に関するこのような基本的な姿勢は、自己責任を問いうるプロフェッショナル同士の取引であることを重視するものであり、原則として、譲渡人は債務者の信用状態について情報を提供する義務を負わないというものである。ただし、たとえば、譲渡人が積極的に虚偽の情報を提供した場合のほか、譲受人が譲渡人からの情報提供に依存しても合理的であると思われるような関係を作出する等により信義則上情報提供義務を負担したといえるような状況において決定的に重要な情報を提供しなかった場合には、情報を提供しなかったことについて不法行為責任を負う余地があると思われる[52]。

　なお、JSLA のコミットメントライン契約書 33 条 1 項 2 号では、地位譲渡・貸付債権譲渡に際して、貸付人が相手方に守秘義務を負わせることを条件として、譲受人や譲受けを検討している者に対して、当該契約

52）片岡義弘ほか「座談会・貸付債権譲渡に関する法的問題——JSLA 契約書ひな型を契機として」金法 1626 号 17 頁以下（2001 年）。

に関連して入手した借入人の信用に関する情報や取引対象となる貸付債権の内容等に関する情報を提供することについて、借入人は異議を述べないと定めており、ローン債権の譲渡と守秘義務との関係については、契約上の手当てがなされている。ただし、貸付人の取引相手方が情報を漏洩した場合に、相手方との間で守秘義務契約を締結していたから貸付人は免責されるといえるかどうかについては、疑問の余地があり（情報を提供してよいということと、情報提供の結果として不利益を生じさせてもよいということとの間には差があると思われる）、譲渡人は実際に守秘義務を遵守できないような譲受人に対して債権を譲渡したことについて債務不履行責任を負う余地があると考える。

2 米国における議論

シンジケート・ローンがセカンダリー市場でより活発に取引され、金融機関に限らず、多様な投資家が証券投資と同様の感覚でシンジケート・ローンに投資することも多い米国の市場では[53]、ローンの売買において提供されるべき情報や各種情報の取扱いについての議論の状況も、日本とは異なる。

米国の Loan Syndication and Market Association（LSTA）が 2017 年 11 月に公表した "Statement of Principles for the Communication and Use of Confidential Information by Loan Market Participants" は、シンジケート・ローン債権を購入しようとする投資家が、公開情報のみに基づいて取引を行うことが前提である証券市場においても投資を行う場合も念頭に、ローン市場における望ましい慣行のあり方のみならず、重要な非公開情報に基づく取引を規制する証券規制との関係も視野に入れて、諸々の論点を検討している。

この Statement は、ローン市場における情報を① Syndicate Information（借入人がシンジケーションの全参加者に提供する秘密情報。組成時に提供される情報、継続的に提供される情報、何らかのイベントが発生した際に提供される情報からなり、また、証券法上の重要な非公開情報を含みう

---

53) 米国市場の状況については、第 2 部第 2 章を参照。

る)、②Borrower Restricted Information(借入人がシンジケーションの全参加者ではなく、エージェントのみ、あるいは、特定の参加者にのみ提供した秘密情報で、証券法上の重要な非公開情報を含みうる)、③Bank Loan Non-Restricting Information(借入人によって貸出人に秘密に提供されたが、証券法上の重要な非公開情報ではないもの)、④Public Information(公開情報)の4つに分ける[54]。

そのうえで、シンジケート・ローンのアレンジャーをはじめとして、上記の①のように重要な非公開情報を含む情報を入手して取引を行う者("private side"の参加者)と、重要な非公開情報に依らずに取引を行う者("public side"の参加者)がおり、同一の部署がローン債権も証券も扱いながら証券規制の対象となる非公開情報を受領することを避けるため、public sideで取引を行うとの選択をする投資家もいる一方で、社内でファイアー・ウォールを設けることによって、シンジケート・ローンについてprivate sideでの取引を行う部署と証券についてpublic sideでの取引を行う部署を分ける投資家もいるとする[55]。

そのうえで、Syndicate Informationを有する参加者が、professional integrityとfair dealingに関する適切な基準に準拠しながら、セカンダリー市場で当該情報に基づき取引を行うことができるのは、以下の場合であるとする。

① 参加者が適用される守秘義務に関する規定に準拠したうえで、取引相手方に当該情報を開示した場合
② 参加者は当該情報を取引相手方に開示していないが、参加者は取引相手方が当該情報を他から入手していると合理的に信じている場合、あるいは、取引相手方がすでにシンジケートのメンバーであり、当該情報を受領する機会を持っていた場合
③ 参加者は当該情報を取引相手方に開示していないが、参加者が取引相手方に情報の提供を提案し、取引相手方がそれを拒絶した場合であって、取引相手方がその情報には依拠しないということを書面

---

54) Statement 2 頁以下。
55) Statement 3 頁以下。

第4部　シンジケート・ローンの法的問題点

により記録してくれており、かつ、参加者が取引相手方は十分な専門家であって Syndicate Information の重要性を理解していると合理的に信じている場合

④　参加者は当該情報を取引相手方に開示していないか、取引相手方に対して、Syndicate Information の一部しか提供していないことを明確に伝えている場合で、取引相手方が Syndicate Information（あるいは未提供の Syndicate Information）の提供を求めず、かつ、取引相手方がその情報には依拠しないということを書面により記録してくれており、さらに、参加者が取引相手方は十分な専門家であって Syndicate Information の重要性や当該情報を入手する方法を理解していると合理的に信じている場合

一方、Borrower Restricted Information との関係では、一般に、参加者は Borrower Restricted Information を有している間は取引をするべきではないとしたうえで、そうした Borrower Restricted Information を借入人に対する義務に違反しない形で入手した場合であって、かつ、取引相手方が当該情報を持っているか、当該情報にアクセスしたことがあると合理的に信じる場合は例外である、とする[56]。

この Statement は、市場参加者に対するガイダンスであって拘束力を持つものではない。各参加者は、各社で professional integrity と fair dealing の確保のための内部的なポリシーと手続を制定すべきであるともされている[57]。この Statement に示されたセカンダリー市場における情報提供についての考え方は、すでに紹介した JSLA の考え方や1とは異なる点も少なくないように思われる。どのような情報が市場参加者に共有されることが望ましいかは、市場における取引や市場参加者の状況によって異なり得るものであるが、今後、わが国における情報提供義務のあり方について考えるうえでも参考になると思われ、検討を深めていきたい。

（森下哲朗）

---

56) Statement 4 頁以下。
57) Statement 7 頁。

第 2 章
利益相反

I はじめに

わが国では、シンジケート・ローンとの関係で利益相反が問題とされることが少なくない。

シンジケート・ローンとの関係で利益相反が問題となり得る場面としては、①アレンジャーと借入人との利益相反、②アレンジャーと参加金融機関との利益相反、③エージェントと参加金融機関との利益相反、④多数貸主と少数貸主との利益相反が考えられるが、わが国では、金融監督当局からの要請なども反映し、②や③を中心に議論がなされているようである。

一方、英米では、利益相反だけが特別に取り上げられることは少なく、むしろ、アレンジャーやエージェントが fiduciary duty を負うかが議論されるが、アレンジャーは参加金融機関に対して fiduciary duty を負わないとの見解が一般的であり[1]、また、エージェントは一般論としては fiduciary duty を負うものの、契約においてエージェントの fiduciary duty は否定されており、そのような契約条項による fiduciary duty の否定や修正が認められる結果として、エージェントの参加銀行に対する fiduciary duty が問題となることは基本的にないと考えられている[2]。

これに対して、わが国では、金融機関の実務においても、シンジケー

---

1) 森下哲朗「シンジケート・ローンにおけるアレンジャー、エージェントの責任」上智法学論集 51 巻 2 号 44 頁以下（2007 年）。
2) たとえば、Chemical Bank et. al v. Security Pacific National Bank, 20 F.3d 375 (9th Cir. 1994) を参照。

ト・ローン取引は利益相反管理の対象とされているようである。しかし、日本での議論は、利益相反に関する日本法の曖昧な状況を反映して、必ずしも適切に整理されたものとは思われない。

II 監督指針と利益相反管理方針

まず、シンジケート・ローンにおける利益相反に関する監督当局の見方や、金融機関の利益相反管理方針の内容についてみておくこととしたい。

金融庁が定める金融検査マニュアルでは、「紛争の未然防止」と題する項目において、「顧客との紛争の未然防止のための態勢が整備されているか。」としたうえで、「シンジケート・ローンのアレンジャー業務における情報提供態勢」を挙げる[3]。そこでは、シンジケート・ローンの参加金融機関であっても金融機関の顧客である、といった見方（対等の関係にある相対の取引事業者というよりも）がうかがわれる。

また、かつての「Ⅲ．5．①【取引及び業務に関するリーガル・チェック等態勢の整備】では、「法令等遵守規程に則り、リーガル・チェック等を行うべきものと定めたものの適法性について、事前に法的側面からの慎重な検討を経た上で実行する等、法令等遵守の観点から適切なリーガル・チェック等を実施する態勢が整備されているか。例えば、以下の事項の適法性については、特に慎重な検討を経る態勢となっているか。また、事前のリーガル・チェック等が必要な文書、取引及び業務の範囲及びリーガル・チェック等の責任の所在が、明確化され、組織全体に周知されているか。」としたうえで、「<u>同一スキームに、アレンジャー兼レンダーなど複数の立場で関与する場合等における利益相反性についての検討が必要な事案</u>」が例示されていた[4]。

また、現在、各銀行は利益相反管理を定めているが、シンジケート・

---

3) 預金等受入取扱金融機関に係る検査マニュアル 94 頁。なお、金融検査マニュアルは、平成 30 年度終了後を目途に廃止される予定である（金融庁「金融検査・監督の考え方と進め方」33 頁（平成 30 年 6 月））。

ローンに関する業務を利益相反管理の対象とするものが多い[5]。具体的にどのような作業が行われているかは必ずしも定かではないが、参加金融機関との関係で、契約上の義務違反の責任を負わないか、不法行為責任を負わないか、レピュテーショナル・リスクの観点で問題はないか等を検討する必要があると指摘されている[6]。

III 日本的「利益相反」論の不明確さ

英米では、利益相反が問題となるような場面では、まず、fiduciary duty を負うかが議論され、負うならば、利益が相反する地位につくことが許されない、といった形で議論がなされるのが一般的である。

そして、仮にシローンの Lead bank が fiduciary であるとされる場合には、以下のような帰結が導かれるとする[7]。

① 参加銀行に開示し、その承認を得ない限り、取引から手数料その他の個人的な利益を得ることはできない。単に手数料等の存在を開示するだけでは足りず、その性格や額についても開示しなくてはな

---

4) 平成 21 年のファイアーウォール体制の見直しに伴う検査マニュアル改訂により、下線部が「利益相反のおそれについての検討が必要な事案」と修正されている（預金等受入取扱金融機関に係る検査マニュアル 64 頁以下）

5) たとえば、三菱 UFJ 銀行のウェブサイトで公表されている利益相反管理方針では、「利益相反とは、お客さまの利益と当グループの利益、または当グループが義務を負っている複数のお客さま間の利益が、競合・対立する状況等をいいます。」「当グループは、以下に掲げる状況が発生しやすい業務を中心に、特に管理が必要な業務等（以下、「管理対象業務」といいます。）をあらかじめ特定します。そして、これらの管理対象業務を遂行する場合に生じる、利益相反の弊害のおそれがある取引等について、レピュテーショナル（風評）・リスクにも留意し、重点的に管理を行います。1) 当グループがお客さまへ助言業務を提供している場合等、お客さまが自身の利益が優先されると合理的な期待を抱かれる状況、(2) 当グループがお客さまとの取引で得た情報を利用することにより、市場等で不当に利益を上げるおそれが高い状況、3) 当グループとお客さまとの取引に伴い、レピュテーショナル・リスクが生じるおそれの高い状況」としたうえで、「シンジケートローンに関する業務」を管理対象業務の例として挙げている。

6) 水元明俊＝酒井敦史「シンジケート・ローンと利用者保護――情報の非対称性をテーマとして」金法 1850 号 49 頁以下（2008 年）。

7) James O'Donovan, Lender Liability (LBC Information Service, 2000), at 428.

らない。
② 参加銀行に対する信認義務と自分自身の利益とが利益相反関係に立つような状態に自らを置いてはならない。自分自身の利益を参加銀行の利益に劣後させなければならない。
③ たとえ借主に対する守秘義務に反する場合であったとしても、借主から得た全ての情報を参加銀行に積極的に開示しなくてはならない。
④ 与えられた権限を参加銀行のために善意で（bona fide）行使しなければならない。
⑤ コモンロー上における過失（negligence）との関係で要求される以上の高度の注意義務を課される可能性がある。

他方、Fiduciary duty を負わない対等な当事者との取引であれば、他者の利益を自らの利益に優先する必要はなく、契約上の義務違反や不法行為責任を負うことはあっても、信認義務違反の責任を負うことはない。

これに対して、日本において「利益相反」の問題が議論される際、「利益相反」があるといっても、何らかの具体的な帰結が導かれるわけではないことが多い。これは、わが国で「利益相反」が問題とされる場面には、以下のような様々異なる局面が存在しているものの、それらが区別されないまま、なんとなく当事者の利害関係が対立するような場合に関して、「利益相反」が議論されることによる[8]。

① 利益相反的な地位に立つこと自体が許されないとの主張がなされる場合
② 代理人等他者のために行為すべき一定の立場にある者について、利益相反行為が当該他者に帰属しないと主張される場合
③ 利益相反的な状況において自己の利益を犠牲にしても顧客の利益

---

[8] 森下哲朗「金融取引と利益相反についての基本的視座──M&A・証券引受業務を主たる題材に」金法 1927 号 53 頁以下（2011 年）。債権法改正により、民法 108 条が改正され、代理人による利益相反行為は無権代理となることが明文で定められることとなった（同条 2 項）。

を優先すべき義務があると主張される場合
④　利益相反的な地位にあることを開示しないまま取引を行うことが説明義務違反や詐欺にあたると主張される場合
⑤　何らかの法的義務を負っている場合に、利益相反が動機・原因・背景となって義務違反が生じた、あるいは、生じる可能性が高いと主張される場合
⑥　法的義務ではなく顧客の期待を理由に利益相反に関する主張がなされる場合
⑦　特定の顧客の利益の保護よりも市場で期待される役割を果たすという観点から利益相反の回避が主張される場合
⑧　利益相反管理体制整備に関する業法との関係で利益相反が説かれる場合

　事業者の側が専門的な知識や経験を有し、顧客がそうした事業者を信頼して取引を行う金融取引において、利益相反という問題が重要であることはいうまでもないものの、「○○は利益相反か」という問いだけでは、少なくとも私法上の義務を考える場合には生産的ではない。「利益相反である」との答えが出ても、法的義務の有無等は判然としないままであるし、「利益相反」の状態にあることが一般的に禁じられているわけでもない。これは、英米法において、fiduciaryであるかどうかが決まれば、デフォルトとして一定の法的義務が導かれるのとは状況が異なる。

　したがって、日本法との関係では、まず、金融機関が誰にどのような義務を負っているのか、を検討することが重要である。そうした義務の一部として、「利益相反的な地位に立ってはならない」等の利益相反回避を具体的内容とする義務が認められる場合もあり得るが、利益相反とは直接関係のない、契約上定められた義務、信義則上の情報提供義務等が問題となっているにすぎない場面も多い。

　シンジケート・ローンとの関係でも、アレンジャーやエージェントが参加金融機関に対してどのような法的義務を負うかをできるだけ特定す

ることが重要であり、この点が不明確なまま、利益相反があるかどうかを議論したり、利益相反を管理しようとしても、具体的に何をしたらよいのか、具体的にどう管理したらよいのかが不明確であり、ケース・バイ・ケースの判断を重ねることにもなりかねない。

　なお、我が国でも、一定の場合に、英米流の信認義務といった考え方を導入すべきとの見解もある。たとえば、小出教授は、「理念的な形でのシ・ローンにおいて、アレンジャーやエージェントに信認義務的なものを観念することは、原則として認められない。……他方で、日本のシ・ローンは上記のような意味で「理念的」な形のものばかりとはいえないかもしれない。そして、そのような理念的ではないシ・ローンの世界では、契約条項こそ理念的なものと同じ内容であっても、アレンジャーやエージェントの「信認義務」を認めるべき状況も存在し得る。すなわち、アレンジャーやエージェントがシ・ローンの組成や管理等について契約条項にはない相当程度に広い裁量的権限を事実上有しており、参加金融機関がそのコントロールを契約締結（あるいはアレンジャーとの交渉）段階で行うことが困難であるとみられる実態がある場合は、「信認義務」を認めるべきであろう」とされる[9]。しかし、そもそも、金融業務のプロフェッショナルである金融機関同士の取引について、信認関係を持ち込むことは疑問であるし、仮に、何らかの信認義務を認めるとしても、そこでの信認義務の具体的な内容は必ずしも明らかではない。借入人や案件についてアレンジャーが有する情報の量と参加金融機関が有する情報の量に差があることを根拠に、両者が対等であると考えるのは不適切であり、アレンジャー側に一定の義務を課す必要があるというのであれば、直截に情報提供義務を問題とすればよく、信認義務という日本法の下での具体的な内容が必ずしも明らかでない概念を用いる必要はないと思われる。

---

9) 小出篤「シンジケートローン・社債管理者業務に関する利益相反問題」金法1927号67頁（2011年）。

Ⅳ　アレンジャーと借入人

　アレンジャーと借入人との間の利益相反との関係では、アレンジャーを務める金融機関が、同時に貸出人となることが多く、借入人の代理人としてのアレンジャーとしての地位と、将来の貸出人としての地位の間で、利益相反の管理の必要性があるのではないか、と指摘されている。具体的には、「アレンジャー業務として借入人からシンジケート団との間の借入条件の条件設定交渉を銀行が委託されており、そうしますと、借入人の利益になるような交渉をしてくることが信認義務等として求められている、または少なくとも借入人から要請・期待されていると考えられ得るところにあると思います。ところが、そのようなアレンジャー業務の一方で、自身が参加金融機関として借入人に融資を行うとなると、信認義務等や借入人からの要請・期待に沿った行動が果たしてできるのであろうか。借入人の利益ではなくて、参加金融機関である自行に有利な条件設定をしてしまうのではないか、ということで借入人の利益を不当に害さないように利益相反管理を行う必要があるのではないか」という問題意識である[10]。

　また、アレンジャーはアレンジ段階で契約書のドラフトに携わることが多いが、借入人のためのアレンジャーとして契約書のドラフトに携わると同時に、「アレンジャーは、自ら参加金融機関を兼ねることが多く、特に、契約書作成業務においては、参加金融機関の立場にも配慮して意見調整を行っているものといえ、利益相反の立場にあるといえる」との指摘もある[11]。

　このようなアレンジャーと借入人との間の関係については、「アレンジャーの借入人との利益相反問題は、結局、委任の本旨に照らし、アレ

---

10) 宇佐美豊ほか「(座談会) 利益相反管理の検証――地域金融機関の取組みを中心に」金法1915号40頁〔行方洋一〕(2011年)。
11) 坂井448頁以下。そこでは、結論としては、「かかる立場においてアレンジャー業務を行うことについて参加金融機関及び借入人は了解しているものと考えられ、法的な問題は生じない」とされている。

ンジャーの行為が借入人に対する善管注意義務を尽くしたかという問題に帰着する。基本的に委任の本旨を踏まえてマンデートの条件に従っている限り、たとえ外形的には借入人に不利で参加金融機関に有利に見えるような場合も、直ちに善管注意義務違反とはならないといえよう」との見解が示されているが[12]、賛成したい。ここでの利益相反は、「何らかの法的義務を負っている場合に、利益相反が動機・原因・背景となって義務違反が生じた、あるいは、生じる可能性が高いと主張される場合」(前述の⑤の類型)であり、利益相反かどうかという問いかけよりも、アレンジャーは借入人に対してどのような義務を負っているのか、アレンジャーとして借入人に何を約束しているのか、を端的に追及すべきであると思われる。

Ⅴ アレンジャーと参加金融機関

　アレンジャーと参加金融機関との利益相反という問題は、アレンジャーの参加金融機関に対する情報提供義務が争われた最判平成24年11月27日集民242号1頁の名古屋地判、名古屋高判との関係でも議論され、アレンジャーの情報提供義務を利益相反と関連付けて考えるべきとの見解もみられた。
　たとえば、地裁判決に対しては、「本判決が、「アレンジャーがエージェントになる場合には……シ・ローンの成立前後で反対の立場に立つことになる」と指摘していることを考え合わせると、アレンジャーの立場についても参加金融機関との間で潜在的な利益相反の状況にあり、利益相反管理の問題として捉えることが可能である旨を示唆するものである」といった見解がみられた[13]。他方、「シ・ローンのアレンジャーは、自らの参加金融機関として貸付を実行する立場にあるから、むしろ参加金融機関と利害を共通するのであり、少なくとも当然に利害が対立する関係にはない」との見方もある[14]。また、より実務的な利益相反管理の必

---

12) 田澤元章「アレンジャーの利益相反行為」ジュリ1471号39頁（2014年）。
13) 松尾直彦「利益相反問題の視点から」金法1921号63頁（2011年）。

要性の有無という観点からは、「アレンジャーはレンダーとの間で信認義務などの関係性を負う立場にないので、狭義の利益相反の問題ではないかもしれませんが、リスク転嫁類型ということで、顧客の利益を不当に害するおそれのある取引として利益相反の中に取り込んで管理する考え方もあると思います」との指摘もなされている[15]。

しかし、アレンジャーは借入人から委任を受けてシンジケート・ローンの組成に尽力すべき立場にあるのであって、自己責任で参加の可否を決定すべき立場にある参加金融機関の利益にどのように配慮しなければならないのかは不明である[16]。アレンジャーの参加金融機関に対する情報提供義務を考えるとしても、その際には、端的に情報提供義務の具体的内容を考えればよく、利益相反という視点を持ち込む必要はないと考える[17]。

VI エージェントと参加金融機関

Philip Wood 弁護士は、シンジケート・ローンのエージェントに関し

---

14) 小塚荘一郎「アレンジャーの責任に関する理論とあてはめと政策論」金法1925号27頁以下（2011年）。しかし、実務ではアレンジャーが自ら貸付のポジションを持たないケースもある。アレンジャーが貸出のポジションを持つか（そして、どの程度の額のポジションを持つか）によって、利害が対立するといったり、利害が対立しないといったりすることに、どのような意味があるかは疑問であるし、仮に、そのような「利害対立」の有無によってアレンジャーが負う法的義務の内容が変わるのだとするならば、それは合理的なこととはいえない。

15) 宇佐美ほか・前掲注10) 43頁〔小田大輔〕。

16) 筆者は以前、「参加金融機関とアレンジャーとの間で何か利益相反があるかというと、具体的にアレンジャーが参加金融機関に対して負うどのような義務と、アレンジャーが他者に対して負うどのような義務またはアレンジャー自身のどのような利益とが相反するのか、あまり思いつきません。確かに、アレンジャーは一定の情報提供義務を負っていますが、それは、当該義務を果たさないと不法行為責任が発生するという意味でのものです。そうした不法行為法上の注意義務まで対象にいれて利益相反だと言い始めますと、あらゆる商取引で利益相反が問題となってしまいそうです。しかも、利益相反だからどうなるのかも判然としません。」と述べた（大西義朗ほか「（座談会）アレンジャーの情報提供義務と今後の実務影響──名古屋高裁シ・ローン判決を契機として」金法1925号56頁（2011年））。同座談会の57頁における大西義朗氏の発言や、同57頁の佐藤正謙氏の発言も同旨であると思われる。

て、利益相反が生じ得るケースとして、次のような事例を挙げている[18]。

① ある金融機関が同一借入人に対する複数のシンジケート・ローンのエージェントとなっている場合
② エージェントが借入人に対して個別に融資等の取引を行っている場合
③ エージェントが顧客あるいは自身の資産運用の一環としてシンジケート・ローンの借入人の株式に投資している場合
④ エージェントが借入人のアドバイザーとなっている場合
⑤ エージェントと同一グループに属する者が借入人と上記のような関係にある場合

わが国でも、エージェントと参加金融機関との間の利益相反という問題に関しては、次のような場面が利益相反が問題となり得る場面として挙げられている。

① プロパー債権とシローン債権の双方を支払うには資金が不足している場合、エージェントがプロパー債権に充当することが許されるか[19]
② 2つのシローンでエージェントをしている場合、1つ目のシローンでコベナンツ抵触事由が発生した場合、1つ目のシローンに関する守秘義務に反するおそれがあり、2つ目のシローンの参加金融機

---

[17] 原則としてアレンジャーに参加金融機関に対する信認義務を課すべきではないとしたうえで、「理念的なシ・ローンの形に当てはまらないようなシ・ローンの場合は、その実態に応じて判断がなされるべきであり、アレンジャーが借入人の意を受けての情報伝達の媒体及び交渉における意見の調整という役割を超え、シ・ローン組成において相当広い裁量的権限を事実上有しており、参加金融機関がそのコントロールをアレンジャーとの交渉段階で行うことが困難であると見られる実態がある場合には、信認義務を認めるべき実態があろうと言われている。しかし、信認義務を認めるべき実態があることは、アレンジャーに信認義務を認めることを必ずしも意味しない。その場合の多くは、信義則上の義務という法律構成によっても参加金融機関の救済を図ることができると思われるからである」との見解が示されているが（田澤・前掲注12）42頁)、正当である。

[18] Philip R. Wood, International Loans, Bonds, Guarantees, Legal Opinions, 2nd ed., 313ff.

[19] 中光弘「シンジケートローンにおけるエージェントの利益相反」金法1796号1頁（2007年）。

関に通知しなくても良いか[20]
③　シンジケート・ローン取引以外の借入人との間の取引により入手した情報が借入人の信用状況の悪化にかかわるものである場合であって、当該情報がシンジケート・ローン契約における融資実行の前提条件が充足されているかどうかの判断にかかわるものである場合、「エージェントは、本契約以外の取引において取得した借入人に関する情報……を、他の貸付人に対して開示する義務を負わない」との契約条項を根拠としてエージェントが当該情報をシンジケート・ローンの他の貸付人に開示しなくてもよいか[21]
④　エージェントが借入人の信用状況の悪化にかかわる情報をシンジケート・ローン取引とは別個に入手している場合において、当該情報を借入人がシンジケート・ローン契約上エージェントないし貸付人に通知すべき義務を負っているにもかかわらず、当該情報が他の貸付人に開示されないのをエージェントが漫然と放置したまま、自己の借入人に対するシンジケート・ローン取引以外の債権の回収を優先させてもよいか[22]
⑤　債務者の組織再編を認めるかどうか、コベナンツ違反についての権利放棄をするかどうか、ネガティブプレッジの例外としての担保の差入れを認めるかどうかについて、多数貸主の意思結集が行われる場合であって、エージェントが意思結集の対象たる事項についてなんらかの利害関係を有している場合（たとえば、担保の差し入れを受ける貸付人がエージェントの場合など）、エージェントの行動は制約を受けるべきか（たとえば、議決権行使をできないなど[23]）。

　JSLAが2013年に公表したコミットメントライン契約書の25条1項は、「エージェントは、全貸付人の委託に基づき、全貸付人のためにエージェント業務を行い、権限を行使し、エージェント業務を行うに際し、

---

20) 同上。
21) ファイナンス法大全462頁〔上野正裕〕。
22) 同上、464頁。
23) 同上、464頁以下。なお、詳しくは、新しいファイナンス手法116頁以下を参照。

通常必要または適切とエージェントが認める権限を行使する。」と規定する。そこでは、エージェントは参加金融機関のために一定の業務を行っており、通常の代理や委任の場合と同様、参加金融機関の利益を実現するように働く義務を負っている。エージェントが自己や他の顧客の利益を優先する結果、そうした義務に反することは考えられるが、それは、「何らかの法的義務を負っている場合に、利益相反が動機・原因・背景となって義務違反が生じた、あるいは、生じる可能性が高いと主張される場合」（上記の④の類型）であり、やはり、エージェントが参加金融機関との間でどのような法的義務を負っているかが問題の出発点である。

エージェントがどのような法的義務を負っているかを考える際には、シンジケート・ローン契約書において、エージェントの義務が限定されており（たとえば、上述のコミットメントライン契約書25条1項は、「エージェントは、本契約の各条項に明示的に定められた義務以外の義務を負わず、また、貸付人が本契約に基づく義務を履行しないことについて一切責任を負わない。」と規定する）、また、エージェントおよびそのグループ会社が借入人との間で貸付、預金取引その他の一切の銀行取引を行うことができる旨が定められている点が重要である（たとえば、上述のコミットメントライン契約書25条8項では、「エージェントは、本契約外で借入人との間で一般に認められる銀行取引を行うことができる。」と規定する）。これによって、エージェントが参加金融機関に対して負う義務は限定されており、一見すると利益が相反するような取引を行うことについても、あらかじめ本人である参加銀行の明示の承諾を得ていると考えることができる。

他の銀行取引を行ってよいとの条項がなかったとしても、エージェントがエージェントとしての義務を果たす限り、当然にそのような取引を行うことが禁じられるわけではないが、上記のような条項は、参加銀行から明示の同意を得ていることによって、後日、参加銀行がそうした取引を行わないとの法的義務の存在を主張することができなくなるという意味がある。こうした条項の射程については、少なくとも通常行われて

いる銀行取引の範囲であれば、事前の包括的な承諾がなされていると考えてよいと思われる。シンジケート・ローンに参加しようとする者であれば、エージェントである金融機関と借入人との間でどのような取引が現在なされており、また、将来なされる可能性があるか、それに伴い将来どのような事態が発生しうるかについては、相当程度調査・予測が可能というべきであり、それ以上に特定された個別の承諾が必要とまで考える必要はない。

これに加えて、シンジケート・ローンにおけるエージェントの役割は、既述のように事務的な事項に限定されている。裁量の範囲が小さく、定められた事務的な仕事しか行わない立場の者については、そもそも、その者がその立場に関して他の者の利益と相反する行為を行うことにより、エージェントとして参加金融機関に対して負う義務に反する危険は小さい[24]。シンジケート・ローンとの関係でいえば、エージェントが自己の利益を優先しようとしても、シンジケート・ローン契約書においてエージェントが行うこととされている通知や資金の仲介、意思決定のとりまとめという業務との関係で、参加金融機関の利益を損なうようなことはないと思われる。そのようにエージェントの役割が限定されていることを適切に考慮せず、エージェントを務めている銀行が参加金融機関の利益に反することを行うことは適当でない、と考えることは、法的な分析としては適切ではないと思われる。

この点に関して、「エージェントには従来から借入人と取引関係を有し、借入人とつながりの深い金融機関が就任するのが通常であり、各参加金融機関がプロの貸し手であるとはいっても、文字通り各参加金融機関が独自に借入人と連絡をとって与信管理をしているというよりは、借入人に関する情報のかなりの部分をエージェントに頼っているのが実情であろう。そのような実情を考慮すると、利益相反が生じる状況の下で

---

[24] 今井克典「エージェントの利益相反行為」ジュリ1471号47頁以下（2014年）は、「固有の貸付の債権回収がエージェントの義務に違反しない理由は、エージェントの裁量による債権管理および債権回収がエージェント業務に含まれない点に求めるのが適切である」とする。

は、エージェントに対してより高度の義務を課すのは決して不合理ではないであろう。」との見方が示されている[25]。しかし、エージェントが伝える義務を負う情報を伝えていなかったり、伝えていない情報を利用する等した結果、参加金融機関に対してエージェントとして果たすべき業務を果たしていないというのであれば、エージェントに情報提供義務違反、あるいは、債務不履行責任があるといえばよく、それを超えて、契約上、エージェントとして果たすべき義務を果たしており、参加金融機関に対して伝える義務を負う情報を伝えていながら、何らかの高度な義務（たとえば、自らの利益よりも参加金融機関の利益を重視する義務）を課す必要はないと考える。

　以上のような観点からすると、たとえば、同じ金融取引における債権者のための取りまとめ役を果たす存在であるとはいっても、シンジケート・ローンのエージェントについては、社債管理会社と社債権者の関係とも異なり、（立法論としてでも）会社法710条2項のような配慮は無用であると思われる。

　したがって、エージェントは自己の債権よりシンジケート・ローンの債権を有利に取り扱わなければならないと解する必要はない。たとえば、他の取引のために弁済期になされた支払を受領することが直ちに利益相反にあたることはないし、借入人が破綻した後に当該シンジケート・ローンを優先して取り扱わなければならない（たとえば、私的整理において自己の債権を劣後させる義務があるとか、自己の破産配当を参加金融機関に分配する義務がある）ということもないと解するべきであると思われる。エージェントとしては、自己の貸付とシンジケート・ローンを平等に取り扱っていれば問題はないというべきである。また、ネガティブ・プレッジの例外としての担保差し入れを認めたり、債務者の組織再編を認める場合かどうかについて、多数貸主の意思結集が行われる場合、エージェントたる金融機関が意思結集の対象たる事項についてなんらかの利害関係を有している場合であっても、基本的にはエージェント

---

[25] ファイナンス法大全465頁〔上野正裕〕。

第 2 章　利益相反

が決議から外れたりする必要はないと思われる[26]）。

　ただし、上記のように解したからといって、エージェントによるあらゆる利益相反行為が許されるわけではない。悪意をもってシンジケート・ローンの参加金融機関の利益を害するような行為、たとえば、繰上返済の強要や抜け駆け的な追加担保の徴求などは、当初承諾が与えられた通常の銀行取引の範囲を越えるものであり、参加金融機関の権利を侵害するものとして、不法行為責任を発生させる余地がある。また、エージェントが事務的な役割以上の役割を引き受けている場合には、エージェントの参加金融機関に対する債務が拡大し、エージェントの行為が参加金融機関に対する債務不履行責任を発生させることも考えられる。たとえば、債務者の業況が悪化していったような状況において、エージェントが契約で規定された範囲を超えて、債務者との交渉の窓口やリスケジュール交渉の取りまとめ等を行うようになっていくと、当該エージェントは単に事務的な役割とはいえなくなり、自ら、プラスαの義務を負担していると考えられる。したがって、債務者の業況が悪化する等により、当初の契約でエージェントの義務として予定されていないような取りまとめの役割を誰かが果たすことが必要となってきた場合には、可能であれば、何となくエージェントが取りまとめ役を継続するよりも、早い段階で参加金融機関とエージェントが、エージェントが果たすべき役割について改めて合意するとともに、エージェントがそのような新たな役割を果たすこととエージェント自体が自己の債権についての回収を図ることとの関係をどのように考えるのかについても、合意しておくことが望ましい。仮に合意に至ることができなくても、早い段階で参加金融機関がエージェントに期待することと、エージェントが自分の義

---

[26]　今井・前掲注24）48頁は、「意思結集においては、貸付人を兼ねるエージェントは、貸付人として意思決定するので、各事例の意思結集での意思決定は、エージェントとしての問題ではない。」とするが正当である。改正民法108条2項により、代理人による利益相反行為は無権代理となるが、エージェントの利益相反が議論されているケースで当否が問題とされるのは、エージェントの代理人としての行為というよりも、もっぱら、エージェントが貸付人として行う行為や、代理人としてのエージェントによる不作為であり、改正民法108条2項により代理人の利益相反行為が無権代理となるといったことが直接問題となる場面は考えにくいと思われる。

務であると考えていることについて意見を交換しておくことには、エージェントと参加金融機関が生産的な議論を行い、できるだけ友好的に問題を解決していくうえで意義があるように思われる。

Ⅶ 多数貸主と少数貸主

貸主による意思決定の際に、多数貸主と少数貸主との間での利害が反する可能性が存在する。たとえば、New Bank of New England N.A. v. The Toronto-Dominion Bank, 768 F. Supp. 1017 (S.D.N.Y. 1991) では、期限の利益喪失に関する意思決定に際しては50%超の貸付人の賛成が必要とされていたところ、多数貸付人は期限の利益喪失を宣言しない旨に合意し、少数貸主である原告が、期限の利益喪失・担保権実行を求めて訴訟提起した。少数貸主は多数貸主には少数貸主の利益に配慮する義務があると主張したが、判決は、多数貸主に与えられている担保権実行につき決定する裁量は、担保権を実行しないという権限をも含むのであり、明文で認められていない権利を少数貸主に与えるようなかたちで契約書を書きなおすべきではないのであって、Sophisticated lenders の間の合意に fiduciary duty 等を読み込むべき根拠はないとして、少数貸主の主張を退けた[27]。

また、Redwood Master Fund v TD Bank Europe, [2002] EWHC 2703 (Ch) は、2つのファシリティーからなるローンにおいて、ファシリティーAの貸付実行によりファシリティーBが期限前弁済を受けるような契約変更を行う旨の waiver letter を締結する決議が賛成多数によりなされたところ、ファシリティーAについてのみ参加していた原告が、この waiver letter はファシリティーAの貸主を差別的に扱うものである等と主張して訴訟提起した事案である。判決は、注意深く起草された契約において、2/3の多数決で決定された事項は全貸主を拘束すると規定し、仮に一部のクラスの不利益になるとしても、全てのクラスを拘束す

---

27) 本件については、野村美明・本件判批・ジュリ1374号80頁 (2009年) を参照。

る決定ができることを規定している以上、そうした契約の規定を尊重すべきであると述べ、原告の請求を退けた[28]。

これらの判例では、シンジケート・ローン契約書の規定を根拠に、多数貸主が少数貸主の利益に反するような決定をしたとしても法的な問題は生じないとの立場が採用されているが、基本的に妥当である。

VIII おわりに

以上、検討してきたように、シンジケート・ローン取引との関係で「利益相反」といっても、様々な場面があり、また、何が「利益相反」なのか、「利益相反」だったらどうなるのか、も明らかではない。

シンジケート・ローンとの関係での利益相反の問題の本質は、各当事者が誰に対してどのような法的義務を負うか、という点にある。ただし、その法的義務の具体的な内容は必ずしも明らかではない場合があり、また、個々の事例に照らして微妙な判断が求められる場合もある。

とはいえ、本章で検討した法的義務の問題とは別に信頼できるアレンジャー、エージェントであるとのレピュテーションを維持するという観点からは、法的義務の範囲を超えて、一定の負担を引き受ける、あるいは法的には行使できる権利の行使を差し控えるという判断が合理的なものであることも十分にありうる[29]。シンジケート・ローンとの関係で、いわゆる利益相反管理態勢を整備することの意義は、そのような義務の具体的内容、さらには、レピュテーション・リスクという観点からみた取引の適切性について検討することを可能にするという点が大きいといえよう。

(森下哲朗)

---

[28] 本件については、野村・前掲注27) 81頁を参照。
[29] 神田ほか300頁〔渡邉展行〕以下も、レピュテーショナルリスクへの配慮の必要性について述べる。

第3章
担　　保

Ⅰ　抵当権をめぐって

1　参加各金融機関の権利の同質化

(1)　シンジケート・ローンにおいては、借入人からの弁済は、エージェントのみに対して行われ、エージェントがそれを参加各金融機関に債権額に按分して交付する仕組みになっている。つまり、参加各金融機関の公平が確保されているわけである。

　もっとも、シンジケート・ローン契約締結前に貸付人がすでに取得していた担保権や法定担保物権によって、各貸付人が優先的に債権を回収することは認められる（JSLAローン契約書24条4項、1条17号）。しかし、JSLAローン契約書21条3項は、「借入人は、本契約締結日以降、本契約が終了し、かつ借入人が貸付人及びエージェントに対する本契約上の全ての債務の履行が完了するまで、一部の貸付人のために本契約上の債務を被担保債務とする担保提供を行わない。但し、全貸付人及びエージェントが書面により事前に承諾した場合はこの限りではない。」とし、この条項に違反して、一人の貸付人が担保権を取得し、それを実行し、債権を回収した場合には、担保権実行者は、その担保権実行による回収金が参加各金融機関に債権額に按分して交付された場合に参加各金融機関が回収できた債権額に対応する分だけ、他の参加金融機関が有する貸付債権を額面で買い取らなければならないとされている（24条3項・4項・1項）。つまり、シンジケート・ローン契約が締結される前に、ある貸付人が、借入人に対する債権を被担保債権として担保権を有して

いた場合には、そこからの優先的な回収を認めるが、契約締結後に設定された担保権に基づく場合には、参加各金融機関が公平に債権を回収できるようにしているのである。

(2)　ここで用いられているのは、債権譲渡である。これは、ある意味、きわめて優れた手法である。たとえば、担保権実行者が、回収した額のうち、一定の額を参加各金融機関に分配することだけを定めたならば、分配を受けた参加各金融機関は、借入人との関係では、いまだ一切の債権を回収していない債権者だということになる一方、現実には担保権実行者から回収ができていることになり、法律関係は複雑化する[1]。債権譲渡とすることは、この複雑化を回避しているのである。

(3)　しかし、担保権の実行には、別の問題もある。ただその結果として生じる金銭を公平に分配すればよいというわけではない。つまり、担保権の実行を行うと、借入人の破綻を招くことになるが、そのような状況をもたらすか否かの判断を各参加金融機関に委ねておくことは妥当でないと考えられるのである。

　実際、JSLAローン契約書22条2項は、借入人の期限の利益を喪失させるか否かを、「多数貸付人」（1条39号）の判断に委ねている。一人の貸付人が独自に判断することはできないのであり、団体的な規律が行われているのである。

　それでも、シンジケート・ローン契約締結前に各参加金融機関が有していた担保（根抵当権）については、各参加金融機関の自由に委ねるしかないという考え方はありうる。JSLAローン契約書はまさにそのような立場をとっている。しかし、当該シンジケート貸付に伴って担保を取得する場合には、その担保権の実行の結果としての金銭が参加各金融機関に公平に分配されることを確保するだけでなく、実行するか否かの判断を団体的規律に服させる必要が存することになる。

(4)　それでは、複数の貸付人が公平に担保権を取得する方法にはどのようなものがあるか。

　1）もっとも、民法422条の類推適用は考えられる（道垣内弘人『典型担保法の諸相』45〜46頁（有斐閣、2013年））。

伝統的に考えられてきたのは、各参加金融機関が同一順位の抵当権を取得するという方法である。しかし、このときは、あくまで同一順位の抵当権を各参加金融機関が独立に有していることとなり、その実行は各参加金融機関の自由であることになる。したがって、上記の目的は達成できない。

次に、各参加金融機関の有する複数の債権を被担保債権として、1個の抵当権の設定を受けることである。しかし、この方法は、登記実務上、認められていない[2]。他人の債権について抵当権者になることはあり得ない、というのが、その理由である[3]。

そうすると、別の方法が考えられるべきことになる。具体的には、担保権信託（セキュリティ・トラスト）とパラレル・デットである。

2 担保権信託（セキュリティ・トラスト）

(1) 担保権信託が認められた理由

担保権信託とは、各債権者を受益者として、受託者が単独で担保権を有するという信託である。平成18年に公布された新信託法は、信託契約による信託設定、および、遺言による信託設定に関して、「財産の譲渡、担保権の設定その他の財産の処分」という文言を用いることによって、被担保債権と切り離して担保権を信託財産とする信託設定が可能なことを明文をもって明らかにしている（信託法3条1号・2号）。

このようにしておけば、担保権の実行権限は受託者のみにあることとなり、そして、担保権の実行をするか否かを、多数貸付人が、あるいは、エージェントが指示するというスキームにしておけば、各参加金融機関による抜け駆け的な担保権実行が阻止できることになる。エージェントを受託者にしておくことも考えられる。また、受託者に、回収金を各受益者（＝参加金融機関）に公平に分配する義務を信託行為によって定めておけば、公平性も確保できることになる。

さらには、貸出債権が譲渡されたときも、いちいち担保権の移転手続

---

2) 昭和35年12月27日民事甲3280号民事局長通達・登記関係先例集追Ⅲ 419頁。
3) 香川保一『担保〔新版〕』42～43頁（金融財政事情研究会、1961年）。

第 3 章　担保

を行わなくてすむので便利である[4]。抵当権の移転にあたっては抵当権設定登記への付記登記が必要になるが、担保権信託により受託者が担保権を有しているときは、受益権の譲渡ですむことになる。また、受益権につき優先劣後関係を定めることができ、多様な融資が可能になるともされる。

(2) 議論されている点

ここにいう「担保権」には、抵当権だけでなく、質権や譲渡担保権も含まれうる。また、担保権者と債権者は一般に一致することが求められるところ、その例外が認められたのは、受託者が担保権を実行し、債権を回収しても、債権者にその金銭が交付されるから、担保権が被担保債権の回収のためのものであることは変わらないからであり、したがって、信託行為において、被担保債権が受益者であることが確保されていなければ、担保権信託が有効に設定されたことにはならないというべきである。

そのうえで、とくに問題とされているのは、①担保権信託の設定にあたって債権者の同意が必要か否か、②担保権実行により被担保債権はいつの時点で消滅するか、である[5]。

①について、信託の設定は委託者と受託者の間の信託契約によって可能であり、債権者（＝受益者）の同意が不要であることを前提として、②について、被担保債権は、担保権実行により金銭を得た受託者が、受益者たる債権者にそれを交付して初めて被担保債権が消滅するという見解がある[6]。同意が不要であれば、債権者の知らないところで担保権信託が設定されていることも生じるところ、受託者による金銭受領で債権が消滅するとされると、債権者に不測の侵害を与えかねないからである。

---

4) 佐藤 162〜163 頁。
5) 以下につき、私見も含め、道垣内弘人『信託法』39〜41 頁（有斐閣、2017 年）参照。
6) 山田誠一「セキュリティ・トラストの実体法上の問題」金融法務研究会『担保法制をめぐる諸問題』42 頁（金融法務研究会事務局、2006 年）、寺本昌広『逐条解説新しい信託法〔補訂版〕』192 頁注(2)（商事法務、2008 年）。

これに対して、②について、受託者が受領した時点で被担保債権が消滅するという見解もある[7]。信託法55条により、「受託者は、信託事務として、当該担保権の実行の申立てをし、売却代金の配当又は弁済金の交付を受けることができる」が、実体法上も、受託者による弁済受領の効果が受益者に及ぶことを前提にしている、とする[8]。このときには、①につき、債権者の同意が必要であるとの立場をとるべきであろうが[9]、法文上の根拠は見いだしがたい。

なお、信託宣言による信託の設定に関しては、「自己の有する一定の財産」という文言を用いているので、たとえば自己を抵当権者とする抵当権を創設的に設定するとともに、それについて信託宣言を行うことが認められるかが問題になる。信託法31条1項2号が、固有財産に係る権利を信託財産に帰属させる、という行為を予定していることから、肯定されるとの見解もある[10]。しかし、シンジケート・ローンに関連しては、用いられることはないであろう。

3 パラレル・デット

(1) もう1つは、パラレル・デットである。パラレル・デットとは、シンジケート・ローンに即していえば、借入人に対して各参加金融機関が債権を有するとともに、その各債権と同様の債権を別の者が有するようにすることである。各参加金融機関と同様の債権を、エージェントがパラレルに有しておくことが考えられる。各参加金融機関の債権と、エージェントの債権とは、連帯債権の関係に立つ。一方が回収されると、他方も消滅するわけである。そして、エージェントが、その有するすべての債権を被担保債権として、担保権を取得する。他方、各参加金融機関

[7) 青山善充「セキュリティ・トラストの民事手続法上の問題」金融法務研究会『担保法制をめぐる諸問題』42頁（金融法務研究会事務局、2006年）。
8) 小野傑「訴訟手続における受託者・信託財産・受益者の関係——訴訟信託と任意的訴訟担当に関する立法過程の議論を参考として」東京大学法科大学院ローレビュー4巻154～155頁（2009年）。
9) 井上聡編『新しい信託30講』159頁（弘文堂、2007年）。
10) 井上聡「自己信託による事業信託と倒産手続」トラスト60『事業信託の展望』65頁注(1)（2011年）。

は担保権を取得しない。連帯債権のうちの一方についてだけ担保が付くことになる。そうしておけば、担保権の実行権限はエージェントに集中させることができる。

担保権の実行によって全債権が回収できないときは、売得金は各債権に按分して充当される。そして、当該各債権とパラレルに連帯債権を有する各参加金融機関に配当されることになる。したがって、参加金融機関の公平も確保できる。

(2) このような手法の有効性については、かねて議論があるところ[11]、近時、債権法改正において、連帯債権の概念が正面から認められることとなったことは、パラレル・デットが有効と認められる最初の足がかりとなる、という見解が表明されている[12]。

しかしながら、連帯債権という概念自体は、これまでも、学説はもとより、裁判例でも認められてきたものである。具体的には、賃貸人の転借人に対する賃料請求権（民法 613 条 1 項）と転貸人の転借人に対する賃料債権の関係である（東京地判平成 14 年 12 月 27 日判時 1822 号 68 頁）。

改正民法によって、パラレル・デットの有効性が認められる可能性が高まったとまではいえないように思われる[13]。

（道垣内弘人）

---

11) 網羅的なものとして、岩川隆嗣「パラレルデットの有効性に関する考察」東京大学法科大学院ローレビュー 8 巻 20 頁以下（2013 年）。

12) 佐藤正謙「債権法改正とシンジケートローン実務への影響」金法 2011 号 5 頁（2015 年）。

13) なお、フランスでは、2011 年にニューヨーク州法を準拠法とするパラレル・デットの有効性を認める破毀院判決が下されている。これについては、道垣内弘人「連帯債権と破産手続」伊藤眞＝園尾隆司＝多比羅誠編集代表『倒産法の実践』77 頁以下（有斐閣、2016 年）参照。

第4章
債権法改正とシンジケート・ローン取引

I 論点の限定

 2017年の債権法改正は、シンジケート・ローン取引にどのような影響を及ぼすか、というのが、本章のテーマである。しかし、定型約款の規律など、実務に影響のありうる様々な論点を網羅的にとりあげようというものではない。ここでは、債権譲渡に関連する法改正、および、連帯債権に関する規律の創設による影響に絞って検討することとしたい。

II 貸付債権の譲渡と貸付人たる地位の譲渡

1 債権譲渡制限特約の効力

(1) たとえば、JSLAローン契約書は、次のような規定を置いている。

第30条（貸付債権の譲渡）
(1) 貸付人は、本契約上別段の定めがある場合を除き、次の各号に定める全ての要件が満たされる場合に限り、貸付債権の譲渡を行うことができる。
① 譲受人が譲り受けた貸付債権について、本契約の貸付債権に関連する各条項に拘束されること（なお、譲受人は貸付義務を負担しないものとする。）。
② 譲受人が、[譲受人の業種等]であること。
③ かかる譲渡が貸付債権を分割して行われる場合には、分割後の貸付債権の金額がいずれも○○億円以上であること（但し、譲渡人がエージェ

ントを兼ねる貸付人である場合はこの限りではない。)。
④　かかる譲渡が行われることにより源泉徴収税等が発生し、譲受人に対する借入人の支払利息額が増加しないこと［(但し、貸付人の日本における貸付業務の廃止によって当該貸付人の海外の子会社または関連会社に譲渡する場合を除く。)］。

　債権譲渡の制限特約である。
　このような特約の効力について、学説は、現行民法466条2項の解釈として、特約に反してされた譲渡は無効であるが、「善意の第三者」に対しては譲渡禁止特約による譲渡性の欠缺をもって対抗することができないとするのが通説であり、判例も明示的ではないが、同様の解釈をとるものと理解されている（最判昭和52年3月17日民集31巻2号308頁、最判平成9年6月5日民集51巻5号2053頁）。なお、譲渡禁止特約の存在を知らないことにつき、第三者に重大な過失があるときも、現行民法466条2項ただし書の「善意の第三者」に該当せず、譲受人は債権を取得しないというのが判例である（最判昭和48年7月19日民集27巻7号823頁）。
　したがって、上記契約書30条はそのままの効力を有し、そこに規定されている要件が満たされないときには、貸付債権の譲渡は効力を生じない。たしかに、譲受人がこの条項の存在について善意・無重過失であれば、その者には債権譲渡制限特約の存在を対抗できない。しかし、金融機関からシンジケート・ローンの貸付債権の譲渡を受ける者は、いわゆるプロであり、善意・無重過失であることはほとんどないといってよいであろう。
　(2)　しかるに、改正民法466条2項は、「当事者が債権の譲渡を禁止し、又は制限する旨の意思表示（以下「譲渡制限の意思表示」という。）をしたときであっても、債権の譲渡はその効力を妨げられない。」としたうえで、善意・無重過失の譲受人を保護するために、3項に、「前項に規定する場合には、譲渡制限の意思表示がされたことを知り、又は重大な過失によって知らなかった譲受人その他の第三者に対しては、債務者

は、その債務の履行を拒むことができ、かつ、譲渡人に対する弁済その他の債務を消滅させる事由をもってその第三者に対抗することができる。」としている。

　すなわち、改正民法は、譲渡制限特約の意味を、債務者が履行の相手方を固定できることに求め、特約が存在していても譲渡の効力は生じるが、債務者は譲渡人に履行すればよいことを原則としたわけである。

　しかるに、シンジケート・ローン契約における貸付債権の譲渡は、どのような者がシンジケート団に加わるかという意味で他の参加行にも大きな影響を及ぼすゆえに、その制限は他の参加行の利益のためという意味を有している。これまでシンジケート・ローン契約に挿入されていた条項の効力が単純に否定されるのでは、実務に支障を来すように思われる。

　(3)　それでは、改正法のもとで、すでにあげたJSLAローン契約書30条の効力は、どのように解されるのであろうか。可能性としては、次の3つの結論があり得よう。

(a)　第30条の要件がまったく満たされていなくても、譲渡人と譲受人の合意によって貸付債権の譲渡の効力が生じ、そのとき、譲受人は抽象的な金銭債権を取得するので、第30条(1)①の効力も生じない。

(b)　譲渡人と譲受人の合意によって貸付債権の譲渡の効力が生じることは、(a)と同様であるが、譲渡される債権の内容は譲渡前と変化しないので、①は効力を有する。

(c)　第30条による貸付債権の譲渡も、「貸付契約上の地位の移転」（JSLAローン契約書では第29条で規定する）であり、債権譲渡に関する民法の規定は適用されず、第30条の要件が満たされていない限り、貸付債権の譲渡の効力は生じない。

　以下、いずれの見解が妥当かを考えていきたい。

2　改正民法の下での第30条の効力

　(1)　まず、(a)の考え方はどうか。

第 4 章　債権法改正とシンジケート・ローン取引

　たしかに、債権譲渡についてのこれまでの議論は、抽象的な金銭債権を念頭に置いてされることが多く、また、債権譲渡という法技術も、発生原因から切り離された抽象的な債権を観念できるようになることによって発展してきたという面を有する。

　しかしながら、たとえば、最判昭和 42 年 10 月 27 日民集 21 巻 8 号 2161 頁は、現行民法 468 条 1 項にいう異議をとどめない承諾に関する判決であるが、請負代金債権が譲渡された事例について、以下のように判示している。すなわち、

　「請負契約は、報酬の支払いと仕事の完成とが対価関係に立つ諾成、双務契約であって、請負人の有する報酬請求権はその仕事完成引渡と同時履行の関係に立ち、かつ仕事完成義務の不履行を事由とする請負契約の解除により消滅するものであるから、右報酬請求権が第三者に譲渡され対抗要件をそなえた後に請負人の仕事完成義務不履行が生じこれに基づき請負契約が解除された場合においても、右債権譲渡前すでに反対給付義務が発生している以上、債権譲渡時すでに契約解除を生ずるに至るべき原因が存在していたものというべきである。従って、このような場合には、債務者は、右債権譲渡について異議をとどめない承諾をすれば、右契約解除をもって報酬請求権の譲受人に対抗することができないが、しかし、債務者が異議をとどめない承諾をしても、譲受人において右債権が未完成仕事部分に関する請負報酬請求権であることを知っていた場合には債務者は、譲受人に契約解除をもって対抗することができるものと解すべきである。」

　この判決は、完成時に支払われることになっていた 90 万円の報酬代金債権のうち 80 万円を、昭和 38 年 6 月 19 日に譲渡し、債務者からの異議をとどめない承諾を得た後、同年 7 月 30 日以降、工事が中止され、60％の完成で放置されてしまったので、同年 9 月 25 日、注文者が請負契約を解除したというものである。つまり、譲渡された債権が請負代金債権であり、そのような債権は、仕事完成義務の不履行があれば、発生原因である契約が解除され、発生しない可能性があることは、発生原因たる契約が請負契約であることについて悪意の第三者にはわかったはず

261

であり、異議をとどめない承諾をしたとしても、契約解除をもって譲受人に対抗できるとしたのである。譲渡債権の発生原因とは切り離された金銭債権が譲渡されるわけではないことを前提にしているということができる。

さらには、現行民法における異議をとどめない承諾について、それによって切断されるのは、あくまで、承諾当時、債務者が主張できた事由に限られるとするのが、現在では多数説[1]であり、やはり、債権譲渡においては、債権発生原因たる契約に内在している制約は、そのまま引き継がれると解すべきであろう。

そうすると、(a)の考え方はとれないことになる。

(2) 次に、(c)の考え方はどうか。これは、抽象的にはあり得ないものではない[2]。しかしながら、JSLAローン契約書では、第30条の「貸付債権の譲渡」と区別して、第29条で「地位譲渡」を規定しているのであり、契約書の解釈としては困難であろう。

結論としては、(b)の考え方をとるべきことになろう。

さて、そうすると、貸付契約の契約条項のうち、いったいどの範囲のものが譲受人に引き継がれるのか、が問題になる。これは、シンジケート団に属する他の参加行にとっても重要な問題になる。

3 譲受人に引き継がれる契約条項の範囲

(1) 2003年10月の段階で、JSLAはすでに「シンジケート契約に基づく貸付債権の譲渡について」というメモランダムを、吉田正之＝北村豊両弁護士の名前で公表している[3]。しかしながら、このメモランダムは、債権譲渡制限条項が有効であり、かつ、貸付債権譲渡にあたって、譲受人が、本契約の貸付債権に関連する各条項に拘束されることを承諾していることを前提としている。これは、公表時には何ら問題のある前

---

1) 奥田昌道『債権総論〔増補版〕』446頁（悠々社、1992年）、林良平（安永正昭補訂）＝石田喜久夫＝高木多喜男『債権総論〔第3版〕』508頁〔高木執筆〕（青林書院、1996年）、潮見佳男『債権総論Ⅱ〔第3版〕』643頁（信山社、2005年）。
2) 森下哲朗「ローン債権の移転」ジュリ1471号59頁（2014年）。
3) https://www.jsla.org/file_dl.php?filename=bxc3t1ucawb0z.pdf

提ではなかったが、ここで問題とすべきなのは、このような前提がとれないときである。

これに対して、金融法委員会が、2003年に公表した「ローン債権の譲渡に伴う契約条項の移転」と題する論稿[4]は、移転される契約条項の範囲をより抽象的に論じており、ここでも参考に値する。

(2) そこでは、契約条項が4つに分類されている。
(a) ローン債権およびローン債権に法律上随伴する権利の内容を構成する条項、
(b) 貸付人のその他の権利・権限を定める条項、
(c) 借入人の抗弁を構成する条項、
(d) 貸付人の債務・責任の内容を構成する条項、

である。具体的には、(a)として、相殺禁止特約、期限の利益喪失条項、期限前弁済条項、流質・流抵当特約、(b)として、借入人の表明・保証条項、財務制限条項、担保提供制限条項、財務状況に関する報告義務条項、(c)として、責任財産限定特約、譲渡禁止特約、譲受人の資格を制限する特約、(d)として、貸付人の表明・保証条項、倒産申立権放棄特約、守秘義務条項、などが該当するという。

そして、(a)については当然に移転するのに対し、(b)の移転には譲渡人と譲受人の合意が必要だが、黙示のもので足りるとする。(c)は、譲受人に移転しないことを借入人が承諾する場合を除き、移転し、(d)についても、当事者の意思解釈として、(c)と同様になるとしている。

(3) 結局、貸出債権に内在的な条項は、移転するというわけだが、その基準は必ずしも明確ではない。

債権譲渡制限条項の効力の限定により、譲受人がエージェントなどと必ずしも接触を持たないことが考えられるので、譲受人との譲渡契約において、契約条項の引き継ぎについて十分な処理をしていなかった譲渡人に損害賠償義務を負わせる旨の条項が必要ではないかと思われる。

---

4) 金法1707号79頁（2004年）。

4 若干の補足

(1) エージェントとの関係

契約条項の引き継ぎの範囲が不明確であるとすると、関連して、いくつかの問題を検討しておく必要がある。

まず、債権譲渡が行われた後、借入人は誰に対して弁済すべきか、また、譲受人は自分への弁済を請求できるか、ということである。

この点で注意すべきなのは、弁済相手や弁済場所に関する約定は、一般には債権に内在する性質ではないことである。これはある意味で当然のことであり、譲渡前に支払方法として譲渡人の銀行口座が指定されているとき、譲渡があっても、そのまま譲渡人の銀行口座に振り込めばよいのであれば、譲渡の意味はない。債権譲渡によって債権者の住所が遠くなるなどして、弁済の費用が増加したときは、民法485条ただし書によって、債権者がそれを負担するというだけである（大判大正12年2月26日民集2巻71頁）。請求権限は譲受人にあり、借入人は譲受人に支払うべきことが原則になる。

このような事態を回避するためには、まず、エージェントへの支払を、エージェントに対して支払わなければならないという借入人の義務ではなく、エージェントに支払えば足りるという借入人の権利として構成することが試みられるべきであろう。

そうすると、エージェントのそのような権利は、債権譲渡があっても失われないということができると思われる。さらに、エージェントに対して支払がされることについては、エージェントにも利益があることを明確にしておけば、借入人がその利益を放棄して、エージェント以外に対して支払うことを不法行為であるとすることができるかもしれない（最判昭和44年3月4日民集23巻3号561頁参照）。

また、全額がエージェントに対して支払われたとしても、エージェントは、それを契約上の分配ルールに従って分配すれば足りるかが問題になる。エージェントの分配の根拠は委任契約であり、そうなると、譲受人は当然にはそれに拘束されないからである。

譲渡人が譲渡契約において譲受人が上記の委任者たる地位を引き継ぐことに対して適切な措置ができていないときには、譲渡人に損害賠償義務を負わせる条項があった方がよいように思われる。

(2) 異議をとどめない承諾の制度廃止

もう1つ重要な問題として、異議をとどめない承諾の問題がある。現行民法468条1項前段は、「債務者が異議をとどめないで前条の承諾をしたときは、譲渡人に対抗することができた事由であっても、これをもって譲受人に対抗することができない。」としている。そして、現在の実務では、貸付債権の譲渡の際には、債務者の異議をとどめない承諾を得ることが通常だとされる[5]。

ところが、改正民法は、異議をとどめない承諾の制度を廃止し、債務者は、債権譲渡の対抗要件が具備されるまでに譲渡人に対して生じた事由をもって譲受人に対抗できるという原則を強化している（改正民法468条1項）。もっとも、債務者が、その意思表示によって、抗弁を放棄することは認められるというのが前提となっている[6]。

それでは、具体的に、どのような形式で抗弁を放棄することができるか。

現在の実務においては、「平成○年○月○日付で、下記原契約に基づく譲渡人の貸付債権及びこれに関連する一切の権利（以下「譲渡債権等」といいます。）を譲受人に対し譲渡したことにつき、ここに異議なく承諾します。」[7]といったように、抗弁を特定していなくても異議をとどめない承諾としての効力が生じると解されている。そして、これが、債権譲渡の対抗要件としての債務者の承諾は事前のものでも可能であるという

---

[5] 佐藤正謙「債権法改正とシンジケートローン実務への影響」金法2011号5頁（2015年）。なお、JSLA「シンジケートローンの譲渡性向上に関する提案」(2009年12月28日)書式2参照（https://www.jsla.org/file_dl.php?filename=320091228142206.pdf）(2018年8月14日最終閲覧)。

[6] 潮見佳男『民法（債権関係）改正法案の概要』143頁（金融財政事情研究会、2015年）。

[7] JSLA「シンジケートローンの譲渡性向上に関する提案」書式2・前掲注5)の文言。

一般論[8]に結びつくと、シンジケート・ローン契約において、借入人があらかじめ包括的に抗弁を放棄する旨を規定しておくとよいといった提案にもつながってくる[9]。

しかしながら、改正民法において、異議をとどめない承諾の制度が廃止されているのは、一片の書面により、包括的な放棄の効果が生じるとするのは、債務者に対して不当であるという認識からであり、抗弁の放棄は個別的に特定したものが、譲渡時に行われることが必要だというべきであろう。

III 連帯債務における相対的効力事由の拡大

1 マルチボロワーと連帯債務

不動産証券化と組み合わされたシンジケート・ローンにおいても、たとえば、本社が現地法人の借入を一括して管理するために、債務者を複数にすること（マルチボロワー）があるといわれる[10]。このようなマルチボロワーは連帯債務者となる。

さて、現行民法434条から439条は、連帯債務者の一人について生じた事由につき、かなり広い範囲で絶対的効力を定めている。つまり、他の連帯債務者との関係でも効力を有するというわけである。しかるに、このような民法の規律は、連帯債務者間に共同でする意思をもって債務を負担するという関係がある場合を前提に置いているところ、共同不法行為者を初め（現行民法719条）、むしろ現実にはそのような関係がない場合が多く、立法論として妥当でないと評されていた。そこで、改正民法は、連帯債務者の一人について生じた事由の効力が当該債務者についてのみの相対的なものにとどまる場合を拡大することとした（改正民法

---

8) この問題については、金融法委員会「債権譲渡の第三者対抗要件としての確定日附書面による債務者の事前承諾の効力に関する論点整理」金法1707号84頁（2004年）参照。

9) 佐藤・前掲注5) 5頁。

441条)。

この改正は、連帯債務者間の内部問題についてしか影響を及ぼさないところもある。しかし、いくつかの点は債権者にも関係する。

2　貸し手への影響

貸し手に影響がある点の中で、連帯債務者の一人に対する免除や時効の完成が相対的効力事由となるのは（つまり、現行民法437条および439条の削除）は、貸し手に有利にしか働かない。貸し手として注意しなければならないのは、「連帯債務者の一人に対する履行の請求は、他の連帯債務者に対しても、その効力を生じる。」とする現行民法434条の削除のみである。

しかし、この条文が削除されるのは、連帯債務者間には連絡関係のないことも多いので、一人に対する請求が他の連帯債務者に伝わることは必然的ではない、という認識に基づくものである。そうであるならば、逆に、連帯債務者間に密接な関係のあるときには、一人に対する請求の効力を他の連帯債務者との関係にも及ぼして差し支えはない。実際、このような場合には、特約で対応し、または、各連帯債務者間に黙示の代理権授与があると考えるべきだと理解されている。

そして、マルチボロワーの間は、まさにこのような密接な関係の存する場合であるから、結論としては黙示の代理権授与が認められ、請求の絶対効は維持されることになると思われる。ただし、契約書において、明示に特約を締結しておくことが望ましいであろう[11]。

（道垣内弘人）

---

10) 少し古いものだが、三菱東京UFJ銀行国際業務部中国業務支援室情報開発チーム「上海レポート：中国の対アフリカ経済協会と中国企業のアフリカ進出」BTMU China Weekly, 23 May 2007 (www.bk.mufg.jp/report/chi200404/407052301.pdf)。
11) なお、改正民法432条以下は、新たに連帯債権について規定を置いている。

シンジケート・ローンの法的課題

2019年3月25日　初版第1刷発行

| 編　著　者 | 森　下　哲　朗 |
| | 道 垣 内　弘　人 |

発　行　者　　小　宮　慶　太

発　行　所　　株式会社　商　事　法　務
〒103-0025 東京都中央区日本橋茅場町 3-9-10
TEL 03-5614-5643・FAX 03-3664-8844〔営業部〕
TEL 03-5614-5649〔書籍出版部〕
https://www.shojihomu.co.jp/

落丁・乱丁本はお取り替えいたします。　　印刷／広研印刷㈱
© 2019 Tetsuo Morishita, Hiroto Dogauchi　Printed in Japan
Shojihomu Co., Ltd.
ISBN978-4-7857-2705-5
＊定価はカバーに表示してあります。

|JCOPY|＜出版者著作権管理機構　委託出版物＞
本書の無断複製は著作権法上での例外を除き禁じられています。
複製される場合は、そのつど事前に、出版者著作権管理機構
(電話 03-5244-5088、FAX 03-5244-5089、e-mail: info@jcopy.or.jp)
の許諾を得てください。